ⓒ 장영재, 2010

이 책의 저작권은 저자에게 있습니다.
저작권법에 의해 보호를 받는 저작물이므로
저자의 허락 없이 무단 전재와 복제를 금합니다.

경영학

공짜 티켓의 원리부터 삼성전자의 경영전략까지,
복잡한 세상을 지배하는 경영학의 힘

콘서트

장영재 지음
MIT 경영대학원 석사, MIT 공학박사

비즈니스북스

경영학 콘서트

1판 1쇄 발행 2010년 3월 15일
1판 60쇄 발행 2025년 9월 6일

지은이 | 장영재
발행인 | 홍영태
편집인 | 김미란
발행처 | (주)비즈니스북스
등 록 | 제2000-000225호(2000년 2월 28일)
주 소 | 03991 서울시 마포구 월드컵북로6길 3 이노베이스빌딩 7층
전 화 | (02)338-9449
팩 스 | (02)338-6543
대표메일 | bb@businessbooks.co.kr
홈페이지 | http://www.businessbooks.co.kr
블로그 | http://blog.naver.com/biz_books
페이스북 | thebizbooks
인스타그램 | bizbooks_kr
ISBN 978-89-91204-69-0   13320

* 잘못된 책은 구입하신 서점에서 바꾸어 드립니다.
* 책값은 뒤표지에 있습니다.
* 비즈니스북스에 대한 더 많은 정보가 필요하신 분은 홈페이지를 방문해 주시기 바랍니다.

> 비즈니스북스는 독자 여러분의 소중한 아이디어와 원고 투고를 기다리고 있습니다.
> 원고가 있으신 분은 ms1@businessbooks.co.kr로 간단한 개요와 취지, 연락처 등을 보내 주세요.

| 프롤로그 |

공학도, 연구실에서 벗어나 경영 현장에 서다

* 같은 날, 같은 비행기의 같은 등급의 좌석인데도 항공요금이 승객마다 제각각인 이유는 무엇일까?
* 백화점 멤버십카드 한 장 신청하는데 주소는 왜 묻는 걸까? '경품 발송을 위해서'라는 문구가 적혀 있긴 한데, 정말 경품 때문이라면 직업과 수입 정도는 왜 묻는 걸까?
* 새 핸드백을 장만하려고 인터넷 사이트를 찾는데 갑자기 핸드백 관련 광고 메일이 날아온다. 까마귀 날자 배 떨어진 우연일까?
* MIT의 천재들이 라스베가스의 카지노를 발칵 뒤집어 놓은 적이 있다. 그리고 투자 이론가들은 이들의 독특한 배팅 방식에 주목했다. MIT 학생들의 카지노 점령기와 투자 이론 사이에는 어떤 관계가 있는 걸까?

일상생활에서 누구나 한번쯤 겪거나 들었을 법한 상황이다. 이런 상황에 처할 때마다 '왜 그런 거지?' 하고 의문을 가진 적이 있을 것이다. 하지만 이런 의문을 후련하게 풀어 줄 수 있는 사람은 드물다. 이러한 상황들은 서로 별 관련 없는 것 같지만, 사실은 첨단 과학과 결합된 경영이 우리의 일상생활을 알게 모르게 지배한 결과라는 공통 분모를 가지고 있다.

경제학의 틀로 세상을 보는 서적은 시중에 이미 많이 나와 있다. 경제학이 이미 일어난 현상에 대한 해석이라면, 경영학은 직면한 문제에 대한 해결 방법을 구체적이고 현실적으로 제시하는 학문이다. 항공요금을 고정가로 할 것인지 변동가로 할 것인지와 같은 가격 책정 문제에서, 어떤 고객을 상대로 어떤 광고를 어느 시점에 전달해야 최대의 광고 효과를 낼 수 있을까와 같은 마케팅 문제, 그리고 세계 각지에 흩어진 생산공장에서 어떤 물건을 만들어 어느 지역에 공급해야 할지와 같은 공급사슬망 계획에 이르기까지, 현실에서 당면한 문제에 대해 효과적이고 명확한 해결책을 제시하는 게 경영학이다.

아쉽게도 이러한 경영에 관한 일반인들의 상식은 현실과 다소 거리가 있다. 일반인들을 위한 경영학 책들의 대부분은 '조직력과 강력한 리더십으로 새로운 시장을 창조하자.'와 같은 다소 피상적 측면에만 집중하고 있다. 더러 자기계발서가 경영학 도서로 둔갑할 때도 있다. 하지만 이 책에 소개된 사례와 설명은 경영이 더 이상 이런 추상적인 것이 아니라는 사실을 증명한다. 더 나아가 여러 기업의 사례를 통해 첨단 과학기술과 경영의 통섭이 만들어낸 새로운 경영 패러다임을 들여다보고자 한다.

주문을 순서대로 처리하지 않았는데 고객 불만은커녕 오히려 더 큰 고객 만족과 수익을 실현한 아마존닷컴(Amazon.com), 신의 영역으로만 여기던 미래 예측을 현실화하여 세상을 놀라게 한 구글(Google), 감성의 영역으로만 알고 있던 마케팅을 과학화하여 고객 하나하나가 원하는 상품을 정확히 추천하는 시스템으로 창립 10년 만에 업계 최고로 부상한 넷플릭스(Netflix)와 같은 흥미진진한 사례들을 소개하여 새로운 경영의 패러다임에 한 발 가까이 다가서고자 한다. 이 책의 제목을 다름 아닌 "경영학 콘서트"라 지은 것도 바로 이러한 이유에서다. 재미있게 즐길 수 있는 콘서트, 그리고 다양한 화음이 어울려 하나의 주제를 전달하는 콘서트처럼 재미있고 다양한 사례로 현대 경영의 여러 주제를 재미있게 소개하는 게 이 책의 목적이다.

30년 전 로봇 태권브이를 만든 김 박사를 보고 공학도를 꿈꿔 왔던 나는 현실의 김 박사는 이제 더 이상 연구실에서 홀로 외로이 태권브이를 설계하지 않는다는 사실을 경영 현장을 겪으며 절감하게 되었다. 대신 내가 찾은 오늘날의 김 박사는 연구실이 아닌 글로벌 기업에서 수학 이론과 인공지능 이론을 바탕으로 새로운 경영 방식을 창조하고 과학적 의사결정으로 첨단 경영을 진두지휘하고 있었다.

이 책은 MIT 경영대학원에서 배운 과학 경영의 이론과 함께 기업의 경영 현장에서 직접 겪은 경험을 생생하게 녹여 정리한 글이다. 이 책을 통해 과학적인 경영의 본질을 이해하고, 이런 경영 방식이 우리의 일상을 어떻게 지배하고 있는지 함께 살펴보고자 한다.

CONTENTS

프롤로그 • 5

들어가며 일상을 지배하는 강력한 힘, 경영학 • 15
수학자 할아버지, 매점을 살려내다 • 18
동네 슈퍼마켓에 NASA의 첨단 기술이? • 21
모르면 독이 되는 경영의 세계 • 25

제1장 | 같은 항공권도 가격이 천차만별인 까닭 • 27

알다가도 모를 항공요금의 속사정 • 29
비행기를 두 번 타는 게 한 번 타는 것보다 더 싸다? • 30 항공요금에 숨은 비밀 • 31 마진이 높은 상품만 판매할 수는 없다 • 35 더 높은 매출을 올리기 위한 항공사의 선택 • 38

미국에서는 10만 원짜리 책이 한국에 오면 4만 원인 까닭 • 41
무엇이 가격을 결정하는가? • 42 매출을 올리는 가격 차별화의 미술 • 44

아마존닷컴 매출의 특별한 비밀 • 51
배송 차별로 프리미엄 고객을 잡아라 • 52 첨단 수학 알고리즘과 데이터 분석이 필요한 이유 • 56 강연료를 다르게 받는다고 강사가 욕을 먹을까? • 57 코카콜라의 스마트 자판기가 뭇매를 맞은 사연 • 58

항공권을 일찍 구입하면 더 싼 이유 • 62
  항공권 예약에서 드러난 이기적인 인간의 본성 • 63 항공사는 당신의 여행 목적을 알고 있다 • 65 가격 차별화로 기사회생한 아메리칸항공 • 67 값싼 좌석이 일찍 매진되는 진짜 이유 • 71

봉이 김선달도 감탄할 판매 전략 • 74
  없는 좌석도 예약을 받는 항공사들의 전략 • 75 운영의 묘로 소비자의 필요도를 나눠라 • 76

프리미엄 고객을 위해 객실을 남겨라 • 79
  관광호텔을 운영하는 수영이의 고민 • 80 확률 모델을 통한 상품 할당 • 81

제2장 | 훌륭한 소믈리에는 주당이 아니다 • 87

적립카드 한 장 발급받는데 내 연봉은 왜 물어? • 89
  기업은 충성 고객이 필요해 • 90 잡지 부스가 꼭 계산대 앞에 있는 이유 • 96

정보의 금광에서 마케팅 전략을 캐다 • 101
  뿌리치기 힘든 지름신의 유혹 • 101 포털 사이트, 정보화 시대의 권력자 • 108 구글이 휴대폰 시장에 집착하는 이유 • 110 데이터에서 금을 캔다? 데이터마이닝 • 112

기업은 이미 당신이 원하는 것을 알고 있다 • 117
  아마존닷컴, 현대의 서점 아저씨 • 118

제3장 | 빨간 풍선을 찾아라 • 127

이기적인 선택이 세상을 널리 이롭게 하다 • 129
블록버스터 VS 넷플릭스 • 130 골리앗을 쓰러뜨린 넷플릭스의 돌멩이 • 134 개개인의 취향이 모여 최고의 영화 평론가를 탄생시키다 • 137

어떻게 구글은 정부도 못한 예측을 할 수 있었을까? • 144
마케팅, 예지의 과학을 만나다 • 144 빗나간 오바마의 노후 차량 보상 프로그램 • 146 구글, 예측은 우리에게 맡겨라 • 148

집단지성은 어떻게 비즈니스 모델을 창출하는가? • 151
지구인들의 공동 작업 • 152 위키피디아 VS 브리태니커 • 153

미국 국방부가 풍선 놀이를 벌인 까닭 • 157
상금 가지치기로 만든 거대한 네트워크 • 158 대형 미디어들의 광고 수입이 줄어든 까닭 • 161 소셜 네트워크가 구직 사이트의 강자가 된 이유 • 162

제4장 | 카지노와 보험회사는 어떻게 돈을 벌까? • 165

신의 영역인 불확실성에 도전하다 • 167
불확실성과 의사결정학 • 169

카지노와 보험회사가 돈을 버는 원리 • 173
신의 주사위 놀이를 놓고 벌어진 세기의 논쟁 • 174 카지노는 과학적인 비즈니스 모델 • 177

MIT 수학 천재들의 카지노 습격 사건 • 181
비교우위 없으면 맥 못추는 분산 투자 • 182 카지노에서 곱지르기 전략을 써도 결국 돈을 잃는 까닭 • 184

에어버스 A380, 공항을 아수라장으로 만들다? • 189
불확실성 때문에 공항이 마비될 수도 있다 • 191

제5장 | 재즈 피아니스트, 삼성전자를 혁신하다 • 197

10개의 테이블에서 300명이 아침 식사를? • 199
레스토랑 파라마운트의 운영 비밀 • 201 수익과 직결되는 리틀의 법칙 • 203

미국 정부의 최대 수혜자가 된 삼성전자 • 209
삼성전자의 가장 강력한 무기 • 209 충격의 버클리 보고서 • 210 리틀의 법칙과 제조 사이클 타임 • 214 재즈 피아니스트, 삼성전자의 구원투수로 등장하다 • 216 열심히 일할수록 문제가 커진다 • 220 공장 운영 시스템을 살린 모니터링 시스템 • 223

수학자들이 줄서기를 연구한다? • 225
콜택시 회사 사장의 과감한 결단이 낳은 비극 • 226 로봇이 모자라! • 227 큐잉 이론, 경영의 든든한 지원군이 되다 • 230 논다고 자르면 큰일난다 • 232

곰이 다이어트를 하면 안 되는 까닭 • 236
HP에서 열린 긴급회의 • 238 MIT의 거슈윈 교수, 공장을 돌리다 • 245 문제는 재고에 있었다 • 248 우리 몸의 지방과 같은 재고 • 254

제6장 | 월드컵 때 불티나게 팔린 티셔츠 • 261

진짜보다 더 불티나게 팔린 가짜 티셔츠 • 263
공급사슬망의 채찍 효과 • 264 모토로라의 주식을 폭락시킨 유령 주문 • 268

정보통신 기술이 이끈 공급사슬망의 혁명 • 273
쾨니히스베르크의 다리와 공급사슬망 • 274 최적의 경로 찾기와 공급사슬망 • 278 공급사슬망 이론을 긴 잠에서 깨운 정보통신 기술 • 280

제7장 | 경영학, 과학을 만나다 • 285

현대 경영은 전쟁터에서 컸다 • 287
제2차 세계대전에서 이뤄진 과학과 경영의 운명적 결합 • 287 잠수함 사냥에 나선 학자들 • 289 새로운 경영의 탄생 • 297

천재 대학원생, 경영의 난제를 풀다 • 300
통계학의 2대 난제를 푼 천재 대학원생 • 301 수학 공식으로 번역한 자원 분배와 계획의 문제 • 304 볼트와 너트 주문 계획을 짜려면 알고리즘이 필요해 • 309 대부분의 산업에서 응용되는 선형계획법 • 312

사회주의 국가에도 노벨 경제학상 수상자가 있을까? • 317
레닌이 수학 지식이 있었다면 혁명을 일으켰을까? • 318 허리를 졸라매기 전 살펴야 할 것들 • 324 IBM은 세계 최대의 비즈니스 컨설팅 회사다? • 327

제8장 | 우주선이 경영학 속으로 • 331

21세기 기업의 두뇌, 비즈니스 인텔리전스 • 333
우주왕복선의 컨트롤 센터 • 333 우주왕복선 운영의 기술이 비즈니스 현장으로 • 334 기업의 전 상황을 모니터링 하라 • 335 기업의 두뇌, 비즈니스 인텔리전스 • 338 비즈니스 인텔리전스와 프로세스 혁신 • 341

펀드를 만들 때는 패닉, 공포, 탐욕을 챙겨라? • 349
서브프라임 모기지 사태의 주범으로 지목된 퀀트들 • 349 의도가 훌륭하더라도 가정이 정확해야 한다 • 353 기업과 점보제트기의 공통점 • 355

에필로그 현대 경영은 과학이다 • 359
책에 담은 감사의 마음 • 363
주석 • 368

세상에서 가장 존경하는 아버지
그리고 사랑이 무엇인지를 가르쳐주신 어머니
두 분께 이 책을 바친다.

"기업이 망하는 이유는 뭔가를 잘못했기 때문이 아니라
비즈니스의 근본적인 변화를 이해하지 못했기 때문이다."

―피터 드러커(Peter Ferdinand Drucker)

| 들어가며 |

일상을 지배하는 강력한 힘, 경영학

관공서와 은행 그리고 기업체의 고객 서비스센터가 입점해 있는 오피스 빌딩 지하에 작은 매점이 하나 있다. 담배와 음료수, 간단한 먹을거리에서 사무용품까지 파는 이곳은 로또를 구입하려는 사람들까지 가세해 늘 발 디딜 틈이 없다. 그나마 2대의 계산대가 있지만 고객들은 계산을 위해 몇 분씩 줄 서서 기다려야 했고, 공간이 비좁은 탓에 고객들은 상품 진열대 사이로 줄을 늘어 서야 했다. 그러다 보니 매점 안은 줄 선 사람과 물건 찾는 사람으로 뒤엉켜 아수라장이 되기 십상이었다.

도무지 정리가 안 되는 매장 탓에 직원들도 힘겨워하고 고객의 불평도 늘어만 갔다. 참다 못한 매점 주인은 "이거 원, 나란 사람이 경영에 대해선 통 아는 게 없으니 이 모양이지. 아무래도 전문가들에게 좀 자문을 구해 봐야겠어. 어떻게 하면 이 혼란을 좀 줄이고 고객들의 불편을 해소할 수 있는지."라고 말하며 같은 건물에 입점해 있는 다른 업체 관리자들의 조언을 얻기로 했다.

제일 먼저 찾은 이는 같은 건물 1층에 있는 관공서의 수장인 공무원 어르신. 상황을 들은 이 공무원 어르신은 다짜고짜 매점 주인에게 타이르듯 말했다.

"자네가 늘 술에 물 탄 듯 물에 술 탄 듯하니 직원들이 게으름을 피우는 게 아닌가! 계산대 직원들을 확 쪼라구! 문제가 있다면 위기의식을 상기시키고 강력한 리더십으로 그 문제를 확 뜯어 고쳐야지! '경영' 하면 리더십! 아, 리더십도 몰라? 그리고 손님들도 그래. 요즘은 경제도 어렵고 다들 힘든데 그깟 줄 서서 기다리는 수고쯤은 감수해야 하는 거 아닌가. 사회적 고통 분담이란 말도 있잖아. 고객들에게 고통 분담 차원에서 너무 짜증 내지 말라고 타일러!"

그 자리를 물러나온 매점 주인은 알 듯도 하고 모를 듯도 했다. 이 공무원 어르신이 말씀하신 리더십이나 사회적 고통 분담 같은 말은 자기도 어디선가 들어 본 것 같은데 지금 자신이 풀어야 할 문제와 무슨 상관이 있는지 이해가 가지 않았던 것이다. 그래서 이번에는 관공서 맞은편에 있는 은행의 지점장을 찾아갔다. 지점장은 뭐가 그리 바쁜지 매점 주인이 이야기를 하는 동안에도 컴퓨터 자판을 쉴 새 없이 두들기며 눈길 한번 제대로 주지 않았다. 이야기를 다 듣고 나서는 대수롭지 않게 서너 마디 던졌다.

"거참 사람도. 별 일도 아닌 거 가지고 야단은……. 아, 장사가 잘 돼서 그런 모양인데 사람을 좀 더 뽑으면 되잖아! 파트타임 직원 서너 명 더 고용하고 계산대도 한 3대 정도 더 들여놔. 그럼 문제가 싹 해결될

거야. 그게 바로 '투자'라는 거야. 필요할 때 팍팍 투자해야 사업체도 더 커지고 성장도 할 수 있다고. 경영의 기본은 투자야. 참, 투자할 돈 없으면 우리 은행에서 대출해주지. 내가 금리는 잘 해줄 테니."

처음 이 말을 들은 매점 주인은 역시 지점장은 경영을 좀 아는구나 싶었다. 하지만 생각해 보니 이 방법도 그리 석연치는 않았다. 우선 안 그래도 좁은 매점에 계산대를 3대나 더 들여놓기가 만만찮았다. 게다가 무슨 근거로 계산대 3대와 파트타임 직원 서너 명을 더 뽑으라는 건지 이해할 수 없었다. 그래서 마지막으로 같은 건물 2층의 기업체 고객 서비스센터 지점장을 찾아갔다. 센터 지점장은 상냥한 미소로 매점 주인의 이야기를 귀 기울여 듣더니 마치 자신의 고민인 양 가슴 아픈 표정을 지으며 친절하게 이야기했다.

"사장님, 얼마나 마음고생이 심하셨어요? 우선 계산대 직원에게 친절 교육부터 시키세요. 오랜 시간 기다린 고객에게 계산이 끝나면 '고객님 좋은 하루 보내세요.' 라고 웃으며 인사하도록 시키시고, 고객이 들어올 때도 일어나 '반갑습니다, 고객님.' 하며 인사하도록 잘 교육시키세요. 사람이란 생각보다 단순해서 이렇게 친절한 인사 한번만 받으면 불편했던 감정이 봄눈 녹듯 사라지거든요……."

솟아오르는 닭살을 주체하지 못한 매점 주인은 슬그머니 그 자리를 물러나왔다. 전문가에게서 해답을 구하려 했건만 결과는 허탈하기만 했던 것이다.

:: 수학자 할아버지, 매점을 살려내다

근거 없는 권위에 의존한 리더십이나 고통 분담처럼 시류에 영합한 슬로건에 의존하는 경영, 현실을 직시하지 않는 묻지마 투자, 아무런 해결책도 없이 무작정 고객에게 비굴해지며 고객 만족을 외치는 고객 만족 경영 등 이런 것이 경영인가 하며 실소를 금할 수 없었다. 그러던 중에 가끔 담배를 사러 오는 할아버지 한 분이 주인에게 다가서며 말을 걸어왔다.

"주인장, 좀 전에 은행에서 우연히 들으니 매장 운영 때문에 골치가 좀 아프신 것 같던데 내가 한번 해결해 볼까?"

"어르신께서요? 아니 어르신께서 어떻게?"

"한때 학교에서 수학을 가르쳤지. 지금은 퇴직해서 쉬고 있지만. 내가 보기에 매점 운영 문제는 수학 문제랑 비슷한 구석이 있거든. 그러니 해결책도 수학에서 구할 수 있을 것 같아. 뭐 잘 되면 나중에 밥이나 한 끼 사게."

웬 수학자? 매점 주인은 좀 의심스러웠지만, 뭐 돈이 드는 것도 아니니 한번 알아서 해 보시라고 했다. 이튿날 아침부터 이 할아버지는 계산대 건너편 의자에 자리를 잡고 앉더니 하루 종일 계산대를 바라보며 수첩에 뭔가를 적어댔다. 아무것도 하지 않고 꼬박 하루를 그렇게 보내더니 매장이 문 닫을 때쯤 계산기를 하나 꺼내 열심히 계산을 했다. 그리고 매점 주인에게 이렇게 말했다.

"계산대 하나만 더 마련하게나."

할아버지의 말은 이어졌다.

"하루 중 고객이 몰릴 때 고객 한 명당 계산대에서 보내는 시간을 고려하면 고객의 대기 시간이 많을 수밖에 없지. 하지만 계산대가 하나만 더 있으면 적당할 게야."

할아버지가 건넨 종이에는 고객 한 명당 물건 구입 개수, 한 명당 계산에 걸리는 시간 그리고 담배, 로또 등등 물품 구입 목록에 따른 계산 시간 등이 정리되어 있었다. 그리고 고객이 계산대 앞에서 대기하는 시간별 그래프도 있었다. 그 아래에는 만약 계산기 한 대가 더 있으면 예상되는 계산 시간도 나름대로 정리되어 있었다. 처음에는 이 복잡한 숫자들이 무슨 뜻인가 했는데 조금 자세히 살펴보니 얼추 이해가 되기 시작했다. 여기에 정리된 수치를 보며 주인은 '투자는 필요하지만 정확한 근거와 계산이 필요하구나. 그리고 이렇게 직접 계산된 것을 보니 망설임 없이 투자할 수 있겠군.' 하고 머릿속으로 생각했다. 할아버지의 조언은 여기서 끝난 게 아니었다.

"새로 구입한 계산대는 로또 전용 계산대로 하고, 로또를 사려는 고객들은 줄을 매점 밖으로 서라고 하게. 만일 고객이 잡화와 로또를 모두 사려 한다면, 먼저 잡화 계산을 일반 계산대에서 한 후에 다시 로또 줄에 서라 하면 될 게야. 로또 고객들 때문에 계산이 지체돼 다른 고객들이 더 오래 기다리더군. 오늘 수집한 자료를 보니 로또 고객들이 계산대에서 보내는 시간이 상대적으로 너무 길어. 이 고객들 때문에 일반 고객들의 불편이 커지는 거지."

역시 정리된 수치를 보니 할아버지의 지적이 아주 분명히 이해가 되었다.

"그리고 꼭 로또만 사는 고객들은 매점 밖으로 나가 줄을 서도록 계산대를 배치하게. 잡화 줄은 매점 안, 로또 줄은 매점 밖으로 나누어 세우면 매점 안이 훨씬 덜 혼잡할 걸세. 대신 고객이 매점 밖에서 줄을 서면 불편할 수 있으니 그들이 볼 수 있도록 TV를 돌려 놓는 게 좋을 걸세. 밖에서 줄 서면서 TV라도 시청하고 있으면 무료함을 덜 느낄 테니까."

이 말을 듣자 주인은 '아, 이런 게 고객 만족 경영이겠구나. 바보같이 무조건 고객한테 허허 웃음 짓는 게 아니라 고객의 편의를 위해서 내가 어떻게 할 것인지 구체적인 대안을 가지고 대하는 것이야말로 고객 만족 경영이다!' 하며 속으로 외쳤다. 끝으로 할아버지는 다음과 같은 당부를 잊지 않았다.

"직원들을 로또 계산대와 일반 계산대에 번갈아 가면서 작업하게 하되 로또 계산대 직원은 1시간에 10분 정도, 일반 계산대 직원은 1시간 30분마다 10분 정도 휴식을 취하도록 배려하게. 고객 비율에 따르면 로또 계산대 직원은 일반 직원들보다 50퍼센트 이상 더 계산기 자판을 눌러야 하네. 따라서 피로를 더 빨리 느끼겠지. 휴식 시간 간격에 이 정도 차이를 두면 직원들이 공평하게 피로를 덜 수 있을 걸세."

이 말을 듣고서야 매점 주인은 진정한 리더십이 무엇인지 알 것 같았다. '리더십이라는 게 막무가내로 다그치는 게 아니구나. 오히려 직원들의 입장에서 생각하고, 합리적인 근거를 바탕으로 직원들의 생산성을 높일 수 있도록 환경과 시스템을 마련하면서 이끄는 것이구나.' 하고 생각했다.

그리고 실제 효과는 적중했다. 놀랍게도 매출과 고객의 수는 변하지 않았는데 매장 안의 대기 줄이 현저히 준 것이다. 또한 계산대 직원들도 좀 더 느긋하게 일하게 되었다. 게다가 더 큰 효과는 투덜대던 고객들의 불만이 쏙 들어가버린 것이다. 큰 투자 없이 문제도 해결하고 환경도 개선하는 효과를 본 것이다.

:: 동네 슈퍼마켓에 NASA의 첨단 기술이?

현대 사회에서 과학적인 사고와 첨단 기술이 결합하여 빚어내는 최고의 과학적 성과는 바로 '경영'이다. 사실을 근거로 한 문제 파악, 정교한 이론을 활용한 문제 분석 그리고 논리적 해결책 제시 등은 과학적 문제 해결 방식의 전형이다.

매점 주인은 '고객의 불편과 매장의 혼잡함' 이라는 현상을 매우 추상적으로 인식했다. 따라서 이 현상의 본질적인 문제가 무엇인지 그리고 어떻게 문제가 발생하는지 등을 정형화하지 못했다. 그런 상황에서 나름 경영의 전문가들을 찾아가지만 그들 역시 뾰족한 수가 없다. 하지만 수학자 할아버지는 사실에 기초한 데이터를 수집하고, 실제 데이터를 바탕으로 문제를 파악한다. 그리고 문제를 파악한 후 대기 시간과 계산 시간의 관계를 파악하고 수학 이론을 활용해 문제의 근본적인 해결책을 제시한다(이에 대해서는 제5장 '삼성전자'의 사례에서 소개하는 대기 이론을 참조하라. 이 대기 이론을 통해 대기 시간과 계산대에서 계산하는 시간의 관계를 파악할 수 있다).

하지만 수학자 할아버지는 단순히 거기서 멈추지 않았다. 이 해결책을 실제에 적용하기 위해 투자(계산대 구입), 운영(로또 줄을 나누고 로또 줄을 밖으로 돌림), 고객 서비스(대기하는 고객을 위해 TV를 창 밖으로 향하게 함) 그리고 리더십(계산대 직원의 편의 제공)까지 활용하도록 권했다. 앞서 다른 사람들이 제시한 막가파 리더십, 맹목적인 투자, 밀어붙이기식 운영, 문제 해결 없는 비굴 모드의 고객 서비스 등이 아니라 합리적인 리더십, 논리와 이해가 바탕이 된 투자, 운영, 고객 서비스로 문제를 해결하도록 한 것이다.

오늘날 경영은 과학적 사고 능력, 즉 논리와 사실을 근거로 한 분석적 문제 해결 능력에 뿌리를 두고 있다. 이러한 문제 해결 능력 없이 단순히 리더십, 투자 이론, 고객 서비스를 외치는 것은 뿌리 잘린 나무를 땅에 묻은 뒤 물 주고 비료 주는 격이다. 앞의 이야기처럼 현실에 기초한 수치를 근거로 사실을 파악하고 문제를 정형화하는 분석 능력이 뿌리가 되고, 이 뿌리 위에 투자, 리더십, 고객 만족이란 비료와 수분을 공급해 문제를 해결하는 것이 진정한 경영이라 할 것이다.

앞의 에피소드는 매사추세츠 공과대학(Massachusetts Institute of Technology, MIT)의 한 물리학자가 실제로 교내 도서관 운영을 개선했던 사례에서 착안한 이야기다.[1] 이 물리학자는 1950년대와 1960년대 MIT의 도서관이 갖고 있던 고질적인 운영 문제를 과학적 분석 방식으로 해결했다.

정보통신 기술이 발달하지 않았던 당시에는 장서 관리, 사서 운영, 도서 대출자 관리 등 대부분의 관리와 운영이 주먹구구식으로 이뤄지고 있었다. 대출 카운터 앞에 무거운 책을 들고 늘어선 대출자들의 불만은 높아만 갔고, 사서들은 밀려드는 대출자의 요구에 지칠대로 지쳐 있었다. 도서관 운영진은 그 숫자가 많았지만 뭔가 이해할 수 없는 비효율과 설명할 수 없는 혼돈으로 주눅이 들어 있었다. 문제점을 파악하기 위해 이 물리학자는 과학적인 분석 방식을 통해 시간당 대출자 수, 대출 시간 등을 기록하는 한편 대기 시간과 대출자 수의 관계 등을 수학식으로 정식화해 효율적인 도서 대출 운영 방안을 제시했다. 그리고 단편적인 문제 해결에서 더 나아가 MIT 도서관 운영위원회 일원으로 참가해 과학적인 도서관 운영 방식 도입에 앞장섰다. 이후 그는 이 분석 방식과 운영 방안을 《효율적인 도서관: 시스템적 접근 방식》[2]이란 책으로 정리했다. 그가 바로 현대 경영의 과학화를 주도한 MIT의 물리학자 필립 모스(Philip M. Morse)이다.

진정한 의미의 현대 경영은 제2차 세계대전에서 잉태된다. 전 세계적으로 총력전이 펼쳐지던 당시에 수학자들과 물리학자들에게 새로운 과제가 주어졌다. 바로 급박한 상황에서 작전과 전술 수행시에 제한된 자원을 최대한 효율적으로 활용하고, 최소한의 자원으로 목표한 성과를 이루는 방식을 찾아내라는 것이었다. 이들이 개발한 과학적 방법들이 종전 후 수학과 경영의 융합이라는 경영의 르네상스를 촉발했다. 필립 모스는 바로 이 르네상스의 시작을 이끈 대표적인 인물 중 하나다(모스에 관해서는 제7장 참조).

20세기 후반 정보통신 기술의 혁명과 과학 기술의 발달로 현대 경영은 새로운 전기를 맞는다. 단지 카리스마적 리더십과 직원의 충성만 강조하던 조직 운영과 비즈니스 프로세스가 데이터의 정교한 분석을 통한 과학적 의사결정으로 새롭게 정립된다. 이제 첨단 과학과 융합한 경영은 우리의 일상 생활에 깊숙이 침투해 알게 모르게 우리의 삶을 좌우하고 있다.

편의점이나 대형마트에서 장을 볼 때마다 적립카드를 사용하는데 해당 기업의 대형 데이터베이스에는 카드를 소지한 고객들이 어떤 물건을 사는지, 얼마나 자주 그리고 많이 소비하는지 등이 일일이 저장된다. 전국 각 체인점에서 저장된 이 방대한 자료는 고도의 통계와 데이터마이닝(Data Mining, 제2장 참조) 기술에 의해 분석되어 고객을 세분화하고, 고객군별로 차별화된 마케팅 전략을 수립하는 데 활용된다. 바로 고객에 따라 차별화된 가격과 서비스를 제공하여 수익을 극대화하는 수익경영(Revenue Management, 제1장 참조)이 그것이다.

우리가 받은 쿠폰이나 인터넷 광고 메일도 대부분 고도의 기술적 알고리즘에 의한 데이터 마케팅(Data Marketing, 제2장 참조)과 실시간 의사결정 시스템인 비즈니스 인텔리전스(Business Intelligence, BI, 제8장 참조)의 결과다. 각 지역의 매장은 전국에 흩어진 물류 센터와 전 세계에 흩어져 있는 생산 기지와 연결되어 있어 실시간으로 재고 정보를 공유하여 언제 어디서 어떤 물건을 어떻게 수송할 것인지를 결정한다. 도무지 종잡을 수 없을 것 같은 수요의 불확실성은 현대 확률 이론을 통해 수치화되고, 이를 바탕으로 과학적 재고 관리(제6장 참조)가 등장한다.

최단시간에 물건을 공급자에게서 소비자에게로 전달하는 물류 이동은 수학의 최적화 알고리즘의 결과다. 과학적 재고 관리와 최적화 물류 이동이 현대 정보통신 기술과 접목해 현대 경영의 화두로 떠오른 '공급 사슬망 관리'(Supply Chain Management)를 탄생시켰다(제6장 참조). 미국항공우주국(NASA)이나 생명공학연구실처럼 우리들의 일상과는 동떨어진 곳에 있을 것만 같은 현대 과학 기술이 사실은 내가 매일 음료수 사고 콩나물 사는 집 앞 슈퍼마켓에서도 작동하고 있었던 것이다.

:: 모르면 독이 되는 경영의 세계

공급사슬망 관리, 토요타 생산 시스템, 수익경영, 고객관계관리 등 경영의 최전선에서 사용되는 경영 기법들의 사례나 적용 방법론에 관한 책은 헤아릴 수 없이 많이 있다. 하지만 실제 이런 경영 방식이 어떤 배경에서 어떤 원리로 탄생했는지, 그 이론적 배경에 대해 아는 사람은 드물다. 입사 면접에서 공급사슬망의 정의를 유창하게 말할 수 있는 사람에게 경영 현장에서 현재 유통망의 문제점을 파악하라면 머뭇거리기 일쑤이다. 토요타 생산 시스템의 정의를 아는 직원은 많지만 정작 생산 현장에서 작업자가 일을 열심히 하면 할수록 오히려 제품의 납기일을 더 못 맞추는 역설적 상황이 왜 발생했는지 설명할 수 있는 직원은 드물다. 경영과 관련된 대부분의 책들이나 교육이 그 기법에만 치중할 뿐 그 본질에 관해서는 다루지 않기 때문이다. 이 책은 이런 문제 의식에서 출발한다. 부디 경영 지식에 대한 독자들의 갈증을 푸는 데 조금이라도 도움이 되길 바란다. 이제 독자들과 함께 우리 삶을 지배하는 경영의 세계로 떠나 보자.

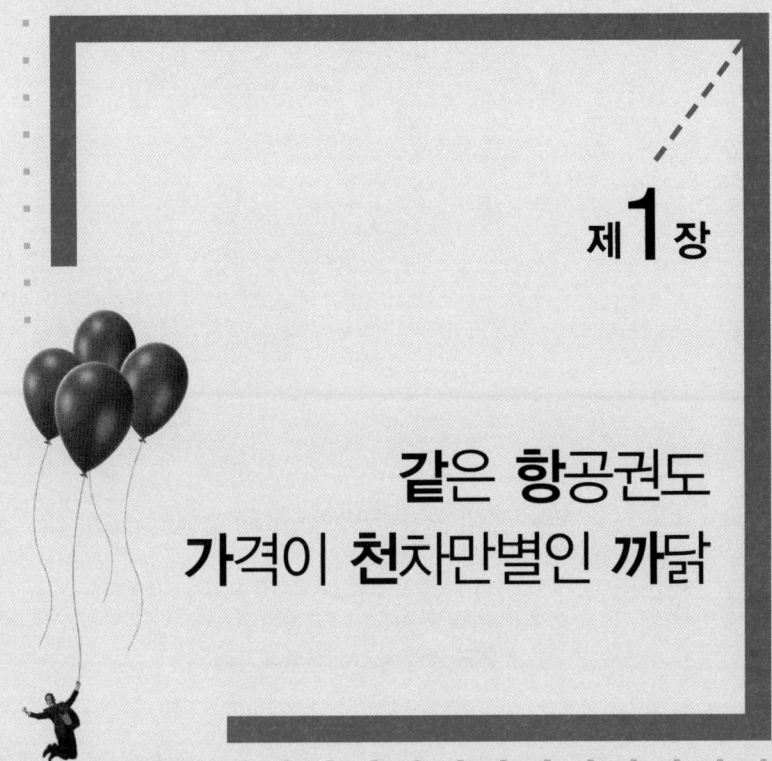

제**1**장

같은 항공권도
가격이 **천**차만별인 **까**닭

"우리는 직관과 감이 옳다는 강한 믿음으로 인해
가격 결정을 아직도 직관과 감에 의존하고 있다.
그러나 컴퓨터가 개개인의 거래 정보를 확보하고 분석할 수 있는 시대에 이르러
이 믿음이 새로운 실험대에 오르게 되었다."
— 앤드류 보이드(E. Andrew Boyd)

알다가도 모를
항공요금의 속사정

대한항공은 인천 공항과 미국 워싱턴 DC, 엄밀히 말하면 워싱턴 DC 지역의 주공항인 덜러스(Dullas) 공항 간의 직항 노선을 운행하고 있다. 뿐만 아니라 워싱턴 DC에 기착하는 전체 항공사를 통틀어 한국과 워싱턴 DC 간의 유일한 직항 노선을 운행한다(2009년 12월 기준). 이곳 워싱턴 DC에 살고 있는 나도 직항의 편리함에다 한국인 승무원의 한국어, 한국 음식 서비스 등으로 인해 한국을 오갈 때면 이 직항 노선을 자주 이용하곤 한다.

얼마 전 한국을 방문했을 때도 이 노선을 이용한 적이 있다. 당시는 10월 초로 휴가철도 지났고 유학생이나 교민들의 친지 방문으로 붐비는 기간도 아니어서 빈 좌석이 많을 거라 짐작했었다. 그런데 막상 비행기에 탑승하니 거의 만석이었다. 게다가 종착지가 인천 공항이고 한국 국적기인 터라 승객 대부분이 한국인일 것이라는 내 짐작은 보기 좋게 빗나갔다. 승객의 거의 절반이 중국인들이나 동남아인들이었던 것이다. 나중에 안 사실이지만 이들은 대부분 인천 공항을 거쳐 다시 중국이나 동남아 국가로 향하는 승객들이었다. 이들은 워싱턴 DC에서 이 항공편을 이용해 인천에 도착한 후 다른 비행기로 환승해 최종 목적지로 가려는 것이었다. 결국 이들은 비행기를 두 번 타는 셈이다. 그러면 비행기를 한 번만 타는 승객과 비행기를 두 번 타는 승객 중 어느 쪽이 더 비쌀까? 상식적으로 생각하면 인천 공항에서 환승하는 승객들은 비행기를 한 번 더 타야 하므로 요금을 더 낼 것이라 생각할 수 있다. 하지만 실제는 이와 다르다.

:: 비행기를 두 번 타는 게 한 번 타는 것보다 싸다?

워싱턴 DC에서 마닐라로 가는 경우를 예로 들어 보자. 워싱턴 DC에서 마닐라 간에는 직항편이 없다. 따라서 다른 지역을 경유해야만 한다(2009년 11월 기준). 이때 대한항공을 이용해 '워싱턴 DC-인천' 직항 노선 비행기로 인천에서 내렸다가 다시 '인천-마닐라' 직항 노선 비행기를 갈아탈 수 있다. 이때의 왕복 요금은 1,378달러이다(〈표 1-1〉 참조). 그런데 '워싱턴 DC-인천' 직항편만 이용하면 훨씬 더 비싼 1,435달러를 내야 한다! 같은 날, 같은 비행기의 같은 일반 등급 좌석으로 워싱턴 DC를 출발해 인천에 왔는데 인천이 종착지인 승객은 1,435달러를 내고, 인천에서 마닐라까지 가는 비행기를 한 번 더 타는 승객은 이보다 적은 1,378달러를 낸다니 어찌된 영문일까?

항공요금처럼 종잡을 수 없는 가격도 드물다. 같은 날, 같은 비행기의 같은 등급 좌석을 이용해도 기착지나 종착지가 다르면 가격은 천차만별이다. 심지어 기착지와 종착지가 같아도 가격 차이가 수십 퍼센트 이상 날 때도 있다. 물론 항공권의 판매를 대행하는 여행사마다 책정한 중간 마진이 다르기 때문에 차이가 날 수도 있다. 하지만 실제로 항공요금에

〈표 1-1〉 워싱턴 DC-인천, 워싱턴 DC-마닐라 노선 왕복 항공요금

왕복 노선	스케줄	항공요금
워싱턴 DC-인천	워싱턴 DC-인천(대한항공 KE094편 2009년 10월 12일 출발) 인천-워싱턴 DC (대한항공 KE093편 2009년 10월 26일 출발)	$1435.18
워싱턴 DC-마닐라	워싱턴 DC-인천(대한항공 KE094편 2009년 10월 12일 출발) 인천-마닐라(대한항공 KE623편 2009년 10월 13일 출발) 마닐라-인천(대한항공 KE624편 2009년 10월 26일 출발) 인천-워싱턴 DC(대한항공 KE093편 2009년 10월 26일 출발)	$1378.30

2009년 5월 19일 대한항공 사이트(www.koreanair.com)에서 검색한 이코노미 좌석 운임 비교. 워싱턴 DC-인천 왕복 노선과 워싱턴 DC-마닐라 왕복 노선에서 워싱턴 DC-인천 구간 왕복은 같은 비행기 KE094와 KE093을 이용하는데 비행기를 두 번 타는 워싱턴 DC-마닐라 왕복 노선이 더 싸다.

서 여행사가 챙기는 마진은 미미해 수십 퍼센트의 가격 차이를 설명하기에는 뭔가 부족하다. 그리고 〈표 1-1〉에 제시된 항공요금은 여행사 중간 마진이 없는 항공사 인터넷 직판 가격이다. 그러면 이렇게 우리의 상식을 파괴하는 항공요금에 숨겨진 비밀은 무엇일까? 결론부터 말하자면 항공사가 고객이 느끼는 가치에 따라 항공요금을 각기 다르게 책정하기 때문이다. 좀 더 정확히 표현하자면 항공사가 '상품이나 서비스에 대해 고객이 느끼는 가치에 따라 그 가격을 책정하거나 비즈니스 운영을 달리하는 경영 기법'인 '수익경영'(Revenue Management)을 기본 방침으로 운영하기 때문이다.

:: 항공요금에 숨은 비밀

여기서 한 가지 의문이 떠오른다. 도대체 고객이 느끼는 가치와 항공요금 사이에 무슨 상관이 있는가? 답을 구하기 전에 먼저 '워싱턴 DC-인

천' 직항 노선과 '워싱턴 DC-인천-마닐라' 노선의 가격을 비교해 보자. 전자의 경우 대한항공이 유일하게 직항 노선을 운영하고 있다. 물론 미국 델타항공에서도 '워싱턴 DC-인천 직항' 노선 왕복 항공권을 구입할 수 있다. 하지만 델타항공은 대한항공과의 제휴(code share)로 단지 항공권만 판매할 뿐 실제 운항은 대한항공이 하고 있다. 워싱턴 DC는 미주 지역에서 로스앤젤레스와 뉴욕 다음으로 많은 한국 교민이 살고 있어, 특히 친지 방문을 목적으로 한 교민들의 왕래가 잦다. 또한 이곳은 미국의 수도라는 상징적인 도시라 한국인 관광객들이 많이 찾는다. 유일한 직항에다 한국어와 한국 음식으로 기내 서비스를 하는 한국 국적기인 덕에 당연히 교민이나 한국인 관광객이 선호할 만한 노선이다.

물론 좀 더 싼 가격으로 이 구간을 여행하려면 다른 항공사를 이용하여 뉴욕이나 시카고까지 가서 다시 아시아나항공을 이용하면 된다. 하지만 공항 내 터미널 이동이나 대기 시간 그리고 혹시 모를 비행기 연착으로 인해 환승편을 놓칠 가능성까지를 고려한다면 조금 더 비싸더라도 직항을 선호하는 고객 수요는 늘 존재하기 마련이다. 특히 영어가 서툴거나 미국 내 터미널에서 비행기를 갈아타 본 경험이 없는 방문객들은 비싼 돈을 지불하더라도 직항으로 여행하길 원한다.

이에 반해 워싱턴 DC에서 마닐라를 한 번에 잇는 직항 노선은 아직 없다(2009년 12월 기준). 따라서 여행객들은 중간 기착지에서 최소한 한 번은 비행기를 갈아타야만 한다. 필리핀 승객이 자국 국적기인 필리핀항공을 이용하려면 미국 국내선으로 필리핀항공이 기착하는 로스앤젤레스나 샌프란시스코에까지 가서 환승해야 한다. 하지만 어차피 비행기를 한 번 갈아타는 것은 마찬가지다. 그리고 한 번 환승해야 자국 비행기를 탈 수 있기 때문에 자국 항공사가 제공하는 서비스의 가치가 반감

Tip 수익경영

'수익경영'이란 소비자가 부여하는 상품의 가치를 가격으로 적용해 소비자의 가치 실현과 기업의 매출과 이윤을 극대화하는 경영 방식이다. 수익경영의 핵심은 가격 책정이다. 하지만 이는 단순히 가격을 차별하는 게 아니다. 고객의 가치와 다양한 요구 사항을 바탕으로 상품과 서비스를 다각화하고, 소비자의 구매 패턴 등을 분석해 소비자의 가치를 수치화하며, 수요와 공급 그리고 시장환경 등의 변수를 조합하여 적절한 가격 정책을 수립하는 등 마케팅, 세일즈, 기업 전략 및 운영 등 기업 활동의 전반에 영향을 미치는 경영 방식이다.

특히 정보통신 기술과 과학 경영의 역할이 기업의 성공적인 수익경영의 관건이다. 시시각각 변하는 수요의 변동을 가격에 반영하기 위해서는 컴퓨터공학에서 자주 다루는 '동적계획법'(Dynamic Programming)이란 방식을 이용하고, 다양한 상품의 가격 할당에는 '선형계획법'(Linear Programming)이란 수학 이론을 이용한다. 그리고 대부분의 운영 절차가 확률, 통계, 수학의 최적화 이론에 기반을 둔 자동화된 정보통신 시스템에 의해 이뤄진다. 단순한 가격 조정으로 폭리를 취하거나 바가지를 씌우는 방식과 수익경영의 차별점이 바로 여기에 있다. 수익경영이 다름 아닌 항공업계에서 탄생한 이유도 1980년대 이전부터 수십 년간 고객에 대한 풍부한 자료를 축적하고 있었고, 항공권 예약 시스템과 같은 정보통신 시스템에 의존한 운영이 이뤄지고 있었기 때문이다.

대한항공은 워싱턴 DC에서 출발하는 항공사들 중 유일하게 인천행 직항 노선을 운영할 뿐 아니라 한국어 및 한국 기내식 서비스를 제공한다. 인천으로 향하는 승객들에게는 일종의 프리미엄 서비스를 제공하는 셈이다. 따라서 이들 승객은 이 프리미엄 서비스의 대가로 좀 더 비싼 항공요금을 지불하는 것이다. 반면 필리핀으로 향하는 승객에게 이러한 서비스는 특별한 가치가 없다. 게다가 어차피 한 번 경유할 바에 인천을 거치거나 일본을 거치거나 별반 차이가 없다. 대한항공은 필리핀으로 향하는 승객을 대상으로는 차별화된 프리미엄 서비스를 제공할 수 없게 된다는 뜻

> 이다. 그러므로 이들에게 인천으로 향하는 승객과 같은 프리미엄 가격을 제시했을 경우 이들은 타 항공사를 택할 게 불 보듯 뻔하다. 필리핀 승객에게 "파스타나 지라시(ちらし) 스시(일본식 덮밥. 일본항공에서 기내식으로 제공) 대신 한국 비빔밥을 제공하니 운임을 더 내세요." 한다면 과연 얼마나 많은 필리핀 승객들이 대한항공을 이용할까?
> 같은 서비스를 제공해도 어떤 고객들은 그 가치를 크게 느끼고 어떤 고객들은 그 가치를 대수롭지 않게 여기는데, 대한항공은 이런 상황을 가격 함수로 옮긴 것이다. 물론 이러한 예는 대한항공뿐만이 아니다. 대부분의 항공사가 이와 같이 고객이 부여하는 가치를 바탕으로 가격을 책정한다. 항공요금이 종잡을 수 없을 정도로 복잡한 이유는 바로 이 때문이다.

된다. 이처럼 자국 비행기에 대한 가치가 그리 크지 않기 때문에 워싱턴 DC에서 필리핀으로 여행하는 승객들은 일정만 맞다면 어느 노선이든 선택할 수 있다. 즉 워싱턴 DC에서 인천을 경유해 마닐라에 도착하는 대한항공 노선을 선택할 수도 있고, 도쿄를 경유하는 일본항공(JAL) 노선을 이용할 수도 있으며, 싱가포르를 경유하는 싱가포르항공 노선을 이용할 수도 있다.

대한항공은 워싱턴 DC를 출발해 최종적으로 서울에 가려는 승객들에게는 유일한 한국 국적 직항기라는 비교우위를 가진다. 이에 반해 마닐라에 가려는 승객들에게는 특별한 인센티브가 없다. 따라서 마닐라행 승객들을 두고 다른 항공사들과 경쟁해야 하는 상황인 것이다. 이렇게 볼 때 인천으로 향하는 같은 비행기를 이용하는 승객이라도 최종 목적지가 인천인 승객과 필리핀인 승객은 서로 다른 부류의 승객이라 할 수 있다. 따라서 가격 책정도 이러한 차이를 고려하지 않을 수 없다.

:: 마진이 높은 상품만 판매할 수는 없다

대한항공은 인천이 최종 목적지인 승객에게서 더 많은 수익을 얻을 수 있다. 그렇다면 대한항공은 '워싱턴 DC-인천' 승객만을 유치해도 될 텐데 왜 굳이 싼 가격에 '워싱턴 DC-마닐라' 승객을 유치하려는 걸까? 다시 말해 같은 상품이나 서비스를 비싼 값으로 사려는 고객들이 있다면 이 고객들에게만 팔면 될 텐데 왜 굳이 더 싼 가격에도 팔려는 걸까?

우선 첫 번째 이유는 대한항공이 아무리 직항에다 유일한 한국 국적기라는 독점적 지위를 누린다 해도 이 노선의 모든 비행기를 언제나 '워싱턴 DC-인천'행 승객들로 완전히 채울 수는 없기 때문이다. 대한항공은 이 노선을 매일 한 번(2009년 12월 기준) 운행하는데, 성수기인 여름과 친지 방문이나 유학생들의 이동이 많은 특정한 시기를 제외하고는 만석인 경우가 그리 흔치 않다.

비행기 운항 서비스의 특성상 빈 좌석이 하나라도 있다면 항공사는 그만큼 매출 기회를 상실하는 것이라 할 수 있다. 항공사에서 비행기는 매출을 올릴 수 있는 자산이지만 매출의 기회는 시간에 구속을 받는다. 이런 특성을 가진 자산을 '소멸성 자산'(perishable asset)이라 한다. 예를 들어 2009년 10월 12일 워싱턴 DC발 인천행 비행기의 경우, 이 10월 12일 이전에 전 좌석을 승객으로 채우지 못하면 남은 좌석의 상품 가치는 사라지고 만다. 비행기가 이륙하고 나면 더 이상 좌석을 팔 수 없기 때문이다. 이와 같은 특성은 영화관, 렌터카, 호텔 등 서비스산업의 상품 특성이기도 하다. 객석이 텅 빈 채 영화가 상영되거나 렌터카가 고객 없이 하루를 그냥 주차장에 대기해 있거나, 손님이 들지 않아 호텔 객실이 빈 방인 채 하룻밤이 지나면 그 가치는 영원히 사라진다.

이와 같은 소멸성 자산은 그 특성상 비행기가 뜨기 직전에 빈자리가 있으면 반값에라도 승객을 채우는 게 빈자리로 뜨는 것보다 낫다. 영화관도 영화 시작 직전 채워지지 않은 빈자리는 헐값에라도 파는 게 더 유리하다. 렌터카나 호텔도 마찬가지다. 물론 비행기에 승객을 한 명 더 태우면 승객 일인당 소요되는 비용, 즉 일인당 유류 비용 및 서비스 비용이 더 들겠지만 전체 비용에 비하자면 아주 미미한 수준이다. 승객 99명을 태우나 100명을 태우나 그 전체 비용엔 차이가 거의 없다. 호텔도 객실 20개를 모두 채우나 19개밖에 못 채우나 운영상 비용은 그리 차이가 없다. 마찬가지로 객석을 다 채우고 영화를 상영하나 관객 한 명을 위해 영화를 상영하나 운영 비용은 차이가 없다. 어차피 대부분의 운영 비용은 고객이 있으나 없으나 관계 없는 '고정 비용'이 크기 때문이다.

'워싱턴 DC-인천' 간 직항 노선도 최종 목적지가 인천인 비싼 항공권을 다 팔 수 있다면 최대의 수익을 낼 수 있을 것이다. 하지만 실제로 모든 비행편을 이들 승객으로 다 채우기는 불가능하다. 그리고 워싱턴 DC에서 출발하는 승객들 중 인천이 최종 목적지인 승객들보다 중국이나 동남아로 여행하는 승객이 몇 배나 더 많다. 그만큼 시장이 크다는 의미다. 비록 이 승객들의 좌석당 수익은 적어도 좌석 가격만 낮추면 얼마든지 빈자리를 채울 강력한 소비자층을 형성하고 있다. 즉 대한항공은 좌석당 수익률이 높은 '워싱턴 DC-인천' 승객을 최대한 유지하고, 나머지는 마닐라 등 동남아나 중국행 고객으로 채우면 이익의 총량을 극대화할 수 있다.

한 가지 더 대한항공이 '워싱턴 DC-마닐라' 고객을 유치하는 또 다른 이유가 있다. 바로 이 고객들이 다시 '인천-마닐라' 노선의 좌석을 채우는 역할을 하기 때문이다. 대한항공은 '인천-마닐라' 노선을 주 14회 운항한다(2009년 12월 기준). 일단 개설된 노선은 손님이 있건 없건 운항해야 하는 게 국제 항공업계의 규정이다. 하지만 미국이나 그 외 몇몇 인기 노선을 제외하면 '인천-마닐라'와 같은 비인기 노선을 한국과 마닐라만 오가는 승객으로 모두 채우기는 어렵다. 마닐라는 지역적 특성상 휴가철 성수기나 결혼 시즌에 수요가 급등하지만 비수기에는 수요가 급감한다. 한국인 승객들만 상대로 운항한다면 성수기와 비수기의 수요 변동폭이 너무 커서 성수기에는 흑자를 보더라도 비수기에 다시 적자를 보는 구조이다.

결국 성수기와 비수기에 관계없이 '인천-마닐라' 노선에 일정한 수요를 창출하기 위해서는 계절별 변동폭을 줄일 고정 승객을 유치할 필요가 있다. 하지만 한국과 필리핀의 교역 규모도 크지 않아 업무상 왕래하는 승객도 그리 많지 않을뿐더러 한국 거주 필리핀인들의 경우 대한항공보다 저렴하고 자국어 서비스를 제공하는 필리핀항공을 더 즐겨 이용하기 때문에 수요 창출에 한계가 따른다.

그런데 만일 '워싱턴 DC-인천' 노선으로 필리핀 승객을 싣고 와 이들이 '인천-마닐라' 노선을 이용하게 한다면 미국 거주 필리핀인의 엄청난 수요를 확보하게 된다. '워싱턴 DC-인천' 노선이 필리핀인 승객을 유치함으로써 '인천-마닐라' 노선의 수익 구조를 개선하는 셈이다. 결론적으로 '워싱턴 DC-인천' 노선을 타고 와서 마닐라로 향하는 승객이 인천이 최종 목적지인 승객보다 수익률은 더 낮다. 하지만 대신 이들 마닐라 승객들이 '인천-마닐라' 노선의 수요를 안정적으로 채워주는 역할을 한다. 전체적으로 봤을 때 이것이 대한항공의 입장에서는 훨씬 나은 전략인 셈이다.

:: 더 높은 매출을 올리기 위한 항공사의 선택

수익경영은 단순히 비용에 마진을 더해 모든 소비자에게 같은 가격을 제시하는 방식을 거부한다. 그리고 소비자의 관점에서 가격 책정을 바라본다. 즉 소비자가 느끼는 상품의 가치는 천차만별이다. 따라서 일률적으로 같은 가격을 제시하기보다는 소비자가 느끼는 가치만큼의 가격을 맞춤형으로 제시하는 방식이다. 수익경영을 '소비자의 가치 실현 방식'이라 이야기하는 것도 이 때문이다.[1]

비용이나 원가 절감을 통한 혁신에 초점을 맞춘 경영 방식과는 달리, 수익경영은 비즈니스 운영의 중심을 매출 증대에 두고 있다. 하지만 이때의 매출 증대는 단순히 투자 증대와 시장 선점을 통한 양적인 매출 증대가 아니다. 그것은 소비자의 가치를 수익으로 연결시키는 방식을 통해 이윤을 늘리는 방식을 취한다는 점에서 다른 경영 방식과 구분된다.

소비자 가치 실현은 예전부터 많은 기업들이 인식하고 있던 문제이다. 하지만 실제로 이 가치를 끌어들여 매출로 연결하기 위해서는 소비자에 대한 구체적인 정보가 필요했다. 소비자를 세분화한다는 것은 소비 형태를 세분화한다는 의미이다. 이를 위해서는 소비 패턴에 대한 정보가 필요하다. 소비자에 관한 세부적인 데이터가 없었을 때는 같은 물건을 구입하는 소비자를 모두 같은 부류로 볼 수밖에 없었다. 하지만 인터넷과 데이터 기술의 발달로 소비자 구매 형태도 데이터로 관리할 수 있게 되었다. 또한 수학 기술의 발달로 방대한 데이터를 바탕으로 소비 형태 분석이 가능해졌다. 같은 물건을 구입해도 소비자의 필요나 소비자가 느끼는 가치의 정도를 어느 정도 판가름하는 기술적 기반이 완성되면서 수익경영이 진가를 발휘할 수 있는 시대가 온 것이다. 물론 방대한 데이터와 수학 기술이 없이도 수익경영의 개념을 도입할 수 있다.

> **Tip** **'수익경영'이라는 용어는 어떻게 탄생했을까?**
>
> 소비자의 가치를 매출로 연결하는 방식이 처음으로 그 효용성을 발휘한 곳은 항공산업이다. 항공업계에서는 매출을 측정하는 방식으로 두 가지 요소를 고려한다. 이때 그 첫째가 비행기당 승객 수를 측정하는 '적재율'(load factor)이고, 둘째가 비행기 좌석당 매출인 '수익률'(yield rate)이다. 비행기에 승객을 많이 태울수록 적재율은 올라간다. 그리고 한 좌석당 좀 더 비싼 가격을 지불한 승객이 많으면 수익률도 동시에 올라간다. 수익경영이 항공업계에서 보편화되기 전에는 많은 항공사들이 비즈니스 운영과 세일즈 초점을 수익률보다 적재율에 맞추었다.
>
> 하지만 1980년대 초 아메리칸항공과 델타항공이 수익률에 초점을 맞추기 시작하면서 수익경영의 개념이 뿌리내리기 시작했다. 수익경영이 처음에는 영어로 'Yield Management'(수익률관리 혹은 수익관리)라고 칭해졌던 것도 항공업계에서 수익률을 관리한다는 의미에서 비롯된 것이다. 이 수익률 개념이 항공업계에 보편화되고 그 효용성이 입증되자, 1980년대 중반 이후 타 업계로 확산되기 시작했다. 그러자 항공업계에서 사용하는 수익률이란 단어 대신 매출 신장을 포함한 총체적인 경영을 뜻하는 'Revenue Management'(수익경영)라는 용어가 사용되기 시작했다. 이 개념이 한국에 소개될 때 'Yield Management'는 '수익관리'로 표기됐고 이후 소개된 'Revenue Management'는 '수익경영'으로 표기됐다.

하지만 그 효용성과 파급 효과는 제한적일 수밖에 없다.

수익경영을 특징 짓는 요소를 정리하면 다음과 같다.

1. 기업과 비용 중심의 가격 책정이 아닌 소비자 가치와 시장 중심의 가격 정책을 실시한다.

2. 같은 물건이라도 소비자가 느끼는 가치에 따라 소비자 분할 가격과 서비스 차별화를 실현한다.
3. 프리미엄 고객을 위한 상품 및 서비스 제공이 가능하다.
4. 소비자 데이터와 고객 분석을 기초로 한다.

미국에서는 10만 원짜리 책이
한국에 오면 4만 원인 까닭

　　　　　　미국에서 대학을 다니는 유학생들이 한국에 다녀가면서 꼭 챙겨가는 게 있다. 고추장도 된장도 아닌 바로 교재로 쓰는 원서를 사서 챙겨가는 것이다. 물 건너온 원서이니 물류비까지 생각하면 값이 쌀 리가 없는데 무겁고 구하기도 쉽지 않은 교재를 왜 굳이 한국에서 사가는 것일까?

　그러면 먼저 미국에서 경제학 교과서로 즐겨 쓰이는 미국 프렌티스홀(Prentice Hall) 출판사의 《미시 경제학》(Microeconomics, Robert S. Pindyck and Paniel L. Rubinfeld, 7th Edition, paperback)의 미국 현지 가격과 한국 판매 가격을 비교해 보자.

　미국 최대 인터넷서점인 아마존닷컴에서 이 책은 약 100달러에 판매되고 있다. 이에 반해 한국의 교보문고에서는 외양과 품질이 똑같은 책을 4만 3,000원에 판매하고 있다.

〈표 1-2〉 프렌티스홀의 《미시경제학》 7판 판매 가격 비교

미국 아마존닷컴	100달러 (약 10만 원)
한국 교보문고	4만 3,000원

아마존닷컴과 교보문고, 2010년 2월 검색 결과

:: 무엇이 가격을 결정하는가?

등락하는 환율로 정확한 비교는 어렵겠지만 달러 대비 원화 환율을 약 1,000원으로 적용해도 국내 가격이 미국 현지 가격의 약 40퍼센트 정도다. 미국에서 출간된 책, 특히 대학 교과서처럼 지식을 집약해 놓은 책은 가격이 우리나라와 비교했을 때 상당히 비싸다. 특히 베스트셀러가 보장될 만큼 인지도가 높은 저자의 경우는 훨씬 높은 가격이 책정돼 웬만한 교재의 정가는 100달러를 훌쩍 넘는다. 결국 유학생들이 미국으로 돌아갈 때 원서를 챙기는 이유는 이 엄청난 가격 차이 때문이었다. 그럼 이런 엄청난 가격 차이는 어디서 생긴 것일까? 이 질문에 대답하기 앞서, 책의 가격을 원가 중심으로 산정해 보자.

미국에서 100달러가 넘는 미시경제학 책 한 권을 생산하는 생산 단가는 제조 비용, 물류 비용, 그 외 마케팅 및 세일즈 비용을 합쳐도 15달러에도 채 미치지 못한다고 한다. 만일 비용 중심으로 가격을 산정한다면, 15달러 정도의 생산 단가에 저작권 사용료와 마진을 더하여 대략 30달러의 가격이 책정되어 미국 시장에 판매될 것이다. 그리고 같은 책이 한국에서 판매될 때는 이 가격에 운송비와 그 외 운영 비용을 더해 미국에서보다 더 비싼 가격에 판매되어야 마땅하다.

하지만 현실은 이와 다르다. 미국에서는 생산 비용의 몇 배를 더해 거의 폭리를 취하고 반대로 한국에서는 미국에서와는 비교도 할 수 없을 정도로 적은 마진만 붙여 판매하고 있는 것이다. 이런 지역적 가격 차이의 근본 원인은 시장환경에 따라 상품의 가치가 각각 다르기 때문이다.

교과서는 단순히 지식을 전달하는 매체 이상의 의미를 지닌다. 즉 이 교과서를 통해 대학에서 미시경제학을 정확히 이해하고 좋은 점수를 받는다면, 그리고 이로 인해 졸업 후 좋은 회사에 취직해서 몇 만 달러의 연봉을 받을 수 있다면, 이 책에 100달러를 지불할 가치가 충분하다고 생각할 수 있다. 더 많은 이윤을 추구하려는 출판업체의 이해와 소비자들의 이러한 인식이 일치를 이루었기 때문에 그처럼 높은 가격이 책정될 수 있었던 것이다. 여기서 소비자의 인식을 좌우한 것이 책의 가치와 졸업 후 연봉과의 관계라는 것을 알 수 있다.

한국의 상황은 어떨까? 같은 책으로 공부하고 졸업하더라도 한국에서 받을 수 있는 연봉은 미국에 비해 낮은 게 현실이다. 미국에서 경제학과를 졸업하고 받을 수 있는 초봉과 한국에서 경제학과를 졸업하고 받을 수 있는 초봉의 차이를 고려할 때, 한국의 대학생들에게 이 책의 가치는 미국에서의 가치보다 훨씬 떨어질 것이다. 이런 지역적 여건을 감안한다면 미국에서 받는 가격을 한국에서 요구하기에는 무리가 있다. 게다가 한국에서 이 책은 한국의 경제학자가 쓴 경제학 서적과도 경쟁해야 한다. 한국 저자가 쓴 경제학 교과서의 가격은 대부분 1만 5,000원에서 비싸게는 3만 원 수준이다. 이와 같은 시장환경을 고려한다면 경쟁력을 가지기 위해서 가격 수준을 맞춰야 한다.

이처럼 지역의 특성을 반영한 소비자 가치와 시장환경을 적절히 고려하여 시장 중심의 가격을 책정하는 수익경영의 방식을 프렌티스홀 출판사의 사례는 잘 보여 주고 있다. 앞에 대한항공의 예에서 같은 비행기 서비스를 제공해도 고객이 느끼는 상품의 가치와 시장환경에 따라 가격을 다르게 적용한 것처럼 경제학 교과서의 가격도 지역적 환경에 의한 소비자의 가치 기준에 맞춰 서로 다르게 책정한 것이라 해석할 수 있다.

:: 매출을 올리는 가격 차별화의 마술

수익경영의 최대 무기는 소비자의 가치를 직접 매출로 연계하는 것이다. 어떤 상품에 대해 소비자가 느끼는 가치는 항상 똑같지 않다. 따라서 상이한 소비자의 가치를 바탕으로 한 가격 차별화는 수익경영의 기본 방식 중 하나다. 물론 똑같은 상품을 같은 시장환경에서 아무런 서비스의 차이를 제공하지 않고 단지 가격만 달리하여 소비자들에게 제시해 부당한 이윤을 남기려는 것은 도덕적으로 비난 받아야 마땅하다. 하지만 잠시 이 문제를 접어두고(이 문제에 대해서는 다음에 다시 다룬다), 수익경영의 이해를 위해 동일한 물건이라도 가격을 다르게 책정할 수 있다는 가정을 두고 다음 문제를 생각해 보자.

판매할 제품이 100개 있고 이 제품을 살 소비자도 딱 100명이 있다. 이 제품에 대해 소비자가 느끼는 가치를 조사했다. 그 결과 100명 중 50명은 이 제품을 2만 원 이상의 가치가 있다고 생각하여 최소 2만 원을 지불할 용의가 있었다. 반면 나머지 50명은 이 물건의 가치를 1만 원 정도로만 생각하여 1만 원까지만 지불할 용의가 있었다. 판매자는 이 제품을 1만 원에 팔지 2만 원에 팔지를 결정해야 한다. 만일 1만 원으로 가격을 정한다면 모든 소비자 100명이 물건을 살 것이고(2만 원의 가치를 지닌다고 판단한 고객도 당연히 구입할 것이므로), 그 결과 총 매출은 100만 원이 된다. 가격을 2만 원으로 정하면 물건의 가치를 2만 원으로 생각하는 50명만 구입할 것이고, 이 경우도 100만 원의 매출을 기대할 수 있다. 매출액이라는 결과만 보면 가격을 1만 원으로 하나 2만 원으로 하나 차이가 없다. 하지만 속사정을 들여다보면 100만 원이라는 매출액이 매우 다른 방식에 의해 도출되었다는 걸 알 수 있다.

가격을 1만 원으로 정할 경우 100명 중 50명은 2만 원을 지불할 용의가 있음에도 불구하고 반값에 판 꼴이다. 이 50명에게는 더 높은 가격에 팔 수 있는 기회를 놓친 셈이다. 반면 가격을 2만 원으로 하면 50명의 고객을 잃게 된다. 100개의 제품 중 50개만 팔고 나머지는 팔 기회를 잃고 만다. 즉 전자는 고객의 가치를 실현할 기회를 잃는 셈이고 후자는 상품을 팔 수 있는 기회를 놓치는 셈이다.

그렇다면 만약 2만 원을 지불할 용의가 있는 고객에게 2만 원을 받고 1만 원일 때만 지갑을 열 소비자에게는 1만 원만 받는다면 매출은 어떻게 될까? 이 경우 매출은 '2만 원×50명+1만원×50명으로, 총 매출은 150만 원이 된다. 이것이 소비자 가치와 제품의 가치를 모두 매출로 실현한 경우다. 단지 가격만 소비자가 느낀 가치에 따라 차별적으로 책정했는데 매출이 100만 원에서 150만 원으로 50퍼센트 증가하는 마술을 부린 것이다. 바로 이것이 수익경영의 핵심이다.

이 원리를 항공요금에 적용해 보자(다시 한 번 동일한 상품과 서비스에도 서로 다른 가격을 책정할 수 있다고 가정해 보자). 항공기에 일반석 100석이 있다. 이 노선의 가치에 대한 설문조사 결과 〈그림 1-1〉의 (1)과 같은 수요 곡선이 그려졌다. 만약 이 노선의 일반석을 공짜로 제공한다면 마다할 고객이 없어 100석을 모두 채운 채 운행할 수 있다. 반면 좌석 가격이 10만 원이라면 가격이 너무 비싸 아무도 이 항공편을 이용하지 않고 다른 경쟁사 항공 노선을 이용할 것이라는 결과가 나왔다. 이와

〈그림 1-1〉 고정가격과 수익경영의 가치에 따른 가격 책정 비교

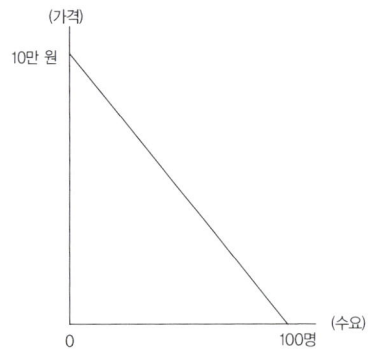

(1) 항공요금과 수요량과의 관계

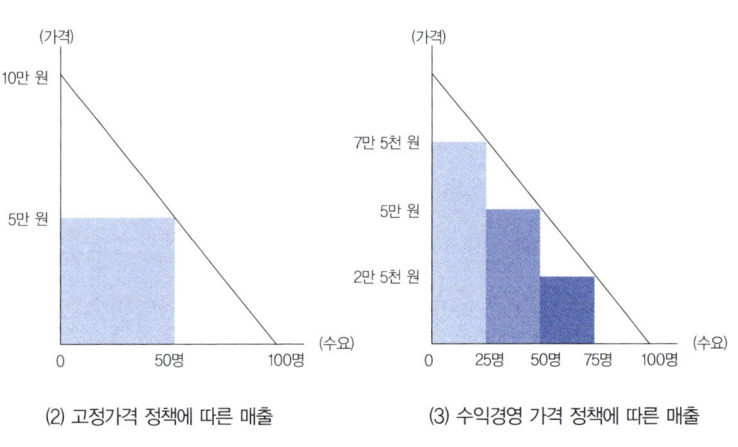

(2) 고정가격 정책에 따른 매출   (3) 수익경영 가격 정책에 따른 매출

같은 수요 곡선에서 매출을 최적화할 수 있는 가격은 5만 원이 된다. 고정가격이 5만 원일 경우 50석을 채워 250만 원의 매출을 올릴 수 있을 것이다. 〈그림 1-1〉의 (2)에서 사각형의 면적이 이때의 매출액이 된다. 하지만 고정가격을 5만 원으로 정하면 100석 중 50석은 빈 채로 운행해야 한다. 게다가 5만 원 이상 지불할 용의가 있는 나머지 고객들에게서

도 5만 원밖에 받을 수 없다. 그만큼 매출을 더 올릴 수 있는 기회를 상실하게 된다.

그럼 판매를 세 단계로 차별화된 가격을 제시한다 가정해 보자. 우선 가격을 7만 5,000원으로 제시한다. 이 경우 7만 5,000원 이상의 가격 가치가 있다고 여기는 고객 25명에게 이 가격으로 판매할 수 있다. 그 결과 187만 5,000원의 매출(7만 5,000원×25명)을 올릴 수 있다. 〈그림 1-1〉의 (3)번 그래프에서 맨 왼쪽 사각형의 면적이 이 매출에 해당한다. 이제 100석 중 75석이 남았다. 이제 남은 좌석들을 판매하기 위해 가격을 좀 더 낮춰 5만 원으로 제시하면 남은 75명 중 25명이 살 것이고(5만 원 이상의 가치를 지닌다고 생각한 고객들이 50명이지만 이미 25명은 7만 5,000원으로 구입했으므로, 나머지 25명이 이 가격으로 구입할 것이다), 이 경우 125만 원의 매출(5만 원×25명)을 올릴 수 있다. 이제 남은 50개의 좌석을 2만 5,000원에 판매한다면 25개의 좌석을 판매할 수 있고, 이에 대한 매출은 62만 5,000원(2만 5,000원×25명)이 된다. 그럼 비행기 100좌석 중 75좌석을 판매해 총 375만 원(187만 5,000원+125만 원+62만 5,000원)의 매출을 올릴 수 있다. 앞에 고정 가격을 통한 매출 250만 원보다 125만 원 즉 50%의 매출을 더 올릴 수 있다는 결과가 나온다.

물론 항공기 좌석이나 물건을 판매할 때 아무리 소비자가 느끼는 가치가 다르더라도 같은 물건이나 서비스를 다른 가격에 판매하면 형평성 문제가 발생한다. 같은 일반석인데 처음 7만 5,000원에 산 고객이 이후 같은 좌석을 5만 원과 2만 5,000원에 판매한다는 사실을 안다면 환불을 요청하거나 차액을 돌려달라고 할 수 있다. 그래서 항공사나 그 외 수익 경영을 활용하는 기업들은 여러 방식으로 상품이나 서비스에 차별점을 두어 가격 차별의 형평성을 마련하려 한다. 일례로 저가 항공 티켓의 경

Tip 가격의 과학

수요 곡선으로 표현된 '소비자가 느끼는 상품의 가치'와 공급 곡선으로 표현된 '생산자의 공급 의지'가 그 합의점을 찾는 지점이 바로 '시장 가격'이라는 것이 경제학에서 정의하는 가격이다. 그러나 실제 비즈니스 현장에서 상품의 가격 책정이나 가격의 타당성 분석을 할 때에는 단순히 이 두 곡선으로 표현할 수 없는 너무나 다양한 변수들이 존재한다.

우선 시장에 존재하는 많은 공급자들 간의 경쟁은 가격 결정의 첫 번째 걸림돌이다. 우리가 가격을 낮추면 상대방도 같이 응수할 수 있는 경쟁이 치열한 시장에서 나의 결정이 상대방에게, 다시 상대방의 결정이 나에게 직접적인 영향을 미치는 복잡한 상황은 가격 결정을 어렵게 만든다. 가격 결정이 공산품처럼 단순한 소비재라면 그나마 낫다. 소주·맥주처럼 서로 다른 상품군이라 하더라도 대체재로 사용될 수 있는 상품이 존재하거나, 반대로 시장에 한 번도 선보인 적이 없어 대체재가 전혀 존재하지 않는 첨단 상품이라 가격 책정 기준조차 없는 제품은 어디서부터 시작해야 할지 난감할 따름이다. 이뿐만이 아니다. 손에 쥘 수 없는, 그래서 개개인마다 다양한 가치의 스펙트럼을 지닌 서비스 상품의 경우 이들의 합당한 가격을 찾는다는 것은 시장에 존재하는 모든 소비자들의 속내를 훤히 들여다보지 않고서는 불가능한 일이다. 이처럼 가격에 직간접적인 영향을 미치는 현실의 복잡하고 다양한 변수들을 단지 수요-공급 두 개의 곡선만으로 지탱하기에는 버거울 따름이다.

가격 결정의 이러한 어려움으로 인해 소비자의 가치 실현을 통한 정당한 대가가 가격이란 공식은 단지 이론으로만 존재할 뿐이다. 대신 기업들이 선택한 차선책은 바로 '원가＋마진'이라는 단순하고도 획일적인 방식이었다. 그 결과 "같은 상품은 같은 가격으로, 모든 이가 공정하게!"라는 마치 정치 구호 같은 이 가격 책정 방식이 가격 결정의 고전적 공식으로 한동안 자리매김했었다(동일한 가격이 공정한 것인가에 대해서는 뒤에서 살펴보자). 이런 획일화되고 단순한 가격 책정에 종지부를 찍은 게 바로 1980년대 항공산업에서 탄생한 수익경영의 가격 책정 방식이다.

항공업계의 과학적인 가격 정책의 실효성이 입증되자 1990년대 이후 수익경영은 다양한 산업으로 전파되기에 이르렀다. 이름하여 '가격의 과학'(Science of Pricing)이 탄생하게 된 것이다. 가격의 과학에서 가장 중요한 것은 소비자가 상품에 매기는 가치를 어떻게 수치화하느냐이다. 이를 위해서는 소비자의 구매 데이터는 필수적이다. 항공업계는 수십 년간 축적된 고객 데이터가 있었다. 하지만 일반 소비업체의 경우 이 같은 소비자 소비 패턴을 분석할 데이터가 없다는 게 가장 큰 걸림돌이었다. 다행히 1990년대 정보통신 혁명과 인터넷 상거래의 보편화로 기업은 고객의 소비 패턴과 구매 형태를 쉽게 데이터화할 수 있었고, 소비자 데이터를 축적하는 문제는 쉽게 해결할 수 있었다. 이후 호텔, 렌터카 등 서비스업체를 비롯해 유통업이나 제조업 등 다양한 산업 분야에서 과학적인 가격 책정 방식을 적극 이용하기 시작했다.

요즘 웬만한 대형 항공사의 항공료, 글로벌 호텔 체인의 호텔 숙박료, 대형 렌터카업체의 대여비 등은 실시간 수요와 과거 소비 패턴 등 수학적 알고리즘에 의해 자동으로 책정된다. 그리고 월마트와 같은 대형 마트에서 하루가 다르게 바뀌는 상품 가격도 중앙 전산 시스템의 가격 산출 시스템의 알고리즘에 의해 책정된다.

가격의 과학에서 가격 결정 알고리즘은 기본적으로 고도로 복잡한 수학에 의존한다. 하지만 실제로 이것은 다양한 통계 방식과, 소비자 패턴과 행동 분석, 시장의 경제학적 이해 등 통계학, 컴퓨터공학, 마케팅, 경제학과 같은 기존 학문과의 통섭을 통해 탄생하고 발전되고 있는 종합 학문이다.

이후 가격의 과학을 이용해 기업의 가격 정책 솔루션을 제공하는 기업도 탄생했는데 미국의 프로스 홀딩스(PROS Holdings Inc.)와 여행업계의 가격 솔루션을 제공하는 세이버 홀딩스(Sabre Holdings Inc.)가 대표적인 기업이다. 이외 IBM이나 오라클과 같은 전통적인 경영 및 IT 컨설팅 회사도 내부 가격 서비스팀을 운영하고 자체 개발한 솔루션으로 시장을 공략하고 있다. 이들은 대형 항공업체나 유통업체 등을 상대로 가격 정책 컨설팅, 가격 구조 분석, 최적 가격 분석 그리고 실시간 가격 책정에 필요한 소프

> 트웨어 개발 지원 등 가격에 관한 다양한 서비스를 제공한다. 이들 기업에서 수학이나 컴퓨터공학 박사들을 만나는 건 그리 어려운 일이 아니다. 경영 과학화의 최전선에 있는 과학자들이라 할 수 있다.

우 예약 취소가 불가능하고 출발, 도착 날짜가 특정 날에만 가능하다는 제한을 두는 것도 일반 좌석과 차별화하기 위해서이다.

아마존닷컴 매출의 특별한 비밀

현대백화점은 2009년 12월 영패션 전문관 '유플렉스' 고객의 소비 트렌드를 분석해 'MINT'란 신조어로 2009년도의 20대 쇼핑 트렌드를 정의했다.[2] 'M'은 '월요일'(Monday)의 앞 글자로 각 요일별 매출 분포를 연령별로 분석했을 때 20대가 타 연령에 비해 월요일에 쇼핑을 많이 한다는 데서 따왔다. 'I'는 '인터넷'(Internet)으로 설문조사 결과 20대 고객의 57%가 인터넷에서 쇼핑 정보를 얻는다는 것을 의미한다. 그리고 'N'은 '야간 쇼핑족'(Night shopper)을 의미하는 것으로 저녁 8시 이후 매출의 상당한 부분이 20대 고객에게서 이뤄지는 형태를 설명하는 단어다. 마지막으로 'T'는 변화, 변신을 의미하는 '트랜스포머'(Transformer)에서 따온 단어로 일상의 평범함에서 탈출해 나만의 개성을 창조하기 위한 쇼핑을 한다는 20대의 쇼핑 트렌드를 표현하는 의미다. 인터넷에서 이리저리 정보를 찾고 비교하며 알뜰 쇼핑을 하지만, 한편으로는 자신만의 개성을 표현하기 위해 지갑 열기를 주저하지 않는 20대의 소비 트렌드를 잘 표현해 주는 단어들이다.

:: 배송 차별로 프리미엄 고객을 잡아라

여기서 인터넷 쇼핑과 인터넷을 통한 정보 검색에 주목해 보자. 더 이상 인터넷 홈페이지나 블로그에서 쇼핑 정보를 얻는 것은 새로운 이야깃거리도 못 되는 세상이다. 나아가 인터넷은 정보 검색뿐 아니라 정식 유통 채널로도 자리매김해 전통적인 오프라인 쇼핑몰을 위협하는 상황이다. 이미 온라인 쇼핑 시장은 전체 매출액 규모에서 오프라인 시장과 거의 비슷한 수준에 이르렀다.

온라인 쇼핑의 보편화는 또 다른 쇼핑 트렌드를 창조하고 있다. 한마디로 '눈요기는 오프라인에서 주문은 인터넷에서'라는 트렌드가 그것이다. 백화점과 같은 오프라인 매장에서 진열된 상품을 직접 보고 비교한 후 실제 구매는 인터넷을 뒤져 가장 싼 곳에서 주문하는 알뜰 쇼핑족의 구매 형태를 가리키는 말이다. 요즘은 인터넷 할인 사이트에 접속해 보면 배송비를 합쳐도 오프라인 매장보다 싼 가격에 물건을 찾을 수 있다. 그런 까닭에 알뜰 쇼핑족은 인터넷에서 가격을 조목조목 비교한 후 지갑을 연다.

하지만 인터넷 쇼핑은 직접 눈으로 보고 상품을 비교할 수 없다는 단점이 있다. 그래서 백화점이나 오프라인 매장에서 눈으로 직접 확인한 후 구매는 온라인 할인점에서 하는 새로운 쇼핑 방식이 생겨났다. 백화점으로서는 비싼 매장 운영비에 마케팅 비용 그리고 재고 비용까지 부담해 가며 물건을 진열해 놨는데 고객은 매장에서 상품 정보만 쏙 빼가고 구매는 딴 데서 하니 오프라인 매장의 입장에서는 속된말로 '죽 쒀서 개 주는 경우'나 다를 바 없다.

그러나 정반대의 경우도 있다. 당장 필요해 오프라인 매장을 직접 찾아 필요한 상품을 바로 손에 쥐어야 하는 경우가 그렇다. 또한 혹시 배

〈그림 1-2〉 아마존닷컴의 배송 주문 화면

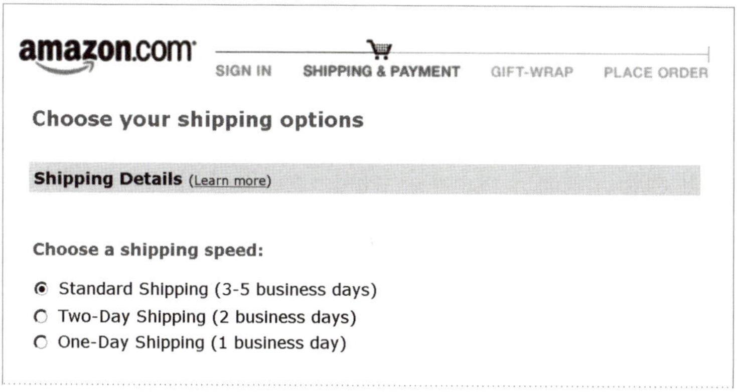

```
amazon.com                SIGN IN   SHIPPING & PAYMENT   GIFT-WRAP   PLACE ORDER

Choose your shipping options

Shipping Details (Learn more)

Choose a shipping speed:
⦿ Standard Shipping (3-5 business days)
○ Two-Day Shipping (2 business days)
○ One-Day Shipping (1 business day)
```

고객이 물건을 장바구니에 넣고 결제를 클릭하면 배송 옵션이 뜬다. 12월 23일 주문한 물건을 일반 배송에서는 3~5일(주말 제외) 걸린다는 말만 있다. 하지만 빠른 배송(Two-Day Shipping)과 당일 배송(One-Day Shipping)은 배송에 걸리는 시일이 정확히 명시되어 있다.

송 지연이나 착오로 꼭 필요한 날 상품을 받지 못할까 봐 조금 비싸더라도 오프라인 매장에서 직접 구입하는 경우도 있다. 세계 최대의 인터넷 상거래 사이트인 '아마존닷컴'(Amazon.com)은 온라인 쇼핑몰임에도 소비자의 이런 심리를 가장 효과적으로 이용한 기업이라 할 수 있다.

아마존닷컴에서 물건을 주문하면 소비자는 일반 배송, 빠른 배송, 당일 배송이라는 세 가지 배송 옵션을 제안 받는다. 우리나라처럼 모든 지역이 일일생활권인 나라에서는 배송이 그다지 중요하지 않다. 하지만 미국처럼 넓은 나라는 대부분의 배송을 항공편으로 해야 한다. 따라서 인터넷으로 주문한 상품을 며칠씩 기다리는 일이 다반사다. 소비자의 가치를 나누는 전략이 바로 이 지점에서 출발한다.

일반 배송은 상품을 받기까지 일주일 이상의 시간이 걸리고, 빠른 배송은 2~3일 안에, 그리고 당일 배송은 주문한 다음 날이면 주문한 상품을 받을 수 있는 옵션이다. 일반 배송은 보통 상품 가격과 배송비를 합쳐도 오프라인 매장 가격보다 다소 저렴하다. 빠른 배송은 일반 배송보다 조금 비싸지만 일반 오프라인 매장과 비교했을 때 큰 차이가 없다. 반면 당일 배송은 오프라인 매장보다 훨씬 비싼 가격을 제시한다. 10달러짜리 책을 구매해도 최소 4달러에서 6달러의 추가 비용을 감수해야 한다. 그렇다면 이런 차별화된 배송 전략이 아마존닷컴의 매출에 기여하는 역할이 무엇일까?

같은 상품이라도 소비자가 어떤 배송 옵션을 선택하느냐에 따라 가격에 차이가 생긴다. 상품이 당장 필요한 소비자에게는 더 신속한 배송을 보장하는 대신 이에 대한 프리미엄으로 가격을 더 많이 받는 것이고, 좀 더 싼 가격에 구입을 원하는 소비자에게는 더 오래 기다리는 대신 싸게 상품을 구매할 수 있는 기회를 제공한다. 같은 상품을 주문하는 소비자라 하더라도 상품의 필요성과 감성적 욕구가 저마다 다르다. 아마존닷컴은 배송의 차별화를 통해 자연스레 고객군을 나누는 전략을 취한 것이다.

그런데 이런 식의 소비자 가치 분류를 통한 매출 신장에는 하나의 트릭이 숨어 있다. 배송 옵션에 따라 다른 가격을 제시하지만 아마존닷컴이 실제로 드는 비용에는 차이가 거의 없다. 소비자가 일반 배송을 선택하나 당일 배송을 선택하나 아마존닷컴이 상품당 처리하는 비용 차이는 미미하다. 아마존닷컴과 같은 대형 인터넷 쇼핑몰은 상품 배송을 위해 전용 항공기나 트럭을 직접 운용하거나 항공사나 물류회사와 장기 계약을 맺고 있다. 비행기에 오늘 주문받은 상품을 싣든 일주일 전에 주문받은 상품을 싣든 같은 물건일 경우 비용 차이는 없다. 따라서 그만큼 당일 배송은 더 많은 마진을 남길 수 있는 것이다.

아마존닷컴도 과거에는 먼저 주문받은 상품을 먼저 처리하는 배송 방식을 채택했었다. 같은 물건을 주문한 소비자는 모두 동일한 소비자로 분류했던 것이다. 하지만 수익경영과 현대 마케팅에서는 모든 소비자를 획일화하는 방식을 거부한다. 같은 상품이라도 소비자마다 상품에 대한 필요성 정도와 감성적 욕구가 다르고, 그만큼 상품에 대해 지불할 가격도 달라진다. 같은 정가 1만 원의 책이라도 내일 당장 필요한 소비자가 있고 조금이라도 싸게 살 수만 있으면 일주일이라도 기다릴 용의가 있는 소비자가 있다. 일반 배송 소비자는 인터넷 쇼핑몰에서 싼 가격에 상품을 사는 대가로 당장 상품을 손에 쥘 수 없다는 점을 이미 각오한 소비자다. 이들은 상품을 열흘 후에 받으나 그보다 하루 더 걸려 받으나 별 불만이 없다. 반면 프리미엄 서비스를 선택한 고객은 상품 인도일에 큰 가치를 둔다. 프리미엄 가격을 지불하더라도 상품을 빨리 받아보기를 원하는 고객이기 때문이다.

아마존닷컴이 채용한 배송 전략의 핵심은 같은 상품이라도 소비자의 가치에 따라 운영과 가격을 차별화하는 것이다. 이런 차별화 전략은 가끔 형평성 논란을 일으킬 때도 있다. 만일 소비자가 당일 배송이나 일반 배송이나 비용에 차이가 없다는 사실을 안다면 당일 배송에 비싼 가격을 요구하는 아마존닷컴을 비난할 수도 있다. 그러나 아마존닷컴의 입장에서는 주문과 배송을 처리하는 인력은 한정되어 있다. 그리고 쏟아지는 주문들 중에는 분명 당장 처리해야 할 주문이 있고 조금 지연되더라도 별 상관없는 주문이 있다. 아마존닷컴은 배송 가격 차별화를 통해 고객의 필요성을 측정하고, 이를 바탕으로 배송 운영 방식을 합리적으로 취한 것이다. 합리적인 운영 방식을 통해 소비자는 가치 실현을, 판매자는 수익을 올리는 '윈-윈 전략'이 바로 수익경영이 추구하는 바이다.

:: 첨단 수학 알고리즘과 데이터 분석이 필요한 이유

이처럼 수익경영에 입각한 가격 차별화를 실현하기 위해 기업들은 다양한 방식으로 상품/서비스를 차별화하고, 이를 바탕으로 가격을 차별화하고 고객을 세분한다. 그러나 상품/서비스가 차별화되었다고 해서 수익경영을 바로 실행할 수 있는 것은 아니다. 바로 상품/서비스 할당에 대한 딜레마가 존재하기 때문이다.

판매 가능한 상품/서비스가 한정되어 있는 상황에서 기업은 당연히 고가의 것을 더 많이 팔고자 할 것이다. 비행기 좌석 판매에서 예약 취소나 변경이 자유로운 프리미엄 가격과 그렇지 않은 할인 가격이 있다면 항공사는 더 많은 좌석을 프리미엄 가격으로 팔고자 할 것이다. 그러나 비행기 좌석에 대한 예약을 받기 시작했는데 예약 고객들이 계속 할인 티켓만을 찾는다고 가정하자. 이렇게 할인 고객 예약만 받다 보면 프리미엄 티켓으로 더 많은 매출을 올릴 수 있는 기회를 상실할 수 있다.

마찬가지로 아마존닷컴에서 상품을 인터넷으로 주문 받을 때 재고는 한정되어 있다. 이때 일반 배송 주문만 계속 받아 재고를 다 소진해 버린다면 이후 당일 배송 주문이 들어올 때 좀 더 높은 매출을 올릴 수 있는 기회를 잃게 된다. 어느 정도의 재고는 미래에 있을지 모르는 당일 배송 주문을 위해 남겨 두어야 한다. 그렇다면 프리미엄 고객을 위한 상품/서비스를 얼마나 남겨야 할까? 이 문제를 수익경영에서는 수학적 알고리즘과 과거 데이터 분석으로 해결한다. 다시 말해 수학적 알고리즘과 데이터 분석이 바로 수익경영의 정수다.

수익경영에서는 고객 데이터를 바탕으로 과거의 소비자 트렌드를 분석하고 이를 확률적으로 해석하여 수학적 알고리즘을 통해 각 고객군별 상품/서비스 수량을 할당하여 수요를 조절한다. 무작정 모든 주문을 받는 게 아니라 현재 재고 상황과 과거 소비자 판매 데이터를 바탕으로 최대의 매출을 올릴 수 있도록 실시간으로 각 상품/서비스별 판매량을 할당한다. 항공사에 수학자가 많은 이유, 아마존닷컴과 같은 인터넷 쇼핑몰에 컴퓨터공학자와 수학 박사들이 즐비한 이유가 바로 이 때문이다.

:: 강연료를 다르게 받는다고 강사가 욕을 먹을까?

수익경영의 기본 방식은 바로 가격 차별이다. 물리적으로 볼 때 같은 상품이라도 소비자의 욕구나 시장환경 그리고 소비자 트렌드에 따라 가격을 유연하게 적용하는 게 수익경영의 핵심이다. 소비자가 물건을 원하는 것은 그 상품을 소유하기 위해서가 아니라 그 상품으로 무엇인가를 하기 위해서다. 예를 들어 책을 사는 것은 책에 담긴 지식을 얻기 위해서다(물론 소장용이나 선물용 등도 있지만). 그렇다면 당장 그 지식이 필요한 고객이 있고, 반대로 이 지식을 한 달 내에만 습득하면 되는 고객이 있다. 그리고 이 지식을 습득했을 경우 책 정가의 수백 배 수천 배에 달하는 금전적 이익을 보상 받을 수 있다는 기대를 가진 고객이 있는가 하면, 단지 지적 호기심 만족처럼 직접적인 보상을 기대하지 않는 고객이 있다. 그리고 시장환경도 무시 못할 요인이다. 불법 복제한 해적판이 활개를 쳐서 커피 한 잔 값도 안 하는 가격에 지식을 습득할 수 있는 시장이 있는 반면, 정품만이 유통되는 시장이 있다.

이처럼 같은 한 권의 책이라도 고객에 따라 상품을 대하는 가치가 다르고 또한 시장환경에 따라 그 가치도 달라진다. 책을 파는 기업은 소비자가 원하는 지식을 책이라는 상품과 더불어 전달해 주는 서비스를 제공한다. 그렇다면 이 지식 전달 서비스의 가격을 소비자가 여기는 가치와 시장환경에 따라 다르게 책정한다면 소비자의 반응은 어떨까?

이 질문에 답하기 전 같은 지식 전달의 또 다른 서비스인 저명한 학자들의 강연료 책정 관행을 따져보자. 개인차가 있지만 대부분의 인사들의 경우 대학이나 비영리 재단의 강연은 여행 경비만 보조 받을 뿐 따로 강연료를 요구하지 않는 게 관행이다. 반면 영리 목적의 기업에서 강연하거나 기업의 사내 교육을 목적으로 강연할 경우 상당한 금액의 강연료를 청구한다. 같은 강연인데 경우에 따라 강연료가 단 몇십 만 원이 될 수도 있고 수백에서 많게는 수천 만 원이 될 수도 있다. 하지만 이런 가격 차별로 돌 맞았다는 유명인사를 본 적이 있는가?

가격 차별로 소비자와 여론의 뭇매를 맞고 악덕기업으로 낙인 찍히는 경우가 있는 반면 소비자가 인정하고 수긍하는 경우도 있다. 소비자에게는 가치 실현을, 기업에게는 더 많은 이윤을 남겨주는 게 수익경영의 기본 철학이다. 하지만 실제 이 방식을 운영에 적용하기 전에 소비자 가치 판단과 가격 차별에 대한 사회적 합의나 소비자와의 공감대가 형성될 수 있는지를 잘 판단해야 한다.

:: 코카콜라의 스마트 자판기가 뭇매를 맞은 사연

몇 년 전 코카콜라에서 새로운 자판기를 선보인 적이 있다. 일명 '스마트 자판기'가 그것이다. 옥외에 설치된 자판기에 기온 감응 장치를 달아 더운 날에는 더 비싼 가격에, 추운 날에는 더 싸게 음료를 판매하는 자판기였다.[3] 당연히 무더운 날에는 갈증 해소를 위한 청량음료의 수요가 늘어난다. 커피를 마실까 청량음료를 마실까 고민했던 고객도 날이 더우면 가격이 다소 비싸더라도 청량음료를 더 많이 선택할 것이다. 이때 회사로서는 더 많은 마진을 챙길 절호의 기회가 생기게 된다. 즉 가격 차별화로 수익을 극대화할 수 있는 기회가 생기는 것이다. 반대로 선선

하고 차가운 바람이 부는 날이면 청량음료보다 따끈한 커피 한 잔이 그리워진다. 당연히 청량음료에 대한 소비자의 가치는 하락하고 무더운 여름과 달리 다른 음료 제품과 경쟁해야 하는 상황이 연출된다. 가격을 낮추지 않으면 안 되는 상황인 것이다.

이런 점에 착안하여 스마트 자판기를 선보였지만 코카콜라는 이 자판기를 설치한 후 얼마 지나지 않아 자진 철거해야만 했다. 소비자의 거센 항의로 이 스마트 자판기를 통한 판매를 지속하기 힘들었을 뿐만 아니라 기업 이미지에도 큰 타격을 입었기 때문이다. 추운 날 더 싼 가격에 판매한다는 생각보다 더운 날 더 비싼 가격에 판매한다는 인식이 소비자에게 더 크게 작용했기 때문이다.

미국 최대의 여성 속옷업체인 빅토리아 시크릿(Victoria's Secret)은 최근 한 소송에 휘말렸다.⁴ 한 남성 고객이 자신이 받은 카탈로그의 제품 가격이 다른 여성 고객에게 발송된 카탈로그의 가격보다 더 높다는 사실을 발견했기 때문이다. 남성 고객의 경우 매장에 직접 들어가 여성 속옷을 고르는 일을 좀 부담스러워한다. 그런 까닭에 남성 고객 매출의 상당 부분이 '카탈로그 판매'로 이루어진다. 따라서 남성 카탈로그 고객은 미국에서 하나의 큰 시장을 이루고 있다. 빅토리아 시크릿은 이 고객층이 주로 여자 친구나 아내의 선물용으로 상품을 구입하는 터라 가격에 덜 민감하다는 사실에 착안하여 남성 고객과 여성 고객을 차별화하여 다른 가격을 제시했던 것이다. 문제는 이 차별화된 가격이 성차별과 연계되어 법정 소송에 휘말린 것이다. 이와 같이 기업은 가격 차별을 실행하기 전 시장과 고객들이 수용할 수 있는가에 대해 조심스레 검토해 볼 필요가 있다.

소비자들의 의식 또한 원가에 적정한 마진을 더한 게 가격이라는 단순한 생각에서 한걸음 나아갈 필요가 있다. 가격 논란이 일 때마다 소비자단체는 기업에 원가 공개를 요구하며 폭리를 취한다고 주장하지만, 가격이란 단순히 물리적인 물건의 사용가치만이 아니라 지역적·시간적 요소와 서비스를 고려한 일종의 종합적인 평가지수다. 소비자가 더 간절히 원하면 가격은 그만큼 올라가고 덜 원하면 가격도 떨어지는 게 원칙이다. 소비자단체가 원가 공개를 외치며 획일적인 마진율을 요구하기보다는 오히려 기업의 불공정 행위로 가격 독점권을 쥐지 않았는가를 먼저 의심해 봐야 한다.

정부도 마찬가지다. 정부는 물가가 오르면 비난의 화살을 제일 먼저 기업의 가격 마진에 돌린다. 2008년 초 치솟는 물가의 희생양으로 자동차, 맥주 등 내수와 수출가가 다른 소비재 품목이 지목된 것도 이런 맥락이라 할 수 있다. 정부가 앞장서 한국의 스타벅스 커피가 외국보다 비싸고 현대자동차의 내수용 제네시스가 대미 수출용보다 비싸다는 예를 들며 기업의 가격 차별이 물가 상승의 주범이라는 듯한 뉘앙스를 풍겼다. 하지만 2008년 서브프라임 모기지 사태로 시작된 금융위기로 원화가 1,500원 가까이 치솟자 스타벅스와 제네시스의 국내 가격이 상대적으로 폭락했다. 지역성과 시간을 무시한 획일적인 가격 비교가 얼마나 부질없는지를 잘 보여 주는 사례다.

뿐만 아니라 정부 또한 이런 가격 차별의 논란에서 완전히 자유로울 수 없다. 다시 말해 정부도 이런 가격 차별을 이용하여 최대의 이윤을 얻으려는 기관 중 하나이기 때문이다. 오직 정부만이 합법적으로 모든 개개인의 세밀한 사생활(금융, 전과, 가족관계에서 병력 기록까지)을 열람할 수 있는 기관이다. 정부는 이를 바탕으로 개개인에 차별화된 세금을 매겨 재원을 마련하고 국정을 운영한다. 정부는 소비자와 기업 간의 가격 논란에 직접 나서 마진율을 정하고 원가를 조절하기 전에 기업이 새로운 시장에 진출하는 데 있어서 장벽이 없는지, 시장을 장악하는 기업들이 시장을 독점하지는 않는지를 먼저 살피는 게 순서일 것이다.

항공권을 일찍 구입하면 더 싼 이유

몇 년 전 공항에서 탑승 수속을 밟는데 옆 항공사 카운터 직원과 고객이 실랑이를 벌이고 있었다. 보아하니 갑작스런 일로 고객이 출발 당일 예약 변경을 요구하는데, 이 고객이 구입한 항공권은 쉽게 예약을 변경할 수 없는 것인 모양이었다.

카운터 직원 : 고객님, 출발 당일 갑자기 탑승 날짜를 미루시려면 규정상 30만 원을 더 내셔야 합니다.

고객 : 아니, 똑같은 비행기의 같은 좌석에 날짜만 2주 미루는데 30만 원이나 더 달라니! 이거 완전히 도둑놈들 아냐!

카운터 직원 : 고객님께서 구입하신 항공권은 할인 항공권입니다. 할인 항공권은 규정상 변경이나 취소시에 위약금을 내셔야 합니다. 그리고 고객님께서 변경하시려는 날짜는 할인 혜택이 없는 기간입니다.

고객 : 아니, 그날 자리 있어 없어? 있으면 그냥 자리 주면 될 것이지 뭐가 그리 복잡해!

다짜고짜 윽박지르는 고객에게 가격 규정을 일일이 설명해 줄 수도 없는 직원의 처지도 안쓰러워 보였고, 단지 몇 주 미루는 데 30만 원의 거금을 달라니 황당해 하는 고객의 마음도 이해할 만했다.

세계 여러 곳에 지사나 생산 법인을 둔 글로벌 회사에서 일하다 보니 업무상 출장이 잦아 비행기 여행은 거의 삶의 일부가 되어 버렸다. 이런 경험을 통해 나름 항공권을 싸게 사는 노하우를 얻었는데, 그 중 하나가 항공권을 최소한 몇 주 전에 미리 구입하는 것이다. 국제선의 경우 4주, 국내선의 경우 2주 이전에는 예약하고 결제하는 게 좋다. 그렇지 않으면 비싼 가격을 감수해야 한다. 물론 4주와 2주가 모든 항공사의 모든 항공편에 적용되는 보편적 수치는 아니다. 하지만 내 경험으로는 이 정도 기간이면 일반적으로 적용해도 무리가 없는 수치라 생각한다. 그럼 왜 항공권은 일찍 구입하면 더 쌀까?

:: 항공권 예약에서 드러난 이기적인 인간의 본성

잠시 이야기를 돌려 내 경험을 잠시 나누고자 한다. 2009년 10월, 싱가포르 지사로 출장을 가야 할 일이 갑자기 생겼다. 평상시 업무로도 정신없이 바쁜데 예정에도 없던 해외 출장까지 생겨 일정을 조절하기가 몹시 어려웠다. 게다가 워싱턴 DC에서 싱가포르까지는 장장 20시간 이상 걸리는 장거리인데 직항 노선도 없어, 중간 기착지에서 환승하는 시간까지 합치면 왕복으로 꼬박 이틀을 이동하는 시간으로 할애해야 했다. 이미 달력 빈칸을 빡빡히 매운 일정들 틈바구니를 비집고 여행 일정과 출장 미팅 일정을 끼워 넣는 건 복잡한 퍼즐 맞추기와 다를 게 없었다. 기존 일정을 미루고 당기고 전화 걸고 이메일을 보내 미리 미팅 약속을 잡은 이들에게 양해를 구해 겨우 틈바구니를 만들 수 있었다. 다행히 인터넷으로 항공편을 조회해 보니 휴가철이나 여행 시즌이 아니어서 항공 좌석은 넉넉한 편이었다.

싱가포르는 위치상 워싱턴 DC와 반대편에 있어 태평양 노선으로 일본이나 한국을 경유할 수도 있고, 대서양 노선으로 유럽을 경유할 수도 있어 가능한 항공편과 노선은 자그마치 수십 개에 이르렀다. 노선 수가 많다 보니 원하는 날짜에 맞춰 출장 일정을 잡는 건 문제가 없었다. 그런데 워싱턴 DC를 출발해 싱가포르에 도착하는 노선, 즉 출발지와 도착지가 같은 노선이라도 어디를 경유하고 언제 출발하느냐에 따라 가격은 그야말로 천차만별이었다. 가장 비싼 항공요금은 가장 싼 항공요금의 5배가 넘었다. 아쉽게도 내가 원하는 날의 항공요금은 다소 비싼 축에 속했다. 한 주만 미루면 조금 싼 가격에 항공편을 예약할 수 있지만 그러려면 이미 잡아 놓은 미팅을 취소하는 수밖에 없었다. 하지만 약속을 취소해 가면서까지 좀 더 싼 항공요금을 선택할 가치가 있을까? 잠시 머리를 굴리다 그냥 비싼 노선을 클릭해 버렸다.

하지만 출장을 마치고 돌아온 10월 말, 나는 이와는 매우 상반된 경험을 하게 되었다. 당시 분기 마감도 끝나 모처럼 한가한 날을 보내며 연말 휴가 계획을 세워볼 요량으로 인터넷을 뒤졌다. 연말 휴가가 한 1주일 정도 있으니 오랜만에 지인들이 있는 보스턴에서 연말을 보낼까 싶어 항공권을 뒤졌다. 워싱턴 DC에서 보스턴으로 향하는 비행기들의 가격도 천차만별이긴 매한가지였다. 수많은 노선 중 내 시선은 가장 싼 노선으로만 향했다. 날짜를 보니 크리스마스 당일과 다음날이 훨씬 저렴했다. 전통적으로 항공요금은 12월 초부터 성탄절이 가까워질수록 상승 곡선을 그리다가 성탄절을 정점으로 조금 하향 곡선을 그리는 경향이 있다. 일단 12월 26일이 대체로 항공요금이 싸니 이날 출발을 목표로 삼았다.

특별한 목적을 두고 가는 것이 아니고 지인들을 만나기 위한 여행이므로 휴가를 12월 24일에 떠나든 12월 26일에 떠나든 큰 차이는 없었다. 그러므로 휴가 일정을 결정하는 데 가장 중요한 고려 사항은 바로 가격이었다. 26일 출발을 목표로 다시 여러 항공사의 항공요금을 비교했다. 항공사 자체 웹사이트와 인터넷 여행사에서 제공하는 가격을 일일이 따져 가며 가장 싼 운임을 검색하여 가장 저렴한 가격의 항공권을 성공적으로 예약했다.

이상의 사례에서 독자들은 출장을 위한 항공권 예약과 휴가를 위한 항공권 예약에서 내가 매우 상반된 구매 행동을 보였다는 걸 발견했을 것이다. 사실 앞의 이야기는 내 개인적인 경험이지만 많은 사람들의 구매 패턴과 크게 다르지 않다. 회사의 업무를 위한 출장의 경우 여행 목적이 매출과 관계된 것이다. 그렇다 보니 비용보다는 업무 일정에 좀 더 무게를 둔다. 반면 휴가나 개인 여행의 경우 소비를 목표로 한 여행이므로 비용에 더 큰 무게를 둔다.

비용의 주체가 누구냐란 사실도 이런 상반된 구매 행동을 설명해 준다. 휴가는 개인의 주머니에서 돈이 나가므로 최대한 아끼는 반면 회사 출장이야 회사 경비이므로 항공요금 차이에 크게 고민하지 않는 것은 어쩌면 경제학에서 이야기하는 '이기적인 인간'의 행동을 설명해 주는 단적인 예라 할 수 있다.

:: 항공사는 당신의 여행 목적을 알고 있다

다시 '왜 항공권은 일찍 구입하면 더 쌀까?'라는 질문으로 돌아가보자. 이제 독자 여러분도 잘 알고 계시다시피 수익경영에서의 가격 결정은 고객이 느끼는 상품의 가치를 바탕으로 하고 있다. 이런 가격 전략을 실행하기 위해서는 우선 소비자가 느끼는 가치를 파악할 필요가 있다.

하지만 고객 개개인이 느끼는 상품의 가치를 하나하나 파악한다는 것은 그리 쉬운 일이 아니다. 고객 개개인이 느끼는 상품의 가치를 가장 잘 파악할 수 있는 방법 중의 하나는 각 개인별로 가격을 두고 흥정을 하는 경매라는 방법일 것이다. 하지만 항공권과 같은 대량 상품에 대해 모든 고객을 상대로 경매를 한다는 것은 현실적으로 불가능하다. 그래서 구매 성향이나 구매력이 비슷한 고객들을 묶어 몇 개의 군으로 나눈 후 고객군에 따라 차별화된 가격과 서비스를 제시하는 방법이 보편적으로 이용된다. 이렇게 취향이나 구매 성향 등에 기초해서 고객을 나누는 방식을 '고객선별'(Segmentation)이라 한다.

고객선별의 대표적인 경우가 항공사나 숙박업계에서 '사업 목적'의 여행객과 '관광 목적'의 여행객을 나누는 방법이다. 이 두 고객군을 비교해 보면 예약이나 가격 선택에서 서로 다른 점을 발견할 수 있다. 우선 사업 목적인 여행객은 관광 목적의 여행객과 비교해 가격에 덜 민감하다. 사업상 일정에 맞는 항공편이나 숙박 일자를 고르다 보니 가격보다는 일정에 더 비중을 둔다. 여기에 회사 경비로 여행하기 때문에 저렴한 항공편을 찾는 수고나 노력을 덜 들이기도 한다. 또한 사업상 중요한 계약이나 회의를 위한 출장일 경우 여행 결과에 따른 금전적 가치가 출장 비용보다 훨씬 더 크다. 이 경우 항공료 몇 푼 아끼는 것보다 사업상 효율적인 일 처리가 더 큰 가치가 있을 수 있다. 즉 여행의 목적 자체가 부를 창출하기 위한 여행이다. 이런 까닭에 사업 목적의 여행객들은 가격에 덜 민감하다.

반면 휴가나 개인적 목적의 여행객들은 가격에 민감하다. 엇비슷한 여행 상품들이나 항공권들 중에서 가격이 약간이라도 싼 게 있으면 이들은 그쪽을 택한다. 휴가나 관광 여행의 경우 자신의 지갑에서 돈이 나가게 되고 사업상의 여행과는 달리 지출의 목적이 강하기 때문에 저렴한 가격대를 선호하는 고객이 많다. 이들은 여러 여행사의 서로 다른 상품을 비교하고 인터넷으로도 여러 항공사를 검색하는 수고도 아끼지 않는다. 할인 특가나 세일 상품을 이용하는 여행객들의 대부분이 휴가나 개인 여행이 목적이라는 사실은 이런 이유 때문이다.

이 두 고객군의 차이점을 여행 예약 형태와 일정 선호도에서도 찾을 수 있다. 관광 목적의 여행객들은 출발일 몇 주 전이나 몇 달 전에 예약을 하는 경우가 많다. 이에 반해 사업 목적의 여행객들은 출장 며칠 전에 항공권이나 호텔을 예약하는 경우가 많다. 갑작스레 중요한 회의가 잡혀 다음날 당장 해외 출장을 떠나야 할 수도 있기 때문이다. 하루이틀 전 해외 항공편을 예약하는 대부분의 승객이 사업 목적의 고객이라는 사실이 이를 입증해 준다. 갑작스레 출장이 잡히는 것만큼 원래 계획된 출장이 미뤄지거나 취소되는 경우도 잦다. 이런 이유로 사업 목적의 승객들은 예약 취소나 변경이 더 잦다. 이와 대조적으로 관광이나 여행이 목적인 승객들은 원래 계획된 여행 일정에 더 충실한 경향이 있다. 아이들 방학을 맞아 휴가 계획을 세우거나 추석 연휴나 설 연휴를 끼고 해외 여행을 준비하는 이들은 몇 주 혹은 몇 달 전부터 여행 계획을 세워 사전에 항공권을 구입한다.

:: 가격 차별화로 기사회생한 아메리칸항공

이렇게 고객이 두 부류로 나뉜다면, 항공사에서는 어떻게 가격 차별화를 이뤄 최대의 수익을 올릴 수 있을까? 당연히 가격에 덜 민감한 사업 목적의 고객에게는 가격을 더 받고 반대로 가격에 민감한 관광이나 레저 목적의 고객에게는 더 싼 가격을 제시하면 더 많은 수익을 거둘 수 있다.

처음 이 아이디어를 활용한 곳이 미국의 아메리칸항공(American Airlines)이다.[5] 항공 산업이 세계에서 가장 발달한 미국도 1970년대 후반까지는 항공권 가격이 우리나라 철도요금처럼 운행편당 정해진 고정가격 정책을 유지했다. 비즈니스 클래스나 일반석의 차이만 있었을 뿐 노선 내의 동일한 등급의 좌석 가격은 동일하여, 표를 일찍 구입하나 늦게 구입하나 같은 가격에 표를 살 수 있었다. 당시까지만 해도 항공산업에 대한 미국 정부의 규제가 심했다. 따라서 신규 항공사의 시장 진입이 제한되어 있었고, 몇몇 항공사가 노선을 나눠먹기 식으로 운행하고 있었다. 이로 인해 적당히 책정된 가격으로 큰 경쟁 없이 충분히 이윤을 남기는 구조였다.

그러나 1979년에 도입된 항공 자유화 조치로 수많은 저가 항공사들이 생겨났고, 시장은 몇 개 큰 회사가 나눠 먹던 공급 중심에서 소비자가 좀 더 싼 가격에 서비스를 찾아 선택할 수 있는 수요 중심으로 급속히 재편됐다. 특히 기존 가격의 절반에 해당하는 저가 항공사들은 기존 대형 항공사들에게는 큰 위협이었다. 이점은 당시 최대의 항공사인 아메리칸항공도 예외는 아니었다. 이런 새로운 시장환경에서 아메리칸항공도 수요가 급감하고 채산성이 낮아져 회사 존립 자체가 위태로운 상황에까지 이르렀다.

아메리칸항공이 당면한 가장 큰 문제는 가격과 수익성이었다. 신생 저가 항공사들은 새로 도입한 소형 비행기로 운행 비용을 낮춰 파격적인 가격으로 서비스할 수 있었다. 하지만 아메리칸항공 같은 기존의 대형 항공사가 새로운 저가 항공사와 대항하기 위해 가격을 낮추기는 어려웠다. 가격을 낮출 수도 없고 유지할 수도 없는 진퇴양난의 상황이었던 것이다.

이 문제를 해결하기 위해 당시 아메리칸항공은 기존의 획일화된 가격 정책을 과감히 버리고 좀 더 과학적인 가격 정책과 운행 방식을 도입하기로 했다. 우선 기존 고객들 중 저가 항공사에 빼앗긴 고객의 대부분이 일반 레저나 여행 목적의 고객인 점을 간파했다. 반면 저가 항공사가 생겨도 계속 아메리칸항공을 이용하는 고객들은 사업 목적의 고객이었다. 이 고객들은 저가 항공사가 제공하는 저렴한 가격보다 대형 항공사가 제공하는 좀 더 나은 기내 서비스와 출장 스케줄에 맞춰 선택할 수 있는 더욱 다양한 노선에 더 큰 가치를 두는 고객이었다. 이를 파악한 아메리칸항공은 가격 차별화 정책을 적용하기로 했다. 가격에 덜 민감한 사업 목적의 고객에게는 좀 더 나은 서비스를 제공하는 대신 가격을 좀 더 올리고, 레저나 여행 목적의 승객에게는 저가 항공사의 가격만큼 파격적으로 낮은 가격을 제시하는 가격 차별화 정책이었다.

하지만 이런 가격 차별화 정책이 그리 쉽게 적용할 수 있을 만큼 만만한 것은 아니다. 가장 먼저 풀어야 할 문제는 승객을 어떻게 구별하고 그들의 불만을 어떻게 해소하느냐 하는 것이었다. 항공권을 예약하는 손님들에게 일일이 "고객께서는 이 항공권을 사업상 출장을 위해 구입하십니까? 아니면 레저나 관광을 위해 구입하십니까?" 하고 물을 수는 없는 일이다. 설령 그것이 가능하더라도 사업상 목적의 고객에게 비싼 가격을 제시한다는 사실이 소비자들에게 알려진다면 당연히 모든 소비자는 개인적인 용도로 항공권을 구입한다고 말하며 저렴한 가격을 요구할 게 분명하기 때문이다. 그리고 차별화된 가격을 제시하는 것은 형평성 문제도 야기한다. 같은 비행기를 타고 같은 서비스를 받는데 여행 목적에 따라 가격이 다르다는 사실을 소비자들이 알게 된다면 분명 반길 만한 일은 아니기 때문이다.

이 두 문제를 해결하기 위해 제시된 방법이 항공권에 제약을 두는 것이다. 앞서 설명하였듯이, 사업 목적의 여행객일수록 출발일을 불과 며칠 앞두고 예약하는 경우가 많다. 반면 레저나 관광 목적의 여행객들은 휴가 계획을 미리 세우는 경향이 있으므로 최소 몇 주나 몇 달 전에 예약하는 경우가 많다. 게다가 사업 목적의 여행객들은 원래 계획된 출장이나 미팅이 지연되거나 취소되면 출장 계획도 취소하거나 미뤄야 하기 때문에 예약 취소율 및 변경률도 훨씬 높다.

이런 차이를 파악한 아메리칸항공은 기존 일반 항공권 가격을 대폭 올리는 대신 예약을 몇 개월 일찍 하면 대폭 할인해 주는 정책을 실행했다. 그리고 기존에는 예약을 취소하거나 변경하려면 정해진 약간의 위약금을 물렸는데, 고가의 일반 항공권에는 이런 위약금 제도를 적용하지 않았다. 일반 항공권은 비싼 대신 스케줄 변경이 자유로워 할인 항공권과 차별화된 인센티브를 제공한 셈이다. 반대로 할인 항공권의 경우 예약 변경이 자유롭지 않은 대신 훨씬 저렴했다. 이런 기준의 가격 차별화는 고객을 자연스럽게 사업 목적의 승객과 레저 목적의 승객으로 구분하는 역할을 훌륭히 수행했다. 고객은 항공권 가격과 예약 유동성의 가치를 놓고 저울질했다. 당연히 출장 일정이 늘 유동적이고 출발일 며칠 전에야 출장 일정이 확정되는 사업 목적의 승객은 자연스레 값비싼 일반 항공권을 선택하게 되었고, 가격에 민감한 레저 목적의 승객은 저가의 할인 항공권을 이용하게 되었다.

이 방법은 한마디로 대박이었다. 저가 항공사로 눈을 돌리던 레저나 여행 목적의 여행객들이 예약만 일찍 하면 신생 저가 항공사보다 인지도가 더 나은 아메리칸항공을 이용할 수 있게 되자 다시 아메리칸항공을 찾기 시작했다. 아메리칸항공의 할인 항공권 가격이 신생 저가 항공사의 항공권 가격과 비슷하다면 아직 시장에서 검증되지 않는 신생 저가 항공사보다는 역사와 인지도가 있는 아메리칸항공을 선택하는 게 더 가치가 있다는 게 시장의 선택이었다. 반면 비싸더라도 가격에 민감하지 않은 사업 목적의 승객들은 출발 직전까지도 예약할 수 있고 예약 변경도 자유로울 뿐 아니라 예약 변경시 위약금이 없는 아메리칸항공에 더 가치를 두었고, 변함없이 아메리칸항공을 이용했다. 이런 가격 차별화 정책으로 재기한 아메리칸항공은 이 외에도 수익에 초점을 둔 전략과 운영 정책을 실시해 3년 사이에 1조 4천억 원 이상의 이익 증가를 실현하여 최대의 항공사로 도약하게 되었다.[6]

:: 값싼 좌석이 일찍 매진되는 진짜 이유

아메리칸항공사의 성공 이후 많은 항공사들이 고객을 선별하고 이와 비슷한 가격 정책과 수익경영을 도입했다. 그리고 데이터 기술과 정보통신 기술의 발전으로 항공사는 더욱 다양한 방식으로 고객을 나누는 방식을 채택했다. 대한항공의 경우도 같은 날 출발하는 일반석의 좌석의 경우 좌석 종류를 4가지로 분류하고 있다.

〈표 1-3〉에서와 같이 같은 일반석이라도 제약 조건에 따라 항공요금이 3배 이상 차이가 난다. 그리고 다른 대부분의 항공사도 이와 비슷한 제약 조건을 기준으로 가격을 차별화하고 있다. 그리고 제약 조건별로 좌석 수를 제한하고 있다. 예를 들어 비행기에 총 100석의 일반석이 있다면 이 중 최저가 '슈퍼 할인' 좌석은 70석 미만, '할인' 좌석은 80석

〈표 1-3〉 '워싱턴 DC - 인천' 노선 왕복 항공요금

요금 유형	제한 조건	항공요금
슈퍼 할인 (Super Saver)	최대 체류 기간 3개월/구간 변경 불가/ 출발 후 환불 불가	1,395 달러
할인 (Saver)	최대 체류 기간 1년/구간 변경 위약금 징수/ 환불 위약금 징수	1,516 달러
일반 (Value)	최대 체류 기간 1년/귀국 일정 변경 가능/ 구간 변경 위약금 징수/환불 위약금 징수	1,966 달러
고품질 (Quality)	최대 체류 기간 1년/구간 변경 가능/ 환불 수수료 30달러	5,292 달러

대한항공 2010년 2월 26일 워싱턴 DC 출발 항공편(2009년 12월 인터넷 검색 결과)

미만, 그리고 '일반' 좌석은 90석 미만, 최고가인 '고품질' 좌석은 제한 없이 모든 좌석을 판매 가능하다는 식으로 각 좌석의 판매 수에 제한을 둔다.

여기서 한가지 흥미로운 사실을 발견할 수 있다. 싼 좌석일수록 적은 양의 좌석들만 배정한다는 점이다. 이것이 가격 변동의 열쇠다. 항공사로서는 출발일 전 모든 좌석을 할인가로 팔면 나중에 비싼 프리미엄 가격을 찾는 고객에게 팔 기회를 놓치고 만다. 그러므로 싼 좌석일수록 더 적은 좌석을 배당하고 비싼 프리미엄 좌석은 제한을 두지 않는다. 따라서 모든 좌석 100석을 프리미엄 고객, 즉 위 경우 '고품질' 좌석을 구입하는 고객으로 채울 수 있는 가능성을 열어두고 있다(이런 가격 정책을 네스팅(nesting)이라 한다).

이 방식으로 각 좌석 판매수를 제한하다 보면 최저가인 '슈퍼 할인' 좌석 70석이 먼저 매진될 경우 다음 고객은 '할인' 좌석보다 비싼 좌석을 구매해야 한다. 이런 식으로 비행기 좌석 가격이 출발일에 가까워질수록 비싼 가격의 좌석만 남을 확률이 많고, 이로 인해 고객의 눈에서는 가격이 상승하는 것처럼 보인다. 만약 출발일이 가까워졌는데 할인표는 다 매진되고 비싼표만 남았다면 고객으로서는 비싼표 가격의 가치와 여행의 가치를 저울질하게 될 것이고, 만일 여행의 가치 쪽으로 더 기운다면 비싼 가격을 지불하고서라도 표를 구입할 것이다. 또한 항공사에서도 출발일이 가까워질수록 협상력은 상대적으로 높아지므로 좀 더 비싼 가격을 부를 수 있는 구조를 만드는 것이다.

출발일에 가까워질수록 가격이 비싼 이유는 좌석의 가치가 올라서 가격이 오르거나 여행사 직원이 남은 빈 좌석을 찾으려다 보니 인건비가 더 들어서 등과 같이 경제적인 이유나 비용이 올라서가 아니라 항공사에서 싼 좌석일수록 적은 수의 좌석을 할당했기 때문이다. 즉 정확한 표현을 하자면 출발일이 가까워질수록 할인 좌석은 매진되고 비싼 좌석들만 남기 때문이다.

봉이 김선달도 감탄할 판매 전략

　　　　　　　미국에서 국내선을 자주 타다 보면 공항 게이트 앞에서 한국 공항에선 볼 수 없는 광경을 가끔 목격할 때가 있다. 즉 예약된 승객이 초과되어 몇 분의 승객은 이번 비행기를 탈 수 없으니 다음 비행기를 이용하실 수 있는 분은 직원에게 알려달라는 안내방송이 종종 나온다는 것이다. 아니, 비행기가 시내버스도 아니고 승객이 초과해 다음 편을 이용해 달라니 이게 어찌된 영문인가? 항공권을 예약하고 결제를 마치면 좌석을 할당받는데 어떻게 승객이 초과될 수 있다는 말인가? 그럼 좌석이 모자란다는 것을 알고도 좌석을 팔았다는 말인데, 이것은 완전 사기가 아닌가?

　미국 항공사들은 수요가 많으면 '초과 예약'이란 방식으로 정해진 좌석보다 조금 더 많은 좌석을 판매한다. 즉 좌석이 이미 다 찼는데도 돈을 받고 '있지도 않은 좌석'을 판다는 것이다. 그렇기 때문에 가끔 이런 상황이 발생한다. 그렇다면 이거야말로 봉이 김선달 뺨치는 사기라 할 수 있지 않을까? 김선달은 대동강 물을 제 것인 양 팔았을지언정 '대동강 물'이라는 확실히 존재하는 상품을 팔았다. 그런데 미국 항공사는 이미 다 팔려서 있지도 않은 좌석을 버젓이 팔아 놓고 탑승 직전에 승객에게 다음 비행기를 타라고 하는 셈이다. 하지만 이 '초과 예약'을 잘 살펴보면 수익을 극대화하기 위한 항공사의 전략이 자리잡고 있다.

:: 없는 좌석도 예약을 받는 항공사들의 전략

한 연구에 따르면, 고객이 항공권을 예약하고 결제까지 마쳤다 해도 중도에 탑승 날짜를 변경하거나 출발 전에 나타나지 않는 경우가 예약의 15퍼센트에 이른다.[7] 만약 비행기가 출발하기 전에 수요가 많아 예약이 다 차버리면 예약 종료 후 좌석을 예약하려는 승객은 다른 항공편이나 다른 항공사를 찾을 수밖에 없다. 그런데 정작 출발 당일 예약한 승객이 나타나지 않거나 출발 직전 예약을 변경한다면 항공사로서는 손해를 보게 되는 셈이다. 탑승을 하지 않거나 출발 직전에 탑승 날짜를 미룬 손님이 사전에 좀 더 일찍 항공사에 통보를 해줬다면 항공사는 이들이 비운 좌석을 다른 고객으로 채울 수도 있었는데 그 기회를 놓친 것이다.

물론 갑작스레 예약을 변경하거나 예약을 취소한 고객에게 위약금을 꼬박꼬박 챙기긴 하지만, 그 위약금은 고작 항공요금의 몇 퍼센트밖에 되지 않는다. 그리고 앞서 설명했듯이 항공기 좌석은 소멸성 상품이므로 이미 비행기가 하늘로 떠버리는 순간 그 좌석의 가치는 영원히 사라지고 만다. 그렇기 때문에 가능한 많은 승객을 싣고 운행을 해야 최대의 이윤을 남길 수 있다. 이 말은 곧 출발 당일 승객의 갑작스런 예약 취소나 변경은 항공사 운영에 적지 않은 타격을 준다는 뜻이기도 하다.

수익으로 끌어들일 수 있는 15퍼센트가 갑작스런 변경으로 그만큼의 손해로 바뀐다. 따라서 문제는 15퍼센트라는 높은 예약 변경률이다. 이런 손해를 줄이고자 짜낸 방안이 정해진 좌석보다 좀 더 많은 좌석을 사전에 다 팔자는 초과 예약 방식이다. 초과 예약 방식은 우선 지난 수년간의 데이터를 바탕으로 비행편당 출발 날짜의 수요를 예측한다. 출발 당일 수요가 실제 비행편 좌석보다 더 많을 거라 예상되면 예약 부도율이나 출발 당일 취소율을 감안해 실제 좌석보다 조금 더 많은 좌석의 예약을 받는다. 즉 예약을 더 많이 받아 예상되는 당일 취소분을 상쇄하자는 전략이다.

하지만 이런 통계 자료를 바탕으로 내린 결정이 늘 정확하게 맞아떨어지지는 않는다. 실제로는 출발 당일 평균 예약 취소율보다 취소율이 훨씬 낮아 탑승객이 좌석 수보다 더 많을 경우도 있다. 이 경우에 항공사는 승객들 중 자리를 양보할 신청자를 받는다. 물론 이에 대한 보상도 따른다. 자리를 양보하는 승객에게는 항공권을 무료로 제공하고 만일 다음 비행기가 다음날 아침에 있다면 공항 근처에 숙박할 수 있는 숙박권도 제공한다. 물론 이런 무료 항공권은 거의 대부분이 비수기에만 사용할 수 있는 것으로 항공사로서는 부담없이 제공할 수 있는 보상이다. 앞에서 설명했듯이 소멸성 상품의 특성상 비수기 때 남은 좌석에 승객 하나 더 태운다고 해서 비용이 더 드는 게 아니기 때문이다.

:: 운영의 묘로 소비자의 필요도를 나눠라

그럼 이런 초과 좌석 예약이 수익경영과 어떤 관계가 있을까? 다음 예를 생각해 보자. 어느 지방에서 월요일 아침 서울로 향하는 항공편을 아침 7시와 9시에 운행하는 항공사가 있다. 두 항공편의 비행기 좌석 수는 같다. 아침 7시는 비행기 수요가 늘 많은 시간이다. 반면 9시 항공편은 출근시간 이후라 그리 수요가 많지 않다. 오전 7시 비행기를 예약한 승객들 중에는 출근시간을 맞추기 위해 반드시 이 비행기를 타야만 하는 승객이 있는 반면, 오전 아무 때나 서울에 도착해도 괜찮은데 시간대를 보니 7시가 더 나을 것 같아 별 의미 없이 이 7시 비행기를 선택한 승객도 있다. 월요일 오전 7시 비행기의 총 좌석이 100석인데, 출발 하루 전 반드시 7시 비행기를 이용해야 할 승객 50명이 좌석을 예약했고 오전 아무 때나 출발해도 상관없는 승객 50명이 좌석을 이 비행기를 예약했다고 가정해 보자. 항공사가 초과 예약을 받지 않는다면 7시 비행기는 예약이 만료된 상황이다. 이때 만약 꼭 7시 비행기를 이용해야 할 승객 10명이 추가로 이 항공편을 예약하려는데 예약이 만료된 사실을 알았다면, 이들은 모두 다른 항공사로 발길을 옮기거나 다른 교통수단을 이용해야 한다.

그런데 만약 항공사가 초과 예약으로 이들 10명의 예약을 다 받았을 경우를 생각해 보자. 출발 직전까지 예약을 취소하거나 변경한 승객이 없다면 총 100석의 비행기에 반드시 7시에 출발해야 하는 승객 60명과 시간에 크게 구애 받지 않는 승객 50명을 합해 총 110명이 대기하게 된다. 그렇게 되면 좌석보다 탑승 인원이 10명이나 초과한 상황이다. 따라서 항공사로서는 좌석을 양보할 지원자를 받아야 한다. 그런데 이 경우 시간에 크게 구애받지 않은 승객이 이미 50명이나 되기 때문에 이들 중 10명의 지원자를 받아 적절한 보상을 한 후 9시 비행기에 탑승케 하면 항공사는 수요도 잃지 않고 7시 비행기에 몰린 수요를 분산하는 효과를 거둘 수도 있다.

승객의 입장에서도 나쁠 게 없다. 초과 예약 제도가 없었다면 예약 시기가 늦어 다른 항공사를 전전했을 뻔했던 10명의 고객들이 원하는 비행기를 탈 수 있었고, 이들에게 자리를 양보하고 9시 비행기를 탄 승객들은 무료 항공권의 보상을 받았으니 항공사나 고객들 모두가 서로 '윈-윈' 하는 효과를 거둔 셈이다. 같은 상품이나 서비스라도 고객들이 저마다 느끼는 가치는 다르다. 고전 경제학의 해석에 따르면, 앞에서 좌석을 양보한 고객은 이타심이나 희생정신이 투철해 자신의 자리를 양보한 것은 아니다. 그들은 공항에서 2시간 더 대기하는 것보다 항공사가 보상으로 제공하는 무료 항공권의 가치가 더 크다고 느끼는 승객들이었던 것이다.

 나 또한 학생 시절에는 무료 항공권에 눈이 멀어 좌석을 양보할 승객을 찾으면 앞다퉈 자원한 경험이 있다. 한두 푼이 아쉬웠던 학생 시절에는 공항에서 몇 시간쯤 기다리는 대가로 무료 항공권 하나를 받는 것이 충분히 가치 있다고 느꼈기 때문이다. 그로부터 수년이 지난 지금, 난 더 이상 학생도 아니고 무료 항공권으로 홀로 훌쩍 여행을 떠나기도 힘든 한 가족의 가장이 되었다. 세월이 흐른 만큼 내가 느끼던 무료 항공권의 가치도 변했다. 얼마 전 몇 주간 출장을 갔다 돌아오는 길에 비행기 예약이 초과된 적이 있었다. 항공사에서는 어김없이 서너 시간 기다린 후 다음 비행기를 이용하는 조건으로 무료 항공권을 제공하겠다는 방송을 했다. 하지만 나는 학생 때와는 달리 그냥 멀찌감치서 자리를 양보하는 사람들을 바라만 보고 있었다. 무료 항공권보다는 나를 기다리는 어린 딸과 아내를 실망시키지 않는 것이 더 가치가 있다고 느꼈기 때문이다.

프리미엄 고객을 위해 객실을 남겨라

경주에서 관광호텔을 운영하는 수영이가 깊은 고민에 빠졌다. '최대의 수익을 올리기 위해서는 어떤 손님을 받아야 할까?'가 문제의 핵심이었다. 통상적으로 관광호텔 객실을 예약하는 손님들은 크게 일반 고객과 할인 고객으로 나눌 수 있다. 일반 고객은 예약 없이 숙박 당일 호텔에 직접 와서 객실을 찾거나 숙박일 하루이틀 전 이미 관광지에 도착해 객실을 찾는 손님이다. 이 손님들은 호텔이 책정한 일반 숙박비를 고스란히 지불한다. 반면 할인 고객은 최소 숙박일 일주일 전 호텔 인터넷 사이트를 통해 할인가로 예약한 손님들이다. 보통 일반 고객들은 관광지에 도착해 호텔의 위치나 주변 경관 등을 직접 보고 선택한다. 대체로 이들은 가격보다는 관광지와의 접근성에 더 가치를 두는 편이다. 반대로 할인 고객들은 인터넷 사이트를 여기저기 살피며 좀 더 저렴한 숙박시설을 찾는 수고를 아끼지 않는 알뜰족이라 할 수 있다.

일반가와 할인가의 가격 차이가 최대 20퍼센트까지 나지만 호텔업의 특성상 고객당 운영 비용에는 차이가 없다. 호텔 운영비의 대부분은 호텔 건물 유지비나 인건비와 같은 고정 비용이 차지한다. 따라서 손님을 한 명 받으나 수십 명을 받으나 호텔의 하루 운영비는 크게 다르지 않다. 이와 같은 이유로 호텔로서는 일반 고객을 많이 유치할수록 수익이 많이 남는다. 만일 일반 고객들의 수요가 많아 일반 고객들만 상대로 호텔 객실을 모두 채울 수 있다면 굳이 할인 고객을 받을 이유가 없다. 그러나 이런 일반 고객의 수요에는 한계가 있다. 특히 요즘은 인터넷 숙박 사이트가 많아져 할인 고객이 점차 늘어나는 추세라 이들 수요도 무시하지 못하는 게 현실이다. 수영이의 고민은 어떻게 일반 고객과 할인 고객의 비율을 적당히 유지해 최대의 수익을 올리냐 하는 것이다.

:: 관광호텔을 운영하는 수영이의 고민

할인 고객일수록 사전 예약이 많다. 그런데 할인 고객들의 예약을 무조건 다 받아 호텔의 모든 객실을 할인 고객들로만 채우게 되면 이후 찾아오는 일반 고객들은 객실이 없어 돌려보내야 한다. 이 경우 일반 고객으로부터 더 많은 수익을 올릴 기회를 잃게 된다. 그렇다고 수익만 따져 무작정 할인 고객들을 외면할 수도 없다. 일반 고객의 수요를 위해 할인 고객의 예약을 안 받았는데 해당일에 일반 고객이 없다면 호텔로서는 객실을 낭비하는 셈이다. 차라리 할인 고객을 받는 것이 더 나았던 것이다. 고객당 수익률이 높은 일반 고객은 늘 숙박 당일이 다 되어서야 방을 찾기 때문에 사전에 정확한 수요를 예측하기란 불가능하다. 그렇다고 사전에 더 적은 숙박비를 지불하는 할인 고객들의 예약을 다 받자니 미래에 생길지 모르는 일반 고객의 기회를 놓치는 것 같아 이러지도 저러지도 못하는 게 수영이의 고민이다.

:: **확률 모델을 통한 상품 할당**

이러한 수영이의 고민은 같은 상품이나 서비스를 차별화된 가격에 제공하는 대부분의 가격 전략에서 되풀이되는 문제다. 앞에서 설명한 항공사의 경우에서 일반 좌석 가격을 다 지불하는 프리미엄 승객과 할인 가격에 항공권을 사는 할인 승객의 좌석 분배와 같은 맥락이라 할 수 있다.

이 문제를 해결하기 위해 호텔이나 항공사들은 주로 저가 고객이나 할인 고객들의 예약 수를 제한하는 방법을 이용한다. 호텔의 경우, 할인 고객들의 예약을 받되 할인 고객들에게 할당된 객실 수가 다 차면 할인 고객들의 예약은 더 이상 받지 않는 것이다. 마찬가지로 항공사의 경우도 항공편당 할인 고객들의 예약 가능 좌석 수를 사전에 제한하여 이 수가 다 차면 할인 고객의 예약을 더 이상 받지 않는다. 그리고 남은 좌석은 수익률이 높은 프리미엄 고객을 위해 남겨 놓는다. 예를 들어 일반석 100석인 비행기에서 할인 좌석을 70석으로 제한할 경우 사전 할인 좌석 예약이 70석을 다 차 버리면 더 이상 할인 고객의 예약은 받지 않는다.

그렇다면 만약 프리미엄 승객 예약이 30석을 넘는 경우는 어떨까? 앞에 이 70좌석 제한은 할인 좌석 예약을 제한하기 위한 수로 프리미엄 승객은 제한을 받지 않는다. 즉 프리미엄 승객의 수요가 많다면 비행기 100좌석이 전부 프리미엄 승객으로 채워질 수도 있다. 인터넷으로 이리저리 뒤져 찾은 저가 항공편을 예약하려는데 남은 좌석이 없어 예약하지 못할 경우가 있다. 이는 비행기 좌석이 매진된 게 아니라 단지 저가에 할당된 좌석 수가 다 찼을 확률이 높다. 이 경우 대부분 항공사에 직접 전화해 예약을 하면 좌석을 구입할 수 있다. 물론 이 경우 인터넷 할인가보다 좀 더 비싼 가격에 좌석을 구입해야 한다.

그럼 할인 고객을 제한한다면 얼만큼 제한해야 최대 수익을 얻을 수 있을까? 1970년대 영국 브리티시항공(당시 회사명은 'British Overseas Airways Corporation')에 근무하던 케네스 리틀우드(Kenneth Littlewood)는 이 문제를 수학 모델로 다뤄 최대의 수익을 얻을 수 있는 방식을 처음으로 소개했다.[8]

이 문제를 이해하기 위해 다음의 문제를 생각해 보자. 공이 든 자루가 있다. 각각의 공에는 5나 3의 수가 적혀 있는데 정확히 몇 개의 공이 들어 있는지는 모른다. 무작위로 공을 하나씩 꺼내 공에 적힌 숫자를 보고 가질 것인지 버릴 것인지 결정할 수 있다. 만약 5란 숫자가 적힌 공이 나와 이 공을 가진다고 선택하면 5만 원을 받고, 3이란 숫자가 적힌 공이 나와 이 공을 선택하면 3만 원을 받는다. 여기서 선택한 공을 갖겠다고 선택했을 경우에만 돈을 받고, 버리면 돈을 받지 못한다. 이렇게 공을 꺼내고 선택하는 방식으로 최대 20개의 공을 가질 수 있다면 어떤 방식으로 공을 선택해야 최대 수익을 올릴 수 있을까? 간단해 보이는 문제지만 고도의 확률 계산이 필요한 문제다.

간단한 전략으로 5를 집었을 때는 무조건 갖고 3이 나오면 버리는 전략을 취한다고 생각해 보자.[9] 단순히 5가 수익률이 더 높으니까 무조건 수익률이 높은 것만 선택하면 전체 수익률도 높아질 거라 생각할 수 있다. 하지만 이 방법에는 큰 오류가 있다. 만약 자루에 든 공이 20개보다 적다면 낭패를 볼 수 있기 때문이다. 예를 들어 만일 5가 적힌 공이 하나만 있고 3이 적힌 공이 세 개 있는데 이 전략을 사용했다가는 5가 적힌 하나의 공만 가질 수 있고 결국 달랑 5만 원만 받게 된다. 자루에 공이 몇 개 들었는지 모르는 상황에서 개별 수익률이 높은 것만 쫓다가는 수익률이 적은 공으로 올릴 수 있는 기회마저도 잃게 된다. 그렇다고 마냥 집은 공을 다 선택할 수도 없다. 만약 자루 안에 5가 적힌 공이 20개

이상 있다면, 3을 선택할수록 더 큰 이윤을 챙길 수 있는 기회를 상실하게 된다. 이처럼 이 문제에서 최상의 전략은 자루에 든 공의 수에 따라 각각 변하게 된다. 만일 자루에 든 공의 수가 20개보다 적다면, 선택한 공을 무조건 가져야 한다. 또한 자루 속에 5가 적힌 공이 20개 이상이라면, 3이 나왔을 때 무조건 버리고 5만 선택하는 전략을 사용하면 선택한 공 모두 5가 적힌 공이 되므로 최대의 수익을 올릴 수 있다. 만일 전체 공의 수가 20개보다 많지만 5가 적힌 공은 20개보다 적다면 좀 더 복잡한 계산이 필요하다.[10]

그럼 이 방식을 비행기 예약 문제에 적용해 보자. 총 20개의 좌석이 있는 비행기가 있는데, 2010년 3월 20일 출발하는 항공편의 예약을 받는다고 가정하자. 이 항공편을 예약하는 손님들 중 프리미엄 승객과 할인 승객이 있다. 프리미엄 승객은 승객당 5만 원의 이윤이 남는 반면 할인 승객은 승객당 3만 원의 이윤이 남는다. 한 사람에 한 좌석씩 예약 신청이 들어오는데 항공사는 예약 신청을 받을 수도 있고 거절할 수도 있다. 공 선택의 문제와 비교했을 때 5라고 적힌 공은 프리미엄 승객이고 3이라 적힌 공은 할인 승객이다. 공을 집는 행위는 예약 신청을 받는 것이고, 공을 집어 숫자를 본 후 가질 것인지 버릴 것인지 결정하는 것은 예약 신청을 접수할 것인지 거절할 것인지 선택하는 것과 같다. 그리고 선택할 수 있는 공이 20개로 제한된 것도 비행기 좌석이 20개로 제한된 상황과 같다. 또한 자루에 든 공의 수를 모르고 선택해야 하는 상황도 이 비행기의 승객 수요에 대한 불확실성과 같은 맥락이라 할 수 있다. 항공사의 입장에서도 만일 이 비행기의 수요가 총 좌석 수보다 적다면 찬밥 더운밥 가릴 것 없이 모든 예약 신청을 다 접수하는 게 옳은 전략이다. 반대로 프리미엄 승객의 수가 전체 좌석의 수보다 많다고 예상되면 할인 승객은 다 거절하고 프리미엄 승객의 예약만 접수하는 게 최선의 선택이다. 만일 승객 수요가 20을 넘지만 프리미엄 승객의 수요가 20보다 적다면 적정한 좌석 수를 배정해 프리미엄 승객을 위해 할인 승객의 좌석 수를 제한하는 전략을 사용하는 게 바람직하다. 호텔 예약도 마찬가지다. 호텔의 객실 수는 정해져 있고 예약 손님들 중 할인 고객이 있는 반면 일반 고객이 있어 적정한 전략을 취하지 않으면 안 된다.

이렇듯 예약 선택 문제가 어려운 이유는 주머니에 몇 개의 공이 있는지 모르고 결정을 해야 하기 때문이다. 즉 사전에 전체 수요를 모르는 상황에서 예약을 접수하거나 거절해야 하기 때문이다. 그래서 항공사에서는 지난 수년간의 데이터를 바탕으로 특정 날짜, 특정 노선의 수요 통계치를 바탕으로 수요를 예측한다. 그리고 이 수요 예측을 통해 적정 수준의 좌석을 할당한다. 예를 들어 지난 수년간의 데이터를 봤을 때 매년 3월 둘째 주 월요일은 특정 노선의 수요가 20좌석을 넘은 적이 거의 없으므로 이날 예약은 할인 예약이든 프리미엄 예약이든 다 받는다는 전략을 세우거나, 혹은 7월 셋째 주 토요일은 프리미엄 승객들의 수요가 20좌석을 늘 넘었으므로 이날은 프리미엄 승객의 예약만 받고 할인 승객의 예약은 단 몇 좌석으로 제한한다는 방식이다. 물론 실제 항공 예약이 앞에 설명한 것처럼 단순하지는 않다. 항공사의 경우 같은 일반 좌석이라도 요즘은 대여섯 개의 서로 다른 좌석 등급이 있고 각 좌석 등급마다 항공사의 수익률도 다르다.

호텔 예약의 경우도 실제 상황은 더욱 복잡하다. 비록 할인 고객의 하루 투숙 수익률이 일반 고객의 그것보다 낮다 하더라도 연속 나흘을 예약하는 할인 고객의 수익률이 달랑 하루만 예약하는 일반 고객의 그것보다 더 높을 수 있다. 이런 상황을 고려하면 계산은 좀 더 복잡해진다.

> **Tip** 경영과학의 혁명을 주도한 앤드류 보이드

미국 텍사스 A&M대학의 정교수 자리를 보장 받은 지 몇 년도 되지 않아 덜컹 사표를 던진 앤드류 보이드(E. Andrew Boyd)라는 젊은 교수가 있었다. 정교수를 보장 받은 학자가 학교를 떠나 기업으로 가는 경우는 대개 유망한 대기업에서 안정된 자리로 영입 제의를 받았을 경우인데, 보이드 교수가 학교를 떠난 건 당시로서는 크게 알려지지도 않은 '프로스'(PROS)라는 작은 벤처 회사로 가기 위해서였다. 그리고 보이드가 프로스로 옮긴 사건은 학문에서만 존재하던, 수학 공식을 이용한 매출 증대의 마술이 세상에 알려지는 단초를 제공했다.

보이드의 학문적 배경을 알면 그의 행로를 조금은 짐작할 만하다. 보이드는 학부에서 수학과 경제학을 전공한 후 경영 과학의 메카인 MIT에서 경영과학(Operations Research)으로 박사 학위를 받는다. 이후 텍사스 A&M대학에서 교편을 잡는다. 수익경영을 접하기 전까지 그의 연구는 다소 순수 수학쪽에 기울어 있었다. 2008년 IBM의 인수계약에 합의한 아이로그(ILOG)의 주력 최적화 제품인 씨플렉스(CPLEX)의 초기 모델을 설계했고 최적화 이론의 이론적인 부분을 연구했었다. 하지만 그는 제자 중 하나가 설립한, 당시로서는 낯선 개념이었던 수익경영을 통한 비즈니스 컨설팅 및 비즈니스 소프트웨어업체 프로스에 자문 역으로 초빙되면서 수익경영의 세계를 본격적으로 접하게 된다. 그가 처음 접한 수익경영의 세계는 놀라움 그 이상이었다. 수익경영에서 고민하는 대부분의 문제가 그가 이전에 다뤄왔던 수학 문제와 매우 흡사했기 때문이다.

항공사들이 고민하던 좌석 할당 문제는 그의 전문 분야인 수학의 선형계획법(Linear Programming) 문제로 풀이가 가능하다는 사실을 한순간에 꿰뚫어보았고, 불확실한 상황에서의 가격 결정은 컴퓨터공학에서 다루던 동적계획법(Dynamic Programming)과 궤를 같이 했다. 수학의 대가로서 문제의 핵심을 예리하게 간파할 수 있었던 것이었다. 이후 그의 학문적 흐름도 수익경영 연구로 흐르게 되고, 몇 년 후 마침내 그는 이 회사의 부회장이자 최고 기술자(Chief Scientist)로 새로운 인생을 출발하게 된다.

그는 상품의 가격 결정, 재고의 가격 할당 방식 등 수익경영의 핵심 사항을 그의 전매특허인 수학 최적화 방식을 통해 모델링해 기업이 최고의 수익을 창출할 수 있는 가격 시스템을 설계했다. 2003년에는 경영과학 최대 학회인 INFORMS 내 수익경영 전문 학술지의 창간 편집인으로 활동했으며, 2007년에는 수익경영 기법 및 그 가치를 집대성한 《미래의 가격》 (Future of Pricing, 국내 미출간)을 집필했다.

물론 이런 복잡한 계산은 사람이 일일이 하지 않고 예약 시스템에서 자동으로 의사결정을 내리고, 항공사 예약 담당 직원은 시스템의 결정을 고객에게 알려주기만 할 뿐이다.

이처럼 수익경영에서는 과거 데이터가 중요한 역할을 한다. 수익경영에서 이루어지는 의사결정의 모든 부분이 확률과 통계를 바탕으로 한다. 따라서 과거의 데이터가 없이는 계산도, 최적의 의사결정도 불가능하다. 수익경영이 처음 항공업계에 가장 먼저 성공적으로 도입된 것도 이런 데이터의 필요성과 무관하지 않다. 항공산업의 특성상 산업의 초창기부터 예약에 관한 대부분의 자료를 데이터베이스화해 체계적으로 관리해 왔기 때문에 1979년 이후 수익경영의 실제 개념이 소개되자 급속히 현장에 적용될 수 있었다.

수익경영이 보편화된 미국에서는 토요일 밤 하루만 숙박 예약을 하려면 방이 없다고 예약을 거절당해도 금요일부터 일요일까지 묵겠다고 말을 바꾸면 놀랍게도 빈 방이 방금 하나 생겼다는 예약 데스크 안내 직원의 입에 침도 안 바른 거짓말을 들을 때도 있다. 물론 이 직원에게 무슨 죄가 있으랴. 단지 수익률 시스템이 결정한 예약 결정 사항을 손님에게 알려준 것뿐인데.

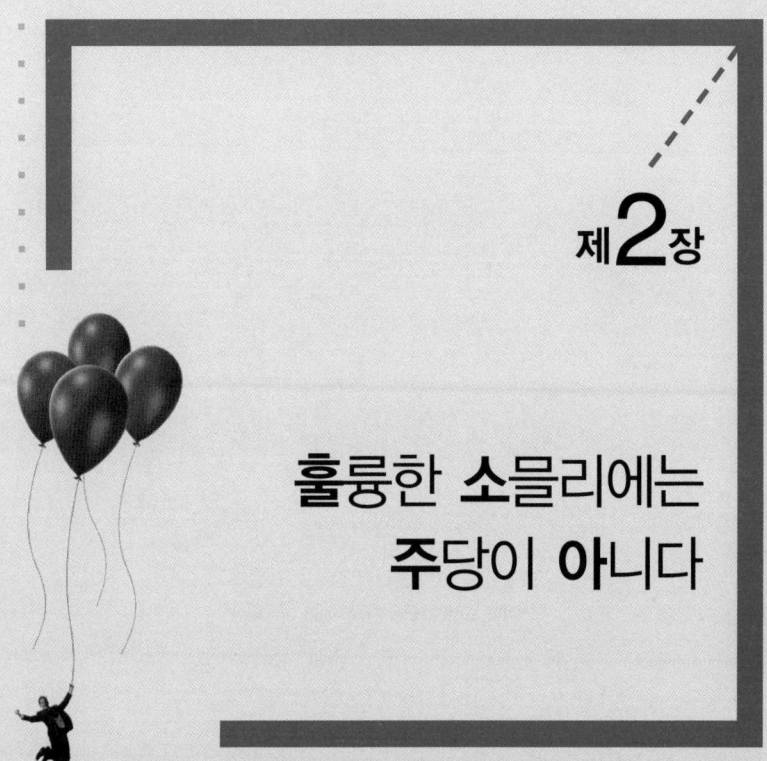

제2장

훌륭한 소믈리에는
주당이 아니다

"측정할 수 없다면 결코 관리할 수 없다."
−피터 드러커(Peter Ferdinand Drucker)

적립카드 한 장 발급받는데 내 연봉은 왜 물어?

　　　　　　현금이 없더라도 현대인의 지갑에 반드시 들어 있는 것은 '□□'다. 이 '□□'에 들어갈 것은? 그렇다. 바로 '카드'다. 궁금하다면 지금 당장 지갑을 열어 확인해 보시라. 신용카드나 체크카드를 포함해 각종 멤버십카드나 적립카드가 한두 장은 들어있기 마련이다.

　내 경우도 예외는 아니다. 특히 자주 가는 집 앞 슈퍼마켓, 생활용품을 조달하는 대형마트, 회사 앞 커피전문점, 동네 서점과 약국 등 다섯 개의 적립카드는 늘 지니고 다닌다. 거기에 출장 때 자주 이용하는 렌터카, 항공사의 마일리지카드나 호텔의 멤버십카드 그리고 비타민전문점, 스포츠용품점, 전자제품점 등에서 발급한 것까지 모두 합치면 적립카드나 멤버십카드의 수는 족히 스무 장에 육박한다. 웬만한 업체들은 너나 할 것 없이 적립카드를 발행하고 있으니 바야흐로 '적립카드 홍수의 시대'라 할 만하다. 이런 적립카드를 통해 고객은 소비한 금액의 일정 부분을 경품으로 돌려받거나 현금처럼 사용할 수 있다. 기업은 적립카드를 발행해 충성 고객을 유치할 수 있고, 고객은 적립된 포인트를 환급받을 수 있으니 서로 '윈-윈' 하는 전략인 셈이다.

업체마다 조금씩 다르긴 하지만 규모가 큰 기업의 경우에는 적립카드를 신청할 때 고객의 생년월일, 결혼기념일, 직업, 주소는 물론 수입 정도에 이르기까지 다양한 개인정보를 요구한다. 단지 충성 고객을 관리하기 위한 것이라면 그냥 카드만 발급하면 될 텐데 왜 개인정보를 속속들이 알려는 것일까? 물론 적립카드 신청란에는 어김없이 상품권이나 경품 발송을 위해 주소가 필요하다는 설명이 적혀 있다. 그렇다면 왜 생년월일과 직업 및 수입 정도까지 묻는 것일까?

:: 기업은 충성 고객이 필요해

처음 등장했을 때 적립카드는 단순히 고객이 구매한 금액의 일부를 포인트로 적립하여 되돌려주는 인센티브를 통해 충성 고객을 확보하기 위한 세일즈 기술의 하나였다. 그러나 정보통신 및 데이터베이스 기술 그리고 컴퓨터 기술의 발전을 통해 수많은 고객 정보의 분석과 처리가 가능해지자 적립카드는 단순한 세일즈 도구를 뛰어넘어 '과학적 마케팅 운영' 도구로 사용되기 시작했다.

여기서 잠시 과거로 돌아가 보자. 1980년대, 내가 고등학교를 다니던 때만 해도 동네 어귀에는 작은 서점이 하나쯤 있었다. 우리 동네 버스정류장 앞에도 작은 서점이 있었다. 추운 겨울날이면 서점 안에서 버스를 기다리기도 했고, 주말에는 새로 나온 책을 살피며 여유로움을 만끽하기도 했다. 그 서점의 단골 손님이었던 나는 주인 아저씨와 사적인 이야기를 나눌 정도로 가까웠다. 주인 아저씨는 더러 책값을 깎아 주기도 하고, 신학기에 참고서나 문제집을 한꺼번에 여러 권 구입할 때면 작은 사전이나 잡지 한 권을 꼭 끼워 주기도 하며 나름대로 고객관리에 정성을 쏟았다. 하지만 내가 이 서점을 즐겨 이용한 것은 단지 좀 더 싼 가격에 책을 살 수 있거나 덤으로 얻는 사전이나 잡지 때문만은 아니었다.

주인 아저씨는 내가 주로 어떤 책을 구입하는지 꾸준히 지켜봐 왔기 때문에 나의 독서 취향과 관심사를 잘 파악하고 있었다. 그래서 내가 관심 가질 만한 기사가 실린 잡지나 내가 좋아하는 작가의 신간이 나오면 빠뜨리지 않고 추천해 주었다. 이문열과 최인호의 소설들, 김용의 무협지들 그리고 《과학동아》나 《스크린》 같은 잡지들도 아저씨의 추천에 의해 내 손에 쥐어졌다. 나에게 서점 아저씨는 책이라는 상품을 도매업체에서 받아 와 소비자에게 유통시키는 중간 전달자 이상이었다. 그분은 책에 담긴 지식, 문화 그리고 정보를 내 취향에 맞게 고르고 선별하여 나에게 제공해 주는 그야말로 '지식문화정보 포털'이었던 셈이다.

서점 주인 아저씨의 이런 노력을 경영학에서는 '세분화된 고객관리'라고 한다. 서점 아저씨는 책(상품)에 대한 지식만이 아니라 소비자에 관한 지식도 함께 갖추고 있었다. 세분화된 고객관리는 소비자를 상품을 소비하는 획일적인 객체로 여기지 않는다. 이 방식은 소비자 개개인의 취향과 감성을 공유해 소비자와 물건을 이어주는 매개 역할을 수행한다. 이와 같은 방식은 지난 날 동네마다 하나씩 자리잡고 있던 구멍가게가 단골 고객을 관리하기 위해 사용했던 가장 효과적인 방법이었다. 동네라는 작은 생활 공간 속의 한정된 고객을 상대하기 때문에 고객 하나하나의 취향과 구매력을 파악하는 것은 그리 어려운 일이 아니었다. 한 동네 주민이 바로 고객이므로 고객의 소비 수준이나 고객이 원하는 상품의 파악은 동네 사람들과 어울리며 자연스레 해결할 수 있었다.

아쉽게도 동네 어귀에서 쉽게 만날 수 있던 친근한 동네 서점이 지금은 대형 서점 체인이나 유통점에 밀려 점차 아련한 추억 속으로 사라지고 있다. 대형 체인점이나 유통점은 유통 효율화를 통해 상품을 좀 더 저렴하고 신속하게 소비자에게 전달할 수 있다는 장점을 내세워 시장에 진입했다. 하지만 대형화 운영의 이면에는 모든 소비자를 획일화하는 단점이 도사리고 있었다. 대형마트가 동네의 구멍가게처럼 고객 개개인의 취향과 관심사를 일일이 파악하여 고객에게 다가가는 데는 한계가 있었던 것이다.

그러나 정보통신 기술과 과학적 마케팅 기술이 발전하면서 대형 유통점의 단점을 극복할 방안이 생겨났다. 바로 고객의 개인정보와 구매기록을 저장하고, 이 기록을 분석하여 고객 개개인의 성향을 파악한 후 그들에게 적합한 마케팅 전략을 펼칠 수 있게 된 것이다. 데이터를 기반으로 하는 이러한 전략을 펼칠 수 있게 한 장본인이 바로 적립카드이다.

당신이 동네 서점 주인이라면 처음 온 손님을 단골로 만들기 위해 가장 먼저 무엇을 해야 할까? 우선 손님과 얼굴을 익힌 후 그가 누군지를 아는 게 첫걸음이다. 손님이 어디 사는지, 어떤 일을 하는지 그리고 취미나 관심사가 무엇인지 알아야 할 것이다. 마찬가지로 고객 적립카드에 기입하는 개인정보는 기업과 고객이 관계를 맺는 출발점이다.

일단 기업과 고객이 적립카드나 멤버십카드를 통해 관계를 맺었다면 기업은 한 발짝 더 나아가 고객의 소비 성향을 파악해야 한다. 고객이 멤버십카드를 소지한 순간부터 기업은 이 고객이 어느 체인점에서 언제 무엇을 얼마나 구매했는지 파악할 수 있다. 과거 동네 서점 아저씨가 정확치는 않더라도 평소 내가 어떤 작가의 소설을 즐겨 읽는지, 이미 구입한 책은 어떤 것인지, 어떤 참고서를 선호하는지 등등 나와 맺은 관계를 기초로 내 독서 취향과 구매 범위를 판단했다. 마찬가지로 멤버십카드는 소비자가 물건을 구매할 때마다 모든 구매 정보가 데이터베이스에 저장되도록 한다. 기업은 이를 바탕으로 고객의 취향에 따라 차별화된 전단지를 만들어 보내거나 고객이 고정적으로 구입해 오던 상품을 할인 판매할 때 따로 할인 정보를 보내는 방식으로 고객과의 관계를 지속적으로 유지한다.

이처럼 고객 데이터를 바탕으로 고객과 관련된 자료를 분석해 세일즈, 마케팅 그리고 기업의 전체적 전략과 운영의 기초를 마련하고 평가하는 방법을 '고객관계관리'(Customer Relationship Management) 혹은 영문 이니셜을 따서 'CRM'이라 한다. 1980년대, 컴퓨터가 비즈니스에 적극적으로 활용되기 시작하면서 고객의 소비 패턴을 데이터화하여 판매를 늘리자는 아이디어가 제기되었다. 하지만 이 개념은 은행이나 항공사 등 운영상 전산화가 이미 이루어진 산업을 제외하고는 적용이 제한적일 수밖에 없었다. 그때는 정보통신 기술이 지금처럼 발달하지 않아 수많은 고객의 데이터를 하나하나 기록하는 데에도 만만찮은 비용이 들었다. 더구나 데이터를 기록하기 위해 필요한 제도적 장치도 부족했다.

하지만 정보통신 혁명을 거치고 인터넷 상거래가 발전하면서 CRM을 통한 고객관리가 다른 산업으로 급격히 파급되었다. 그리고 이제는 고객 데이터가 단순한 세일즈나 마케팅에 국한되지 않고 비즈니스 운영 전반에 걸쳐 확대 응용되고 있다. 개인별로 선별된 개별적인 광고 전략을 사용해 신규 고객을 유치하고, 기존 고객의 구매 데이터를 활용한 효율적인 운영으로 신규 고객을 우수 고객으로 끌어들이며, 차별화된 고객관리로 평생 고객화를 도모하는 등 CRM 방식은 이제 고객관리 전반의 핵심 전략으로 자리잡고 있다.

국내에 많은 카드사나 은행이 CRM을 통한 개인별 맞춤 서비스를 적

Tip CRM의 진화[1]

소규모 소매점 시대

대형마트나 유통점이 생기기 전 대부분의 소비자는 동네 슈퍼마켓이나 소규모 소매점에서 물건을 구입했다. 동네 구멍가게, 문방구, 전자제품점, 스포츠용품점 등 동네에 자리잡고 동네 주민을 주고객으로 장사하던 가게들의 고객관리는 단지 동네 주민들과 어울리는 것 그 자체였다. 첨단 고객관리 마케팅이나 조직적인 데이터 관리가 없어도 고객의 성향 파악이 가능했던 것이다.

초기 대형 유통 시대

대형업체들이 소규모 소매점을 밀어내고 시장에 막 자리잡기 시작했을 때는 효율적인 유통망과 대량 구매를 통한 가격 경쟁력 확보가 주된 전략이었다. 기존 소매점들에 비해 상대적으로 저렴한 가격에 물건을 공급할 수 있어 특별한 고객관리 없이도 당연히 고객이 찾을 것이라는 인식이 강했던 것이다. 이러한 가격 최우선 전략에 따라 소비자와 소통할 때도 가격을 알리는 데 집중했다. 대형 유통점에게 소비자는 물건을 소비하는 대량의 객체일 뿐이었다. 개개인에게 차별화된 마케팅을 하지 않고, 불특정 다수의 소비자들에게 경쟁업체보다 낮은 가격의 물건이나 특별 세일을 선전하는 마케팅 전략을 취했다. 이런 전략 아래에서는 고객 개개인의 정보를 그리 큰 가치로 여기지 않았다.

진화된 대형 유통 시대

고객이 단지 저렴한 물건만을 원하는 게 아니라는 사실을 대형 유통업체들이 인식하기 시작했다. 감성을 지닌 고객이 소비를 생활 속에서 즐길 거리의 하나로 인식한다는 사실을 파악한 것이다. '고객의 성향 파악'과 '고객의 가치 증진'이라는 개념이 탄생했고, 마케팅에서 고객 차별화 전략의 중요성이 강조되었다. 하지만 고객 개개인의 성향 파악이나 관리는 당시 기술로는 한계가 있었다. 이런 한계 때문에 고객을 개개인보다는 큰 단위로 차별화하는 마케팅이 선보이기 시작했다.

고객관계 지향 마케팅
정보통신과 컴퓨터 기술의 발전으로 고객 개개인의 데이터를 취득하고 분석하는 기술이 마케팅에 적용되었다. 특히 인터넷으로 고객 개개인에게 차별된 광고를 직접 전달할 수 있게 되자 인터넷을 이용한 광고시장이 급속하게 발전하기 시작했다. 오프라인업체들도 고객 성향을 전산화하고 이를 적극적으로 활용하여 마케팅뿐만이 아니라 운영과 전략에도 적극적으로 활용하기 시작했다.

극적으로 마케팅에 활용하고 있다. 많은 카드사들이 고객 유치와 서비스를 위해 고객에게 제휴사 쿠폰을 제공하고 있다. 카드사들이 쿠폰을 기획하고, 제휴사와 협상하고, 실제 쿠폰을 발행하고 광고하는 데 드는 비용은 결코 만만치 않다. 그럼에도 불구하고 굳이 비용을 들여 쿠폰을 제공하는 이유는 이런 편의를 통해 고객들을 지속적으로 자사 카드의 충성 고객으로 유도하기 위해서이다.

그렇다면 실제 쿠폰 사용률은 얼마나 될까? OK캐쉬백을 운영하는 SK마케팅앤컴퍼니는 고객 쿠폰의 사용률 데이터를 분석한 결과 쿠폰의 실제 사용률이 불과 1퍼센트 미만이란 사실을 발견했다.[2] 많은 비용과 노력을 들인 데 비해 그 효과가 미미하다는 결론이다. 그래서 착안한 것이 바로 '고객 맞춤형 쿠폰'이다. 이 쿠폰은 고객 개개인의 OK캐쉬백 사용 내역을 분석하여 고객을 11개 소비 생활군으로 나눠 각 집단에 적절한 쿠폰을 지급하는 방식이다. 20대 후반 미혼 여성의 소비 패턴과 40대 남성 가장의 소비 패턴이 같을 수 없다. 그래서 쿠폰을 각 생활군의 소비 형태에 맞게 지급하는 방식을 택하였다. 데이터를 분석하고 이를 통해 맞춤 상품을 기획하려는 노력은 바로 결과로 나타났다. 맞춤형 쿠폰의 사용률이 최고 12퍼센트까지 오르는 성과가 나타난 것이다.

　신한은행도 데이터 분석과 이를 통한 공격적인 마케팅으로 가시적인 효과를 봤던 사례가 있다. 신한은행은 먼저 각 고객의 입출금 거래 내역을 분석해 대출이 필요할 것으로 추정되는 시점을 찾았다. 그런 다음 그 시점에 맞춰 해당 고객에게 전화를 걸어 대출을 권했다. 이로 인해 불과 1~2퍼센트에 불과했던 대출 안내 전화 성공률이 13퍼센트까지 올랐다. 무작위로 실시하던 대출 안내 전화 방식을 바꿔 외과수술처럼 정교하게 고객을 선별하고 적절한 시점까지 맞춰 성공한 케이스다.

:: 잡지 부스가 꼭 계산대 앞에 있는 이유

미국의 한 대형마트는 적립카드로 고객의 소비 패턴을 분석하던 중 특징적인 사실을 하나 발견했다.[3] 바로 평일 오후에 매장에서 캔디와 청량음료 판매가 늘어난다는 것이었다. 흥미로운 점은 이때 특히 묶음보다는 낱개 판매가 급증한다는 것이었다. 그래서 캔디나 청량음료를 구입한 고객을 분석해 보았더니 대체로 중년 부인들이 그 장본인이었다. 이 대형마트는 왜 중년 부인들이 이 시간대에 캔디나 청량음료를, 그것도 낱개로 구입할까 연구한 끝에 다음과 같은 사실을 알아냈다.

　오후가 되면 많은 주부들이 하교하는 자녀들을 데리러 갔다 오면서 장을 본다. 오후 2~3시면 나른하기도 하고 피곤이 몰려올 때이기도 하다. 그래서 활력을 충전하기 위해 청량음료나 캔디를 찾게 되고, 자녀들과 함께 장을 보니 당연히 아이들 몫도 같이 사게 된다. 결국 엄마에 자녀들 몫까지 낱개 판매가 늘어났던 것이다.

　이처럼 데이터를 바탕으로 패턴을 찾고 그 원인을 분석했다면, 기업이 다음 단계로 할 일은 이를 바탕으로 좀 더 적극적인 운영 방법을 찾

〈사진 2-1〉 미국 슈퍼마켓 계산대 앞 사진

는 것이다. 앞의 대형마트는 자료 분석 결과를 바탕으로 청량음료와 캔디의 낱개 판매량을 더 늘리기 위해 어떤 일을 했을까? 우선 청량음료와 캔디가 판매되는 위치와 주부들의 동선을 그려 보았다. 데이터를 분석해 보니 많은 주부들은 이 시간대에 생활용품을 구입하러 오는데 생활용품 코너는 청량음료나 캔디를 판매하는 식료품 코너에서 멀리 떨어져 있었다. 주부들이 자녀들을 데리고 매장 이곳저곳을 왔다갔다 하는 게 그리 쉬운 일은 아니다. 그래서 착안한 아이디어가 계산대 바로 옆에 간이 진열대를 설치하는 것이었다. 쇼핑을 마치면 반드시 거쳐야 하는 계산대에 청량음료나 캔디를 진열한 간이 진열대를 설치해 고객의 번거로움은 줄이고 매출은 올리자는 새로운 운영 개선안이 제시됐다. 여기서 한 걸음 더 나아가 이 간이 진열대에 주부들을 위한 잡지를 진열하자는 아이디어도 제시되었다. 계산대 옆에 청량음료와 캔디 진열대를 설치하면 당연히 주부들은 간이 진열대에 눈을 돌릴 것이다. 계산을 하기 위해 기다리는 시간에 잡지책을 볼 수 있도록 함으로써 기다리는 시간의 지겨움도 없애고 매출도 올릴 수 있다. 이 개선안은 그야말로 성공적이었다. 이후 청량음료와 캔디를 낱개 판매하지 않던 유통업체나 심지어 가전업체들도 이런 방식을 모방해 계산대 앞에 작은 진열대를 따로 설치했다.

이와 같은 운영 개선과 이를 통한 매출 증대를 가능케 한 출발점은 바로 데이터 분석이다. 특정 시간대에 특정 물건이 더 잘 팔린다는 사실을 데이터 분석을 통해 발견한 것이다. 어떤 상품이 특정 요일에 더 많이 팔린다면 재고 주문 시점을 이 요일에 맞출 수 있다. 또 특정 시간대에 더 많이 팔린다면 이 시간 때 깜짝 세일 등을 기획해 더 많은 수요를 창출할 수도 있다.

그런 다음 소비자군 분석을 해야 한다. 특정 상품이 특정 시간대에 더 많이 팔린다면 과연 어떤 소비자군이 소비를 주도할까 생각해 보아야 한다. 이 데이터는 멤버십카드로 분석이 가능하다. 청량음료의 낱개 판매가 대부분 주부들에 의해 이뤄진다는 정보를 파악해 새로운 영업 기회를 포착하였던 것처럼, 영업 판매 데이터와 고객의 데이터를 연결하여 어떤 집단이 어떤 물건을 어떤 시간대에 많이 구입한다는 사실을 파악할 수 있다.

여기에 이 대형마트에서 활용한 또 하나의 분석 방식이 바로 '장바구니 분석'(Market Basket Analysis)이다. 데이터 분석에서 말하는 '연관성 분석'(Association Analysis)의 한 종류로 고객이 매장을 방문할 때마다 장바구니에 담긴 상품과 각 상품 간의 관계를 파악하는 작업이다. 앞의 분석 결과 각 주부들의 장바구니에 담긴 낱개의 청량음료와 저녁 먹거리 상품들이 동시에 한 바구니에 담겼다는 사실이 발견되었다. 이처럼 장바구니 분석을 통해 별 연관성 없는 상품의 구매가 함께 일어난다면 심층 분석을 통해 원인을 분석해 볼 가치가 있다. 시간대 분석, 소비자군 분석 그리고 장바구니 분석과 같은 방식은 현대 마케팅에서 자주 이용되는 데이터 분석 방식이다.

앞에서 멤버십카드를 통해 고객의 데이터를 분석하고 이를 바탕으로 마케팅과 세일즈에 적극 활용하는 예를 소개했다. 그러나 이런 데이터 분석은 단지 마케팅이나 세일즈뿐만이 아니라 운영 전략이나 기업 전략 등에 다양한 방법으로 사용할 수 있다. 청량음료 진열대를 계산대 옆에 설치하는 것도 고객 데이터를 분석해 고객의 소비 패턴을 파악하고 운영 방안을 개선한 사례이다.

마케팅을 '감'에 의존하던 시대는 지났다. 데이터가 없어 이 많은 수치를 분석하기 힘들었던 시절에는 '감'이나 경험에 의지할 수밖에 없었다. 하지만 이제 데이터가 모든 것을 말해 주는 시대다. 마케팅에서 소비자의 감성을 파고드는 것도 물론 중요하다. 하지만 소비자 감성을 파악해 기획한다는 것이 기획자도 덩달아 감성에 의존해 일한다는 것을 의미하지는 않는다. 훌륭한 소믈리에는 주당이 아니다. 오히려 이들 중에는 술을 잘 못 마시는 사람이 많다. 그들은 와인의 특성을 섬세한 미각, 후각 그리고 시각을 이용해 파악하고 머릿속에서 종합적으로 계산하여 그 가치를 부여하는 것이다. 마찬가지로 소비자의 감성을 불러일으키는 마케팅을 하겠다고 마케터가 자신의 감성에만 의지하겠다는 것은 잘못된 발상이다. 오늘날 객관적인 데이터에 근거하여 소비자 감정을 정확하게 분석하려는 노력 없이 소비자의 공감을 얻겠다는 것은 지도 없이 광야로 돌진하는 무모한 모험과 다를 바 없다.

Tip 연관성 분석

2009년 12월 25일 미국 전 공항에 비상이 걸렸다. 네덜란드 암스테르담을 출발해 미국 디트로이트로 향하던 노스웨스트항공 253편 여객기가 공항에 도착하기 1시간 전, 나이지리아 국적의 우마르 파루크 압둘무탈라브가 폭발물을 터트리려다 실패한 뒤 승객과 승무원들에게 붙잡혔던 것이다. 그는 분리된 폭발물을 몰래 소지한 채 탑승한 뒤 비행기 화장실에서 조립하여 비행기 폭발을 시도했다. 다행히 폭발물은 작은 화염과 불꽃만 일으킨 채 불발되어 큰 재앙은 피할 수 있었다.

9.11테러 이후 미국 본토를 대상으로 한 첫 테러 시도 소식에 전 미국이 놀라움을 금치 못했다. 그런데 이후 조사 과정에서 알려진 허술한 정보망은 미국 국민들을 또 다시 경악하게 했다. 먼저, 이 테러 용의자의 아버지는 그의 극단적인 종교 성향과 과격한 발언을 보고 나이지리아 정보기관에 그의 위험성을 사전에 경고해 미 정보기관도 이를 감지하고 있었다. 또한 그가 이슬람 과격단체에 포섭돼 훈련을 받았다는 사실을 각국 정보기관에서 파악하고 있었으며, 그가 미 국무부에서 급진주의자로 분류한 50만 명 중 한 명이었음이 조사 과정에서 밝혀졌다.

그렇다면 그에 대해 세 가지 각각 다른 정보가 사전에 입수됐다고 볼 수 있다. 첫째는 아들이 테러를 벌일 가능성이 있다는 아버지의 제보, 둘째는 그가 이슬람 과격단체에 포섭돼 훈련받았다는 정보, 마지막으로 그가 이슬람 급진주의자로 분류된 위험인물이란 정보가 그것이다. 문제는 이 정보가 서로 연결되지 못했다는 점이다. '국무부 데이터에 분류된 50만 명의 이슬람 급진주의자 – 이슬람 과격단체에 포섭돼 훈련을 받은 자 – 최근 테러 위험의 제보가 접수된 자'가 미국으로 향하는 비행기에 탑승했다는, 이 세 가지 정보를 연결만 했어도 바로 그를 테러 용의자로 지목할 수 있었을 것이다.

이 사례는 각각의 흩어진 데이터는 큰 의미가 없을지라도 그들의 상관관계를 찾아 연결고리를 발견하면 강력한 정보가 된다는 사실을 알려준다.

정보의 금광에서
마케팅 전략을 캐다

충동구매를 시쳇말로 '지름신이 내렸다.'고 표현한다. 뒷일을 생각지 않고 '물건을 산다.'는 의미를 지닌 '지른다'는 속어에다가 '순간적으로 이성적 판단력을 잃고 내 의지와 무관하게 행동한다.'는 의미가 담긴 '신이 내리다.'라는 비유가 결합된 표현일 것이다. 이 유행어가 어디에서 처음 시작되었는지는 알 수 없다. 하지만 이 지름신이 현대 정보화 시대에 실제로 존재한다면 믿을 수 있을까?

:: 뿌리치기 힘든 지름신의 유혹

여름 휴가를 두어 달 앞둔 동호. 그는 휴가철이면 연례행사처럼 겪었던 휴양지 교통체증과 바가지요금을 떠올리며 이번에는 동남아로 가서 그냥 며칠 푹 쉬다 올까 고민하고 있었다. 하지만 여행사 사이트 몇 곳을 검색해 보니 성수기라 항공요금과 숙박비가 너무 비쌌다. 어찌 할까 고민하다가 여행 계획을 포기하려던 순간, 메일함에 광고 이메일 하나가 날아들었다. 평소에는 광고 이메일이라면 곧바로 지워버리지만 하필 메일 제목이 '태국 푸켓행 30% 특별 할인'이었다. 눈이 번쩍 뜨인 동호는 바로 메일을 열어보고는 화들짝 놀랐다. 할인도 할인이지만 동호가 원하던 휴가 시기에만 특별 할인을 한다는 것이었다. '이게 웬 떡이냐!' 하는 생각에 동호는 아무 망설임 없이 바로 그 여행사 사이트에 접속해 신용카드로 관광 패키지를 예약해 버렸다. 동호는 어떻게 광고 이메일이 그렇게 적절한 타이밍에, 그것도 자신이 원하는 여행 장소, 날짜에 해당하는 할인 내용이 담겨 날아온 건지 정말 신기했다. 지름신이 아주 적절한 타이밍에 강림하신(?) 경우다.

명희는 얼마 전 회사에서 받은 성과급으로 평소 갖고 싶었던 명품 핸드백을 하나 장만하기로 마음먹었다. 며칠 동안 검색 사이트에서 명품과 패션 관련 사이트를 찾아가며 최신 패션의 핸드백을 비교하는데, 어느 날부터 자신이 즐겨 찾는 검색 포털 사이트에 한 명품 브랜드 핸드백 광고가 계속 뜨기 시작했다. 평소에는 포털 사이트 광고에 별 관심이 없었다. 하지만 핸드백을 사기로 큰마음을 먹은 차에 마침 핸드백 광고라니 포털 사이트의 광고가 유난히 크게 보이는 것은 당연한 일이었다. 명희는 이 포털 사이트에 광고가 올라온 명품 브랜드 홈페이지를 즐겨찾기에 등록하고 자주 방문하게 되었고, 결국 이 브랜드에서 핸드백을 '질러' 버렸다.

동호나 명희의 경우처럼 어느 상품이나 서비스를 구매하려던 참에 관련 광고 메일이 오거나 광고가 뜨는 게 과연 '까마귀 날자 배 떨어지는 격'의 우연의 일치일까? 소비자가 구매를 결심했을 때 소비자가 원하는 취향과 가격대가 직접적으로 전달된다면 광고 효과가 극대화되는 것은 자명한 이치다. 동호의 경우 계획했던 휴가 날짜와 원하는 관광지 여행 상품의 할인 광고 이메일이 적절한 타이밍에 전달되었고, 명희의 경우도 명품 핸드백을 사기로 결정하고 이리저리 가격을 비교하며 시장조사를 하던 시점에 광고가 전달되었다. 결국 두 사람은 이렇게 아주 적절한 시점에 광고를 접하고 지갑을 열어 상품을 '질러' 버렸다.

우리가 어떤 상품에 관심을 가지면, 특히 구매해야겠다고 마음을 먹으면 그때부터 그것과 관련된 정보가 유난히 많이 눈에 띄기 시작한다. 당연히 이전까지는 관심도 없던 상품의 광고가 갑자기 눈에 잘 들어온다. 그러던 차에 원하던 가격대의 상품을 광고로 전달받고, 더구나 그 상품이 자신의 취향과도 맞는다면 그야말로 광고 효과는 만점이 되는 것이다. 그런데 여기서 한 가지 궁금한 게 있다. 어떻게 마침 물건을 사려던 참에 광고가 전달된 것일까? 단지 예전에는 그 물건에 관심이 없어 광고를 봐도 무심하게 넘겼던 것일까? 아니면 초자연적인 힘에 의해 '지름신'이 정말로 강림한 것일까?

믿기 힘들겠지만 이 모두가 '지름신'의 농간이다. 그러나 그 지름신은 우리가 생각하는 초자연적인 존재가 아니라 현대 데이터 분석력과 정보통신 기술이라는 첨단 과학이 빚어낸 존재이다.

잠시 이야기를 돌려 보자. 한때 내 사촌 동생이 방학을 이용해 PC방에서 아르바이트를 한 적이 있었다. 그 PC방은 크고 작은 기업들이 밀집해 있는 지역에 위치해 있어 직장인들이 주고객이었다. 이들은 많은 기업들이 업무 외 인터넷 사용을 금지하고 있기 때문에 점심시간이나 휴식시간에 잠시 짬을 내어 개인 업무를 보기 위해 PC방에 들리곤 했다. 그 시절 사촌 동생은 나에게 흥미있는 이야기를 해주었다. 가끔 고객들 어깨너머로 어떤 사이트에 접속하는지를 보곤 하는데, 10분 정도만 지켜보고 있으면 그 고객의 관심사가 무엇인지 대충 알 수 있다는 이야기였다.

이를테면 20대 남성 고객이 최신 개봉 영화 예고편과 영화관 스케줄을 검색하고 주위 레스토랑을 검색한다면 주말 데이트를 계획하는 사람이고, 건강 관련 사이트를 방문하고 신문이나 잡지 사이트의 의학칼럼을 조목조목 읽는다면 평소 건강에 관심이 많거나, 건강에 이상이 있는 사람이구나 하는 식이다. 비록 소소한 관찰이지만 이는 현대 정보화 사회의 단면을 보여 주는 예라 하겠다.

오늘날 사람들은 컴퓨터를 매개로 인터넷상에서 수많은 정보를 공유하고 있다. 개인의 행동과 취향은 정보화되어 컴퓨터와 인터넷상에 족적으로 남는다. 한 개인의 취향은 물론 알리고 싶지 않은 사생활까지도 개인 컴퓨터의 정보만 확인하면 쉽게 파악할 수 있다. 결국 어깨너머로 컴퓨터 화면만 지켜보고 있으면 개인의 구매 관심사와 취향을 바로 판별할 수 있는 것이다.

만일 기업의 마케팅 부서가 어깨너머로 몰래 고객의 컴퓨터 화면을 지켜볼 수 있다고 상상해 보자. 아마 마케팅 부서는 고객 한 명 한 명의 취향과 구매력에 맞춘 맞춤형 광고를 정확한 시점에 전달하는 이상적인 광고를 기획할 수 있을 것이다. 그렇다면 일일이 고객 어깨너머로 화면을 보지 않고도 고객의 취향 및 구매력과 관련된 정보를 파악할 방법은 없을까? 있다! 그런 방법은 분명히 존재한다.

컴퓨터 인터넷 브라우저에는 '쿠키'라 불리는 인터넷 접속 정보 저장 공간이 있다. 이 공간에는 우리가 접속한 인터넷 사이트부터 인터넷 상거래에서 사용하는 아이디 그리고 심지어 암호까지 다양한 정보를 저장할 수 있다. 더구나 인터넷을 통해 제삼자도 이 쿠키에 담긴 정보를 취득할 수 있다. 그렇다. 여러분이 짐작한 대로 이 '쿠키'가 바로 '지름신'의 정체였던 것이다! 쿠키는 컴퓨터 사용자가 접속한 인터넷 사이트 정보와 그 외 다양한 개인정보를 지니고 있다. 따라서 PC방 아르바이트를 하던 사촌 동생처럼 일일이 고객의 어깨너머로 화면을 지켜보지 않아도 사용자에 대한 정보 취득이 가능하다.

　자동차 대리점에 고객이 들어설 때 영업사원이 으레 묻는 첫 번째 질문은 '지금 소유하고 계신 차종을 몇 년째 타고 계십니까?'이다. 현재 소유하고 있는 차종으로 고객의 구매력을 판단하여 그에 맞는 차종을 제시하기 위해서다. 이처럼 현시점에서의 고객 정보는 판매 전략에 있어 고객의 지갑을 여는 필수 정보 중 하나다. 또한 백화점 의류 매장에 들어선 고객이 이곳에 들어서기 전에 들렀던 다른 매장이 어디인지 그리고 어떤 옷을 고르거나 구입했는지 알 수 있다면, 영업사원은 이 정보를 바탕으로 고객의 취향에 꼭맞는 옷을 추천할 수 있다. 다시 말해 매장에 들르기 직전 고객이 어느 매장에서 어떤 옷을 입어 보았는가라는 정보는 고객의 취향과 구매력을 판단하는 기준이 된다.

　인터넷 쿠키는 고객의 현재 정보는 물론 과거 고객이 검색하고 접속한 사이트의 족적을 고스란히 담고 있다. 따라서 쿠키는 자동차 영업점에 들어서며 현재 어떤 차종을 몇 년째 몰고 있는지, 의류 매장에 들어서며 어느 매장에서 어떤 옷을 입어 보고 왔는지 등의 정보를 영업사원에게 고스란히 전하는 역할을 한다. 이것이 바로 쿠키에 담긴 정보이자 그 가치다.

　앞의 동호와 명희의 이야기는 비록 가상의 사례지만, 인터넷 상거래가 보편화되면서 실제 개인정보를 마케팅에 이용하는 사례는 점차 늘어나고 있다. 광고업체나 마켓 데이터 전문업체는 쿠키 정보를 개개인의 컴퓨터에서 뽑은 후 이 정보를 분석하여 구매력과 관심사 그리고 취향 등을 파악한다. 구글이나 야후와 같은 포털 사이트의 예를 들어 보자.

포털 사이트 뉴스의 경제면에 자주 접속하고 포털 내 증권 동향 분석을 늘 체크하는 한 사용자가 있다. 이 사용자는 가끔 경기도 주변 골프 클럽이나 스키장도 검색하고, 포털이 제공하는 동호회 사이트 중 부동산 재테크 모임과 자동차 관련 동호회에 가입되어 있다. 그렇다면 이 사용자는 구매력이 높은 30, 40대 남성일 가능성이 크다. 일단 이렇게 분류가 되면 포털은 이 사용자가 접속할 때 30, 40대 남성을 겨냥한 상품 광고를 내보내면 된다.

좀 더 구체적으로 구글의 예를 살펴보자. 내가 구글을 방문하면 요즘 부쩍 북미 교포 관련 광고가 많이 뜬다. 가끔은 내가 현재 살고 있는 워싱턴 지역의 한인 업체 광고가 뜨기도 한다. 예를 들어 구글에 '여행'이란 단어로 검색하면 여행과 관련한 여러 자료와 함께 북부 버지니아 지역의 여행사 링크가 동시에 뜬다. 이것은 구글이 내 쿠키의 정보를 바탕으로 내가 현재 살고 있는 지역을 파악하고 있기 때문이다. 구글 사이트에서 구글 광고를 소개하는 정보를 찾아보면 다음과 같은 소개글이 나온다.

> **'Google 광고'란 무엇입니까?**
>
> Google 검색을 이용하여 필요한 정보를 찾을 수 있듯이 'Google 광고'는 사용자의 검색 결과와 관련된 제품 및 서비스에 연결되는 링크를 제공합니다. Google은 말의 뉘앙스를 파악하고, 웹페이지의 콘텐츠에 광고를 일치시키는(타겟팅) 기술을 사용하여 귀하께서 온라인상에서 보는 내용과 관련된 광고를 게재합니다. Google 광고는 Google AdSense 프로그램에 참여하는 웹 게시자에 의해 게재되며, Google의 AdWords 광고주에 의해 작성됩니다. 저희 광고 기반은 글로벌 기업에서 작은 지방 중소기업에 이르는 다양한 광고주들로 구성되어 있습니다.

구글에서 소개하는 '말의 뉘앙스를 파악하고 웹페이지의 콘텐츠에 광고를 일치시키는 기술 사용'이란 사용자가 자주 검색하는 검색어나 자주 방문하는 인터넷 사이트의 패턴을 파악하여 사용자의 거주 지역, 취향 그리고 구매력 등을 판단하고, 그에 걸맞는 적절한 광고를 보낸다는 의미다.

개인에 맞게 세분화된 이러한 광고 방식은 기존 광고와 많은 차이가 있다. 기존 광고 방식의 대표주자인 'TV 광고'를 살펴보자. TV 광고는 불특정 다수를 대상으로 내보내는 광고다. 방송국에서 송신하면 수신자는 수동적으로 받을 수밖에 없다. 따라서 송신자가 수신자의 세부적인 정보를 파악할 수 없다. 물론 방송 시간대와 방송 프로그램의 성격에 따라 시청자를 분류하여 어느 정도 맞아떨어지게 광고를 편성한다. 하지만 이런 방식으로 개개인에 맞는 광고를 내보내기에는 한계가 있다. 그에 비해 인터넷은 지극히 개인적인 매체다. 개인의 사용 패턴을 송신자가 쿠키로 파악할 수 있기 때문에 굳이 TV 광고와 같이 불특정 다수를 상대로 하는 광고를 내보낼 필요가 없다. 개인의 구매력과 취향을 바탕으로 세분화되고 전문화된 광고를 전달하여 개인의 지갑을 좀 더 쉽게 여는 매체라 할 수 있다. 이렇게 볼 때 현대 정보화 사회의 지름신은 다름 아닌 쿠키인 셈이다.

정보통신 및 데이터 처리 기술의 발달로 개개인의 정보는 실시간으로 분석되고, 이 정보를 바탕으로 광고업체는 개개인에 맞는 광고를 보낼 수 있게 되었다. 이것은 데이터 분석력 및 대용량 데이터 처리 기술의 발전에 힘입은 바 크다. 기존의 마케팅은 사람의 심리나 감성에 의존했다. 이에 비해 최신 마케팅은 수치화된 수많은 데이터에 기초하여 철저한 계산에 의해 광고를 창조하고 있다. 비록 개인정보 유출과 사생활 침해 논란이 일고는 있지만, 개개인을 목표로 하는 광고가 마케팅의 미래가 될 것임은 누구도 의심하지 않는다. 결국 지름신은 현대 마케팅과 데이터 처리 기술이 창조해 낸 현대 사회의 '귀신'인 셈이다.

:: 포털 사이트, 정보화 시대의 권력자
다음, 네이트, 네이버 등 인터넷 검색 사이트로 시작한 사이트들이 동호회 사이트와 개인 블로그 기능을 첨가해 기존 고객을 붙들어 놓은 뒤, 이제는 뉴스와 문화 콘텐츠 기능을 가미하여 고객의 일상생활에서 떼려야 뗄 수 없는 사이버 생활 공간을 창조하고 있다. 한 회사원의 일상을 따라가 보자.

아침에 일어나 '포털'의 이메일 사이트에 '로그인'하여 밤새 날아든 이메일을 잠시 체크한 후 회사에 출근한다. 사무실에 도착하면 '포털' 뉴스 사이트에서 제공하는 뉴스로 오늘의 주요 뉴스를 훑어 본다. 오늘 업무는 회사가 추진하는 새로운 프로젝트 분야의 경쟁사를 분석하는 일. 따라서 '포털'이 제공하는 금융 사이트에서 경쟁사의 재무구조를 파악하고, '포털'에서 제공하는 학술 사이트에서 학계에 보고된 분석 방식을 참고해 프로젝트 보고서를 작성한다. 퇴근 시간이 가까워지자 가족들과 오랜만에 저녁식사를 하기로 한 약속이 생각나 '포털'에서 집 근처 맛집을 검색하여 약속 장소를 정한다. 외식을 마치고 집에 도착한 후 '포털'에서 제공하는 개인 홈피에 접속하여 오늘 방문자의 방명록을 체크하고 오랜만에 옛 친구들의 홈피에 들러 방명록에 글도 남긴다. '포털'에서 제공하는 인터넷 TV 사이트에서 지난 드라마를 다시보기로 잠시 시청하던 중 해외주재원으로 있는 친구가 '포털' 메신저로 말을 걸어와 오랜만에 수다를 떨었다. 자기 전 다시 한 번 '포털' 사이트에서 이메일을 체크한 후 '로그아웃' 하면서 하루를 마감한다.

현대를 살아가는 사람들의 실제 생활은 위에서 묘사한 것과 크게 다르지 않다. 이메일 사이트, 메신저 사이트, 검색 사이트, 동호회 사이트 등은 대부분의 대형 포털업체에서 제공하는 서비스이다. 따라서 포털 사이트 접속은 하루 일과의 시작과 끝이자, 우리 삶을 둘러싸는 하나의 틀이 되어버렸다 해도 과언이 아니다. 이런 상황에서 포털이 하나의 생활문화 권력으로 떠오르고 우리 삶을 좌지우지할 정도의 힘을 키우게 된 것은 어쩌면 당연한 결과인지도 모른다.

이렇게 포털 사이트가 강력한 힘을 가지게 된 원인은 무엇보다도 사용자 개개인을 파악할 수 있는 축적된 데이터와 정보를 갖고 있기 때문이다. 인터넷과 개인을 연결하는 포털 사이트는 개인이 어떤 사이트를 검색하고, 어떤 뉴스 기사를 읽고, 어떤 동호회 사이트에 접속하는지 알 수 있다. 따라서 개인의 문화 성향, 사회적 지위, 구매력을 파악하는 일은 어렵지 않다. 정보화 시대에서 정보는 곧 돈이다. 처음 소규모 검색 서비스로 시작한 포털이 불과 수년 만에 거대 기업으로 성장할 수 있었던 이유도 타 산업에서는 불가능했던 정보 취득 능력과 정보처리 기술이 있었기 때문이다.

하지만 이런 정보력과 정보처리 기술은 더 이상 포털이나 인터넷업체들의 전유물이 아니다. 이제 오프라인 기업들도 그러한 기술을 적극 수용하고 있다. 포털의 성장을 보고 현대 사회에서 정보력의 힘이 얼마나 큰지 그리고 정보가 비즈니스에서 얼마나 중요한지 깨달았다면 이제 타 산업에서도 이를 벤치마킹해야 하는 시대가 온 것이다.

:: 구글이 휴대폰 시장에 집착하는 이유

세계 최대의 인터넷 검색업체인 구글은 2007년 갑자기 휴대폰용 운영시스템 시장에 진입하겠다는 계획을 내 놓았다. 인터넷 검색업체가 휴대폰 운영시스템 시장에 뛰어들겠다는 소식은 세상을 놀라게 했다. 그리고 얼마 지나지 않아, 구글은 새로운 휴대폰 운영시스템인 '안드로이드'를 세상에 선보였고 단시간에 휴대폰 운영시스템의 강자로 떠올랐다. 하지만 휴대폰 운영시스템으로도 성이 안 찼던지 2010년 1월에는 자사 브랜드를 단 구글 스마트폰 '넥서스원'(Nexus One)을 시장에 내놓으며 휴대폰 시장의 새로운 지각 변화를 예고하고 있다. 2010년 상반기 세계의 휴대폰, 특히 스마트폰 시장은 애플의 아이폰을 선두로 삼성과 LG가 그 아성에 도전 중이고 여기에 구글의 넥서스원이 가세함으로써 점입가경(漸入佳境)을 이루고 있다. 웹 서비스를 지향하던 검색업체 구글이 왜 새로운 분야인 휴대폰 시장에 뛰어들었을까?

데이터가 지배하는 새로운 세상에서 고객과 경쟁자의 정보를 정확히 분석하여 과학적이고 신속한 판단을 내리는 능력은 현대 비즈니스의 최대 경쟁력이다. 이런 정확한 분석을 위해서는 좀 더 정확한 정보를 신속하게 얻는 것이 무엇보다 중요하다. 앞에 설명한 것처럼 고객 정보를 컴퓨터의 쿠키를 통해 추출하는 방식은 이미 보편화되었다. 하지만 쿠키를 이용하는 방식에는 한 가지 한계가 있다. 컴퓨터에서 쿠키를 통해 정확한 개인정보를 추출하기 위해서는 컴퓨터가 한 개인의 전유물, 즉 한 개인만 사용하는 전용 기기이어야만 한다. 어떤 컴퓨터가 가족들이나 기타 여러 사람이 함께 사용하는 공용 기기라면 쿠키를 통해 얻은 정보의 정확도도 떨어질 수밖에 없다.

예를 들어 한 가정에서 40대 주부와 10대 자녀가 컴퓨터를 함께 사용한다고 하자. 당연히 40대 주부가 방문하는 사이트나 검색어는 10대 자녀의 것과 상당한 차이가 있다. 이 경우 쿠키 정보만으로 이 컴퓨터 사용자의 취향이나 성향을 파악하기는 어려워진다. 이미 컴퓨터가 가정에 많이 보급되었지만 가족 구성원마다 한 대의 컴퓨터가 보급되기까지는 어느 정도 시간이 걸릴 것이다.

그렇다면 현존하는 전자 기기들 중 가장 개인적인 기기는? 바로 휴대폰이다. 휴대폰은 다른 어떤 전자 기기와도 다르게 여러 명이 공동으로 사용하지 못하는 기기다. 그럼 만일 휴대폰이 인터넷에 연결되어 휴대폰 기능과 인터넷 기능을 동시에 제공한다면? 이는 그야말로 한 개인의 모든 개인적인 정보를 담고 있는 이동 인터넷 단말기가 된다. 더구나 휴대폰은 특성상 휴대자의 현재 위치까지 실시간으로 알려주니 극도로 개인적인 사생활을 담은 비밀 상자라 할 수 있다.

사용자의 현재 위치가 어디고, 어떤 휴대폰이 제공하는 검색 사이트로 무엇을 검색하는지를 분석하여 개인 취향을 파악한다면 기존의 검색어를 바탕으로 한 개인별 맞춤 광고를 뛰어넘는 한층 강화된 광고 비즈니스 모델을 창조할 수 있다. 예를 들어 사용자가 어떤 지역에서 휴대폰을 이용하여 상품을 검색한다면 검색 결과와 함께 인접 지역에서 이 물건을 판매하는 상점의 광고를 바로 휴대폰으로 내보내어 사용자를 이 상점과 즉시 연결해 줄 수 있다. 물론 이제껏 이 사용자가 휴대폰을 사용하는 동안 취한 개인정보를 통해 사용자의 구매력에 맞는 상품의 광고를 내보내는 것은 기본이다. 이처럼 개개인의 특성에 맞춘 차별성에 휴대폰의 신속성과 지역성까지 가미된다면 이 광고의 효과는 가히 파괴적이라 할 수 있다.

구글이 세계의 어떤 기업과 비교해도 뒤지지 않는 강력한 비교우위를 지닌 능력이 바로 정보력이다. 수년간 쌓은 고객 데이터와 검색어 서비스에서 쌓은 데이터 처리 기술 능력은 단연 세계 최고 수준이다. 이런 기술력을 바탕으로 기존 온라인에 머물던 사업 영역을 오프라인으로까지 넓히기에 휴대폰만큼 안성맞춤인 기기는 없을 것이다. 세계 스마트폰 시장에 아이폰으로 이미 강자의 자리를 구축한 애플이 이런 구글의 전략을 가만히 지켜보고 있을 리 없다. 구글이 2010년 1월 세계 최대의 가전제품쇼인 국제전자제품박람회(CES)에서 '넥서스원'을 공개하기 바로 전날 애플은 최대 휴대폰 광고업체인 '콰트로 와이어리스'(Quattro Wireless)를 2억 7천만 달러에 매입했다.[4] 구글에게 휴대폰 광고시장을 앉아서 내주지는 않겠다는 전략이다. 최대의 스마트폰 시장을 장악한 애플과 최대 인터넷 광고업체 구글이 휴대폰 광고시장에서 벌인 진검승부, 그 귀추가 주목된다.

데이터와 정보를 바탕으로 한 경쟁력이 앞에 설명한 것처럼 인터넷 업체나 첨단산업의 전유물이던 시대는 지나갔다. 이제 정보력과 정보처리 능력은 어느 산업에서나 갖춰야 할 기본 사항이 된 것이다.

:: 데이터에서 금을 캔다? 데이터마이닝

'지피지기 백전불태'(知彼知己 百戰不殆)라 했다. 고객의 성향, 취향, 생활 패턴, 그리고 자산 규모를 속속들이 알고 있는 상황에서 그가 어떤 물건을 구매하려 한다는 사실을 알았다면 이 고객의 지갑을 여는 것은 그야말로 '식은 죽 먹기'다.

기업은 적립카드나 멤버십카드 등의 방법으로 고객의 기본적인 개인정보와 구체적인 구매 기록을 데이터베이스화하여 기록을 남긴다. 하지만 아무리 고객 정보와 구매 데이터가 많다 해도 이것들을 분석하여 고객의 취향과 구매 성향을 파악할 수 없다면 데이터는 아무짝에도 쓸모 없는 단순 자료에 불과하다. 인터넷과 정보통신 기술이 급속히 발전하기 전만 해도 기업이 고민하던 문제는 '고객의 데이터를 어떻게 모으고 보관할 것인가'였다. 하지만 이제는 오히려 이 '넘치는 데이터를 어떻게 분석하여 고객 가치를 실현하느냐'가 기업들의 핵심적인 고민이 되었다. 수천수만 명의 고객을 상대하는 거대 기업의 경우 이 많은 데이터에서 유용한 정보만 뽑아 내기 위해서는 정교한 과학이 필요하다.

그런데 고전 통계학 방식은 '데이터에서 실직적 의미를 분석'하는 것을 추구하고는 있지만 오늘날과 같이 초대형 데이터 처리를 요구하는 시대에 부응해 엄청난 데이터 분석량과 처리 속도를 감당하기에는 기술적 한계가 있었다. 데이터 용량이 기하급수적으로 늘어나 복잡성이 폭등함에 따라 더 빠르고 더 신속한 분석이 요구되었다. 정보 전산화가 되지 않았던 시절, 통계청에서 국민총생산이나 인구증가율과 같은 기본적 통계 수치를 분석하는 데만도 며칠에서 몇 개월이 걸렸다. 하지만 전자상거래에서는 단 몇 초에 수천수만 개의 데이터가 입력되고 이를 백분의 일 초, 천분의 일 초 단위로 분석해야 한다. 데이터의 양과 요구되는 처리 속도는 기존의 고전 통계학에서 다루던 것과는 차원이 다른 수준이다.

이런 새로운 요구 조건을 충족시키기 위해 컴퓨터공학과 인공지능 연구에 사용되는 기법이 통계학과 접목되면서 '데이터마이닝'(date mining)이란 새로운 영역이 탄생했다. '데이터마이닝'이란 다량의 데이터에서 가치를 창출할 수 있는 특정 데이터를 찾아 데이터의 패턴을 분석하는 분야다. 이 데이터마이닝 기법은 기존의 통계학과 컴퓨터공학 그리고 인공지능 분야에서 개발된 방식에 기초하여 실제로 수많은 데이터에서 가치 있는 정보를 찾아내고 있다. 이것은 마치 지하에 묻힌 수많은 광물 중 가치 있는 극소수의 원석을 찾는 탄광 채석 작업과 비슷해 'mining'(탄광 채석)이라는 이름이 붙었다. 대량의 데이터는 그저 수치에 불과하다. 이런 자료들이 분석되지 않는다면 우리는 그 자료들이 무엇을 의미하는지 그리고 이 수치를 어떻게 활용해야 할지 알 수 없을 것이다. 따라서 이와 같이 데이터에서 숨은 가치를 찾아내는 게 데이터마이닝의 목적이다.

기업은 고객의 판매 자료, 상품 자료, 고객의 상품 평가 자료 등 방대한 데이터를 기반으로 데이터마이닝을 통해 그 속에 숨은 의미와 판매 패턴, 법칙 등을 발견한 후 세일즈나 마케팅 및 운영 전반의 의사결정에서 기초 정보로 활용한다.

인공지능과 컴퓨터공학 그리고 통계학을 접목한 데이터 분석 기술은 과거에는 기상청이나 핵물리학과 같은 제한된 첨단 과학 영역에서만 요구되던 사항이었다. 하지만 이제는 대부분의 비즈니스 상황에서 보편적으로 요구하는 기본 사항이 된 것이다.

과거 마케팅 분야는 경영학 분야 중 가장 감성적인 분야로 평가되어 과학이 파고들기 힘든 분야라고 여겨졌다. 그런데 데이터마이닝 기술은 마케팅 분야가 본격적으로 과학으로 탈바꿈하는 기술적 계기를 마련했다. 앞에 설명한 고객관계관리, 즉 CRM이 처음 소개되었을 때 많은 경영학자와 실무 마케팅 담당자들이 그 콘셉트와 방식에는 공감을 했지만 그 실현 가능성에 대해서는 많은 의문을 제기했다. 다시 말해 고객과의 일대일 관계를 통해 고객과 감성을 공유하는 CRM의 장점에는 이견이 없었다. 그러나 당시는 정보통신 기술이 발달하기 전이라 실제 경영 현장에서 고객과의 관계를 유지하는 방식을 구현하는 데는 현실적으로 너무 많은 비용이 들었다. 이런 이유로 실제 CRM의 응용은 고부가가치를 생산할 수 있는 상품이나 고객군에 제한적으로 이용되었다.

그러한 예로 은행의 프라이빗 뱅킹을 들 수 있다. 일정 수준 이상의 자산을 가진 고객, 소위 상위 1퍼센트 고객을 위한 서비스로 고객 한 명마다 한 명의 담당자가 직접 고객의 자산 규모와 투자 성향을 바탕으로 고객의 자산을 특별 관리해 주는 서비스이다. 쇼핑몰의 명품 서비스도 이런 예에 속한다. 판매 도우미가 고객과의 관계를 지속적으로 유지하며 고객의 성향을 파악하고 고객에 맞는 상품을 추천하는 서비스를 제공하는 마케팅 및 세일즈 방식이다. 그런데 앞에서 말했다시피 비용과 인력은 한정되어 있어서 고객 일대일 대응을 추구하는 CRM은 당시 고부가가치 상품에 대해 제한적으로 이루어졌을 뿐, 많은 기업이 많은 고객을 대상으로 실행하는 것은 현실적으로 불가능했던 것이 사실이다.

그러나 정보통신 기술의 발달, 특히 데이터마이닝 기술의 등장으로 진정한 CRM을 실현할 시대가 도래했다. 고객 일대일 대응이 제한적인 고객에서 모든 고객으로 그 범위를 넓혀 갔고, 기업은 CRM을 주마케팅 전략으로 활용하게 되었다. 고객이 사이트에 방문할 때나 적립카드를 작성할 때 등록했던 '기본 정보'와 함께 고객 '구매 정보'를 통해 고객의 취향과 패턴을 파악해 고객 개개인에 맞춘 콘텐츠 광고, 추천 상품을 지속적으로 제시함으로써 추가 구매를 유도할 수 있게 되었다. 바로 이와 같은 마케팅 전략의 핵심에는 데이터마이닝이 자리하고 있었던 것이다.

한때 마케팅 및 광고 회사에는 대중 심리를 파악해 광고 전략을 짤 수 있는 심리학자, 감성적인 카피 문구로 고객의 마음을 사로잡을 수 있는 문학가 그리고 영상매체로 예술적인 광고 도안을 창조해 낼 수 있는 예술가 등이 주류를 이뤘다. 그러나 정보통신 시대에 마케팅이나 광고 회사는 새로운 전문가를 요구하게 되었다. 고객의 데이터를 바탕으로 신속하고 정확하게 고객의 성향을 파악하고 과학적인 분석으로 소비자와 광고주를 매치시킬 수 있는 데이터마이닝 기법으로 무장한 전문가들을 필요로 하게 된 것이다. 첨단 통계 이론에 관한 논문을 읽고 있는 직원을 마케팅 회사에서 쉽게 찾을 수 있는 날이 오고 있다. 이제 마케팅은 과학이다.

기업은 이미
당신이 원하는 것을 알고 있다

<u>앞에 설명한</u> 세분화된 고객 마케팅은 세계적인 인터넷 쇼핑몰인 아마존닷컴(Amazon.com)에서 그 대표적인 사례를 찾아볼 수 있다.

얼마 전 아마존닷컴에서 다음과 같은 광고 메일을 한 통 받았다.

> 고객님께서 과거 저희 아마존닷컴에서 구입하신 상품을 바탕으로 다음과 같은 할인 품목을 소개해 드리겠습니다.
>
> 1. 유아용 세발자전거 안전 벨트
> 2. 《호텔산업의 수익경영》
> 3. 《SQL과 엑셀을 이용한 데이터 분석》
> 4. 소니 캠코더 여행용 가방
> 5. 《기업 리스크 관리》
> 6. 《공학자를 위한 메트랩》
> 7. 《마이크로소프트의 엑세스를 통한 데이터 관리》
> 8. 《관리자와 경영자를 위한 이력서 작성법》

〈그림 2-1〉 아마존에서 보낸 광고 메일

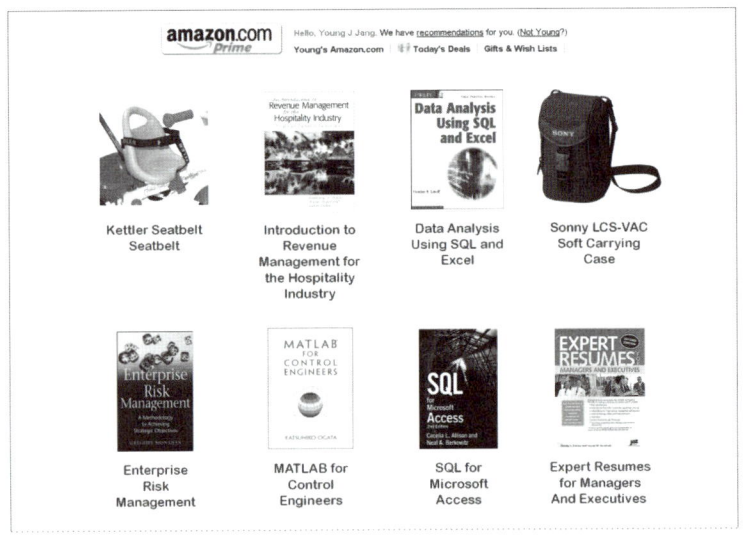

나는 아마존닷컴이 처음 소개되었던 1990년대 중반부터 많은 상품을 구입해 온 소위 단골 고객이다. 그런 까닭에 내가 받는 광고 메일 중 가장 많은 것이 바로 아마존닷컴의 광고다. 그러나 다른 업체의 광고 메일은 스팸 필터로 거르거나 업체 이름만 보고도 곧장 휴지통으로 버리는데 반해 아마존닷컴의 광고 메일은 늘 꼼꼼히 읽어 본다. 왜냐하면 아마존닷컴은 나에 대해 너무 많은 것을 알고 있기 때문이다. 부연하자면 앞에서 이야기한 바 있는 옛날 동네 서점 아저씨에게서 느끼던 감성을 이 아마존닷컴의 광고 메일에서 느낄 수 있기 때문이다.

:: 아마존닷컴, 현대의 서점 아저씨

아마존닷컴에서 내게 보내는 광고 메일의 추천 목록은 아마존의 수십만 고객들 중 유일하게 나 한 사람만을 위해 작성된 메일임에 틀림없다는 확신을 가지게 한다. 서점 아저씨는 책을 추천할 때 아무에게나 추천도서를 들이밀지 않았다. 마찬가지로 아마존닷컴에서 보내는 광고 메일 속 리스트는 내가 평소 관심을 가지거나 구매를 고려하던 상품이다. 특히 책을 구입할 때는 대부분 아마존닷컴을 이용했는데 최근 십 년간 내가 구입한 도서 목록이 아마존 데이터베이스에 남아 있어 내 구매 정보를 분석하여 내가 갖고 싶을 만한 책을 일일이 추천해 주었다. 사정이 이러하니 아마존닷컴의 광고 메일이 현대 정보통신 시대의 서점 아저씨란 생각을 떨칠 수 없다.

아마존닷컴은 모든 고객들의 구매 내역을 데이터베이스에 기록하고, 이 기록을 분석해 소비자의 소비 취향과 관심사를 파악한다. 그리고 한걸음 더 나아가 소비자가 관심을 가질 만한 상품의 시장 인기도와 아마존닷컴의 재고 사항 등을 파악하는 데이터마이닝 알고리즘을 통해 개별 고객 맞춤 추천 상품 리스트를 작성하여 개인화된 광고 메일을 발송한다. 앞서 예시했던 광고 메일 속 리스트도 나를 위해 아마존닷컴이 작성해 준 세상에서 단 하나뿐인 것이다. 아마존닷컴의 추천 분석 알고리즘이 왜 위와 같은 상품을 내게 추천했는지 정확하게 파악하기는 불가능하다. 하지만 경영학과 컴퓨터공학 저널에 소개된 아마존닷컴의 추천 알고리즘 방식을 통해 위와 같은 광고 메일이 어떻게 작성되었는지 다음과 같이 유추해 볼 수 있다.[5, 6, 7]

먼저 첫 번째로 리스트에 오른 '유아용 세발자전거 안전띠'는 내가 이 광고 메일을 받기 전에 이미 구입할까 고민했던 상품이었다. 이 메일을 받기 2주 전쯤 두 살배기 딸을 위해 유아용 세발자전거를 구입했는데 나이에 비해 좀 큰 자전거를 사서 가끔 자전거 안장에서 미끄러지는 경우가 있었다. 그래서 자전거 안전띠가 있었으면 하고 생각하던 참이었는데 아마존닷컴에서 내가 구입한 자전거에 장착할 수 있는 안전띠를 알아서 찾아주고 할인까지 해준다니 나로서는 구매 버튼을 누르지 않을 이유가 없었다. 아마존닷컴의 추천 알고리즘은 내가 산 유아용 세발자전거를 구입하는 많은 소비자가 이 안전띠도 함께 구매했다는 패턴을 파악했을 것이다. 그리고 내가 유아용 세발자전거만 구입하고 안전띠는 구입하지 않은 사실이 데이터에 남아 이 안전띠를 구입할 가능성이 큰 소비자로 분류되었을 것이다. 사정이 이렇다면 이 상품이 추천 목록 1호로 지목되는 것은 당연하다고 할 수 있다.

네 번째 추천 항목인 '소니 캠코더 여행용 가방'도 비슷한 이유로 추천 대상이 된 것이다. 1년 전 소니 캠코터를 역시 아마존닷컴에서 구입했는데 그때는 이 가방을 별도로 구입하지 않았다. 아마존의 데이터베이스에는 소니 캠코더를 구입하는 고객 대부분이 이 여행용 가방도 함께 구입하는데 내 경우는 구입하지 않은 것으로 기록되어 있어 추천 목록에 들어갔을 것이다. 특히 이 메일을 받은 날이 6월 초라는 점을 보면, 여름철 휴가 계획을 세울 시기에 이 상품을 추천한 것은 상품의 추천 시기까지도 고려되었을 것이라 짐작할 수 있다. 즉 여름 여행 시즌에 캠코더 여행용 가방 매출이 늘어난다는 데이터와 내가 캠코더만 구입했다는 데이터가 복합적으로 분석되어 추천 상품으로 선택되었을 것이다.

추천 도서들 중 수익경영이나 데이터 관리, 리스크 관리 등에 관한 책이 무려 4종이나 된다. 아마도 내가 이 책을 쓰며 참고하기 위해 지난 1년간 이 분야의 책을 많이 구입했기 때문인 것으로 보인다. 지난 1년 동안의 내 관심사를 아마존닷컴은 이미 간파하고 있었던 것이다.

이와 대조적으로 여섯 번째 추천 상품인《공학자를 위한 메트랩》(메트랩〔Matlab〕은 이공학 및 다양한 통계 수리분석에 사용되는 미국의 매스웍스

[The Mathworks, Inc.]사가 개발한 컴퓨터 소프트웨어)과 같은 수학·공학 관련 서적은 추천 상품 중 하나뿐이다. 사실 내가 아마존닷컴과 인연을 맺은 후 첫 10년 동안 아마존에서 가장 많이 구입한 상품이 이 수학·공학 관련 서적이다. 그런데 추천 상품 리스트에 단 한 권만 올랐다는 사실이 좀 의아했다. 특히 추천 상품으로 선정된 6종의 도서들 중 경영 관련 책이 4종인데 반해 수학·공학 관련 책이 단 1종이라니, 왜 이런 결과가 나왔을까? 이유는 바로 추천 알고리즘이 구매 시점을 고려했기 때문이다.

한때 수학·공학 관련 서적을 많이 구입했지만 요즘은 구입이 뜸해졌다. 이러한 사실을 아마존닷컴의 추천 알고리즘이 알아서 판단해 상품 구매 시점 데이터를 바탕으로 최근 구입한 도서에 가중치를 적용했던 것이다. 예를 들면 5년 전 수학·공학 서적을 100권 구입했고 지난 1년간 경영 관련 서적을 50권 구입했다면 도서 권수로만 보면 경영 관련 서적보다 수학·공학 서적을 더 선호하는 고객이라 판단할 수 있다. 하지만 시간에 따른 구매 패턴을 보면 현재는 경영 서적에 더 관심을 가진 고객이라고 판단할 수 있다. 시간에 대한 중요도가 추천 상품 리스트를 구성할 때 함께 고려되었기 때문에 그러한 추천 도서 목록이 나온 것이다.

흥미로운 점은 마지막 추천 상품인 《관리자와 경영자를 위한 이력서 작성법》이란 책이다. 내 기억으로는 이력서 작성에 관한 책 한 권을 5년 전쯤 아마존닷컴에서 딱 한 번 구입한 적이 있었다. 그런데 하고 많은 분류의 책들을 제치고 8개의 추천 상품 중 하나로 이 책이 당당히 꼽힌 이유가 무엇일까? 구입 빈도나 구입량, 구입 시점 등 내 개인 구매 정보로는 이해하기 힘든 결과다. 이는 아마존의 추천 알고리즘이 단순히 고객의 과거 구매 정보뿐 아니라 분야별 구매 빈도와 현 시장 상황을 함께 분석했기 때문에 가능한 결과라 할 수 있다. 구체적으로 보자면 다음과 같은 몇 가지 원인이 있었을 것이다.

우선 첫째로 경제 관련 서적을 구입하는 고객은 기업 관리자나 경영자들이고 이들 소비자군에서 이 이력서 작성에 관한 책들을 많이 구입했다는 분석이 이뤄졌을 것이다. 지난 1년 동안 경영에 관한 책들을 많이 구입한 탓에 '기업 관리자 또는 경영자'로 분류되었을 것이고, 당연히 이 소비자군에서 자주 찾는 책이 내게도 추천되었던 것이다.

그 다음으로는 대공황 이후 최악의 경기 침체로 2009년 미국에 실직자가 급등한 것도 한 원인이었을 것이다. 실직자는 구직을 위해 이력서를 작성해야 할 것이고, 아마존닷컴에도 구직과 이력서 작성에 관한 도서 매출이 늘었을 가능성이 있다. 게다가 내가 기업의 관리자나 경영자로 분류된 이상 아마존이 이 책을 내게 추천하는 것은 어쩌면 상식적으로 당연한 것일 수 있다.

마지막 이유는 역설적으로 내가 아직 이력서 관련 서적을 최근에 구입하지 않았다는 사실에 있을 것이다. 소설이나 전문 서적과 달리 구직에 관한 책을 정기적이고 지속적으로 구입하는 독자는 드물다. 기업의 인사 담당자가 아닌 이상 일반인은 이 구직 관련 도서를 일정한 기간을 두고 한두 권 정도만 구매하는 특징이 있다. 내가 마지막으로 구직에 관한 책을 구입한 게 5년 전이라면 이제 한번 권해 볼 만한 시점이 되었다고 판단할 수도 있다. 그리고 현재 경제 상황을 보면 더더욱 추천할 만하다. 결국 과거 구매 정보, 내가 속한 소비자군, 그리고 현재 시장 상황 등 복합적인 요소를 고려해 이 책이 추천된 것이다.

지난 10년간 아마존닷컴의 추천 상품 리스트를 받아본 나로서는 아마존의 데이터마이닝 기술이 날로 발전해 가는 모습에 감탄하지 않을

> **Tip** 데이터마이닝의 분석 방법들

1943년 신경학자(Neurophysiologist)인 워렌 맥컬럭(Warren McCulloch)과 논리학자인 월터 피츠(Walter Pits)는 생체신경을 연구하며 간단한 모델을 개발했다. 생체신경 조직을 이루는 뉴런(Neuron)의 움직임을 통해 인간 두뇌의 기능을 파악하기 위해서였다. 하지만 이들 두 과학자는 반세기 후 자신들이 개발한 생체신경 모델이 인간 두뇌 연구만이 아니라 현대 데이터 분석과 마케팅에까지 적용될 것이라고는 상상도 못했을 것이다.

1950년대에 현대의 디지털 컴퓨터가 그 모습을 갖추자 몇몇 컴퓨터공학자들이 맥컬럭과 피츠가 개발한 신경망 모델을 컴퓨터 연산에 응용하는 아이디어를 제안했다. 이것이 바로 '인공신경망'(Artificial Neural Network)이다. 인간의 두뇌로는 불가능한 빠른 연산작용이 가능한 컴퓨터에 인간 두뇌의 연산 법칙을 적용해 '인공지능'(Artificial Intelligence)을 실현하자는 시도의 첫 걸음인 셈이다.

인공신경망과 인공지능에 관한 아이디어가 처음 제시됐던 1960년대만 하더라도 머지 않은 미래에 인간처럼 사고하는 인공지능을 가진 로봇이 인간과 삶을 공유하는 시대가 도래할 것이란 희망과 두려움이 학계에 만연했었다. 당시에 이런 비전을 이끈 대표적인 인물이 MIT의 세이머 페퍼트(Seymour Papert)와 인공지능(Artificial Intelligence, AI)의 아버지라 불리는 마빈 민스키(Marvin Minsky)다. 당시에는 미래를 상상할 때 인간의 형상을 한 로봇은 빠짐없이 등장해야 하는 미래를 형상화하는 배경과 같은 존재였다.

그러나 당시의 상상과는 달리 이론적 발전은 1960년대를 지나며 주춤해졌고 당시의 컴퓨터 기술로 이론을 실현하는 데도 한계가 있었다. 그 후 1970년대와 1980년대 초반을 지나며 인공지능에 대한 학계의 흥분은 서서히 비관으로 바뀌게 됐다. 그런데 인공신경망이 새로운 전기를 마련했다. 1982년 존 홉필드(John Hopfield)가 기존 인공지능의 이론적 한계를 극복할 수 있는 '역전파'(back propagation) 방식을 개발해 인공신경망의 새로운 가능성을 열었다. 이는 인간의 두뇌가 학습을 통해 발전하는 것과

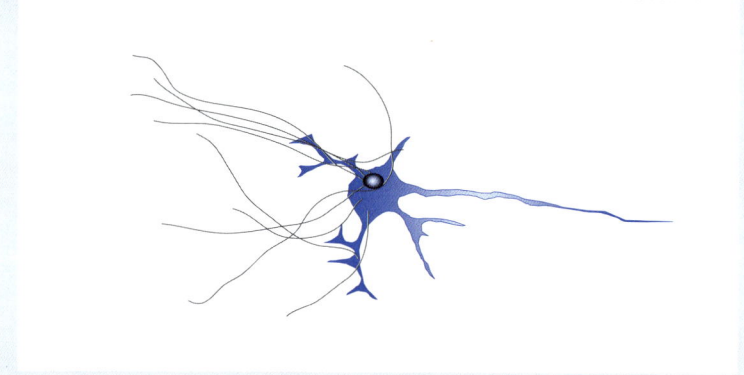

생체신경망

같이 인공지능을 효율적인 방식으로 학습시켜 스스로 연산하는 능력을 효과적으로 기르는 방식이었다. 홉필드에 의해 인공지능 연구는 르네상스를 맞게 되었다.

1960년대에 처음 인공지능 이론이 제시되었을때, 그 응용 분야가 사람의 형상을 한 로봇의 인공지능 연구에 국한되었던 것에서 벗어나 복잡한 데이터를 분석하는 데이터마이닝이란 새로운 응용 분야에 적용되기 시작했다. 기술의 발전이 1960년대에는 로봇이나 우주공학과 같은 패러다임에서 새로운 영역을 찾았다면 1990년대에는 정보통신의 발전이란 패러다임에서 새로운 영역을 찾은 결과다. 이후 인공신경망은 금융권 신용도 평가, 데이터를 통한 수요 예측 관리, 연관성 분석 등 데이터마이닝 분석에서 그 가치를 발휘했다.

인공신경망은 인간 두뇌의 신경망을 모방한 모델이다. 그리고 일단 모델이 수립되면 학습 작업을 거친다. 이미 현존하는 데이터를 입력받아 교육을 받는 것이다. 그리고 데이터와 결과의 상관관계 패턴을 분석하고 각종 수치를 예측하는 데 투입된다. 예를 들어 은행에서 고객 신용 대출 한도를 정할 때 숙련된 대출 담당자는 대출 신청 고객의 현 자산과 부채 규모, 과거 은행과의 거래 내역, 현 직업과 연간 수입, 대출 사유 등 고객 정보와 함께 현재 경제 상황 등 외부적인 요소를 종합적으로 검토해 대출 규모를

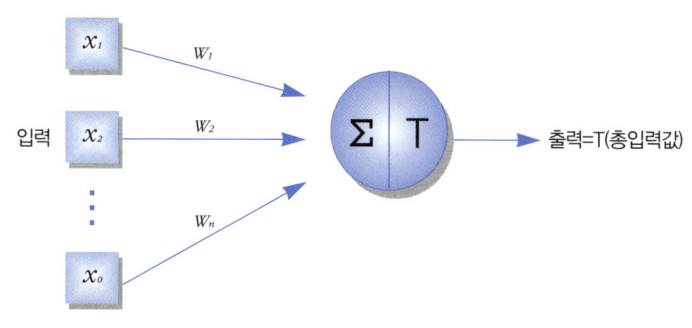

인공신경망

산정한다. 베테랑 대출 담당자는 수많은 고객들을 상대한 경험과 노하우를 통해 대출 규모를 산정한다.

인공신경망을 통한 방식도 이와 흡사하다. 대출 규모를 산정하는 인공 신경 모델에서는 대출에 필요한 여러 변수가 모델의 입력값이 되고 출력값은 대출 규모가 된다. 각각의 입력값이 출력값에 기여하는 크기는 다르다. 하지만 중요도가 모든 대출에 선형적으로 적용되는 것은 아니다. 예를 들어 연간 수입이 자산 규모보다 더 큰 변수로 작용한다 해도 연간 수입이 없다고 무조건 대출을 불허한다는 단순한 규정을 적용하는 것도 무리가 있다. 이런 복잡한 상관관계를 파악하려면 대출 심사 직원이 많은 대출 심사 경험을 쌓는 것과 같이 인공신경망은 과거의 축척된 데이터를 입력·분석하여 각 입력값의 중요도와 가중치를 산정한다. 이것이 바로 학습 과정이다. 하지만 인간처럼 실제 경험을 통해 학습하는 것과 달리 과거 데이터를 입력·분석하여 순식간에 학습이 이뤄진다.

이처럼 인공신경망이 더 현명한 결정을 내리기 위해서는 과거 데이터 입력이 필수다. 물론 인공신경망에도 단점이 있다. 인공신경망을 학습시킬 때 과거 데이터를 이용하므로 인공신경망의 결정은 '현재나 미래의 일이 과거와 같이 일어날 것'이란 가정을 전제로 한다. 갑작스런 상황 변화가 생긴다거나 과거 데이터가 존재하지 않는 상황에 대해 결정을 내리는 데는 한계가 있다. 하지만 이는 사람도 마찬가지다. 숙련된 대출 담당자도 과거에 경험하지 못한 경제 상황을 맞았을 때 대출을 어떻게 결정해야 할지를 판단하기란 쉽지 않고 대출을 결정해도 이에 대한 리스크를 감수해야 한다.

20세기 중반 인간의 두뇌 연구로 개발된 인공 신경 모델이 이후 로봇 인공지능 개발에 접목되었고, 이후 21세기 정보 통신 사회에서 데이터마이닝 기법으로 재탄생했다. 그리고 현대 마케팅과 경영 운영에 그 효용을 발휘하고 있다. 이런 인공신경 모델의 변천과 응용을 보면 현대 과학 기술의 패러다임을 한번 가늠해 볼 수 있다. 20세기의 첨단 과학 기술은 로봇과 같은 공학의 전유물이었지만 21세기에는 첨단 기술의 영역이 비즈니스로 확대되고 있다는 사실을 보여 주는 사례인 것이다.

수 없다. 아마존닷컴의 데이터마이닝 기술을 통해 탄생한 소비자 추천 알고리즘은 학계에서도 연구 대상으로 꼽는다. 아마존닷컴의 개인화 추천 목록의 설계에 공헌한 대표적인 인물은 그레그 린던(Greg Linden), 브랜트 스미스(Brant Smith), 제레미 요크(Jeremy York)이다. 이들은 모두 수학과 컴퓨터공학을 전공한 이공학자들이다. 특히 요크는 통계학 박사이며 동시에 컴퓨터공학의 학문적 메카로 알려진 미국 카네기 멜론(Carnegie Mellon) 대학의 교수를 역임한 바 있는 학자 출신이다. 이들은 아마존닷컴을 거쳐 현재는 벤처회사를 창업하거나 다른 대기업의 데이터마이닝 부문 팀장을 맡고 있다. 우리가 살아가는 디지털 시대에 이와 같은 인물들이 과거 내게 책을 하나하나 추천해주던 동네 서점 아저씨 역할을 하고 있지 않을까 생각해 본다.

제3장

빨간 풍선을 찾아라

"정보를 관습적으로 받아들이지 않고
자신의 방식으로 재해석하는 '창조적 그룹'이 사회를 발전시킨다."
— 베르나르 다라스(Bernard Darras)

이기적인 선택이
세상을 널리 이롭게 하다

미국 캘리포니아 주 어느 비디오 대여점에서 30대 후반의 젊은 남자가 매우 불쾌한 표정을 지으며 걸어나오고 있었다. 지난번에 대여한 비디오《아폴로 13》이 6주 연체되어 40달러의 벌금을 내야 했기 때문이다. 40달러라면 새 비디오를 구입해서 평생 소장하고 볼 수 있는 가격인데 몇 주 늦었다고 그런 거금을 벌금으로 내야 하는 게 너무 부당하다고 느꼈던 것이다. 그리고 겨우 며칠 늦었다고 대여료의 몇 배에 해당하는 벌금을 물리는 방식을 도무지 이해할 수 없었다.

대여점을 나서 헬스클럽으로 향하면서 그는 이 40달러의 연체료를 아내에게 어떻게 설명해야 할까 걱정이 되기 시작했다. '만약 40달러나 되는 돈을 내 부주의로 낭비한 사실을 아내가 알면 노발대발할 텐데…….' 생각하면 할수록 더 짜증만 났다.

'헬스클럽은 매일 가든 한 번도 안 가든 정해진 월회비만 내면 되는데…….' 하고 생각하던 남자는 갑자기 "그래, 바로 이거야!" 하고 소리쳤다. 새로운 창업 아이디어가 떠오르는 순간이었다. 바로 헬스클럽처럼 월회비만 내면 마음껏 빌릴 수 있는 새로운 방식의 비디오 대여점을 창업해야겠다는 아이디어였다. 1997년, 비디오 대여 시장에 도전장을 던지며 나타나 당시 미국 최대 비디오 대여업체인 '블록버스터'(Blockbuster)의 아성을 단 몇 년 만에 무너뜨리고 새로운 영화 엔터테인먼트 그룹으로 떠오른 '넷플릭스'(Netflix Inc.)가 탄생하는 순간이었다. 창업자인 리드 해스팅스 주니어(Reed Hastings Jr.)가 겪은 사소한 연체료 문제가 새로운 기업을 탄생시키는 계기가 된 것이다.

:: 블록버스터 VS 넷플릭스

1990년대 초반 이후 미국 비디오 대여점을 거의 독점하다시피 한 거대한 골리앗과 같은 블록버스터와 경쟁하기 위해서는 새로운 전략적 모델이 필요했다. 여러 지역에 매장 체인을 운영하는 전통적인 방식을 뛰어넘는 혁신적인 전략으로 시장을 공략하지 않으면 연 30억 달러의 매출을 기록하던 거대한 장벽(Block)과도 같은 블록버스터(Blockbuster)에게 깨질(Bust) 것은 뻔한 일이었다.

이 다윗과 골리앗의 대결 상황에서 해스팅스가 뽑아든 무기는 바로 발상의 전환을 통한 비즈니스 전략과 첨단 기술과 융합한 비즈니스 운영이었다. 1997년 해스팅스가 넷플릭스를 창업할 당시는 'DVD'가 새로운 영화 콘텐츠 미디어로 소개되기 시작하던 때였다. DVD가 기존 비디오 테이프와 비교해 고화질의 영상을 제공하지만 부피와 무게는 CD와 다를 바 없다. 그는 DVD라는 새로운 영상 매체의 물리적인 장점을 적극 공략했다. 또 당시는 인터넷을 기반으로 한 상거래 기술이 급속도로 발전하던 때였다. 넷플릭스는 DVD라는 새로운 영상 매체와 인터넷 기술을 적극 활용하여 다음과 같은 비즈니스 모델을 창조했다.

첫 번째는 기존 대여점과 같은 매장을 운영하지 않는 대신 오직 인터넷을 기반으로 해서 운영한다는 전략이었다. 고객이 인터넷 사이트에 회원 가입을 한 후 원하는 영화를 고르면 DVD는 일반 우편으로 고객에게 발송된다. 발송된 DVD에는 고객이 다시 DVD를 돌려 보낼 수 있는 수신자 부담용 반송 봉투가 함께 들어 있다. 그래서 영화를 다 본 후 DVD를 봉투에 넣어 우체통에 넣기만 하면 된다. 이처럼 넷플릭스의 운영 방식은 매장이 없는 대신 DVD의 전달이 우편으로 이뤄지는, 그때까지 업계에서 전혀 시도하지 않았던 혁신적인 방식이었다. 바로 DVD라는 매체의 물리적인 장점, 즉 작고 가볍다는 장점을 적극 활용한 전략이었다.

두 번째로 넷플릭스가 제안한 또 다른 혁신은 '월회비' 운영 전략이다. 고객은 DVD를 무기한 대여할 수 있다. 다시 말해 정해진 날짜에 맞춰 DVD를 반납할 의무가 없다. 그 대신 고객이 대여할 수 있는 DVD의 수를 제한하고 있다. 즉 고객이 다른 영화를 대여하고 싶다면, 자신이 현재 대여 중인 DVD를 먼저 돌려줘야 한다. 일정한 월회비를 낸 고객으로서는 최대한 많은 영화를 보는 게 이득이다. 따라서 이는 이미 본 DVD를 빨리 반송하도록 유도하는 전략인 셈이다.

넷플릭스가 창안한 '인터넷을 통한 고객 운영 및 기존 우편 시스템 활용' 그리고 '고정 월회비'라는 방식은 DVD 대여 시장뿐만 아니라 다른 어떤 대여 사업에서도 시도한 적이 없는 과감한 모험이었다. 당시 온라인만을 활용한 고객 운영은 100퍼센트 검증되지 않은 상태였다. 따라서 고객이 이에 공감할지는 미지수였다. 또한 연체료가 없는 대신 고객이 대여한 DVD의 수로 고객의 DVD 반환을 유도하는 방식을 도입했을 때 DVD 순환률이 얼마나 될지 그리고 한 영화당 몇 개의 DVD를 보유

Tip 기업가정신과 수학의 만남, 리드 해스팅스

수학적 분석 방식을 기업 운영에 적극 활용해 이를 경쟁력으로 승화시킨 대표적인 기업이 넷플릭스다.[1] 넷플릭스의 창업자이자 회장인 리드 해스팅스를 알면 넷플릭스가 단 몇 년만에 최강의 미디어 그룹으로 급부상할 수 있었던 게 우연이 아니었다는 것을 알 수 있다.

미국 보스턴 태생인 해스팅스는 어린 시절부터 수학에 대한 남다른 열정을 지녔던 인물로 그가 대학에서 수학을 전공한 것은 지극히 당연한 일이었다. 수학과 함께 그를 특징짓는 또 하나가 바로 도전 정신이다. 늘 새로운 모험을 갈구하는 그는 대학시절 잠시 미 해병대 훈련에 참가하기도 했고, 졸업 후 미국 평화봉사단(Peace Corps)의 자원봉사자로 스위스에서 수학을 가르치기도 했다. 2년간 평화봉사단 소속으로 전 세계를 누볐던 경험은 모험을 마다 않는 기업가정신의 가치를 일깨워주는 계기가 되었다.

이후 그는 미국 스탠퍼드 대학원에 진학해 컴퓨터공학을 전공했다. 당시 스탠퍼드 컴퓨터공학 대학은 현대 정보통신 기술을 창조한 실리콘밸리의 주인공들을 길러낸 인큐베이터였다. 대학원을 졸업한 그는 전공을 살려 컴퓨터 소프트웨어 회사에 입사했는데 이는 새로운 모험을 위한 준비 단계였다. 1991년 회사를 나온 그는 자신의 회사인 '퓨어 소프트웨어'(Pure Software)를 창업해 기업가로서 새로운 인생을 시작한다. 당시 인터넷과 IT 붐으로 그의 회사는 성장을 거듭했고 성공적인 상장 이후 다른 소프트웨어 회사와 합병을 성사시켰다. 그리고 합병된 새로운 회사의 기술이사를 잠시 맡았다가 또 다른 모험을 위해 회사를 떠나게 된다.

창업한 회사를 상장시키고 더 큰 회사와의 합병을 성사시킨 후 그는 불과 30대 중반의 나이에 막대한 부를 쥐게 되었다. 물론 당시 1990년대 후반 IT 황금기에 실리콘밸리에서 해스팅스와 같은 젊은 갑부와 마주치는 것은 그리 어려운 일이 아니었다. 당시 수많은 젊은이들이 인터넷 관련 사업을 창업했고, 상당수가 기업 상장에 성공해 창업자와 투자가가 수십억, 수백억 달러를 손에 쥐는 건 다반사였다. 그러나 그는 다른 젊은 갑부들처럼 요트와 스포츠카를 구입하면서 여생을 럭셔리한 한량으로 사는 데에는 관심이 없었다.[2] 그는 새로운 창업의 기회를 엿보고 있었고 1997년 넷플릭스를 창업했다.

해스팅스, 그는 한때 평화봉사단에서 수학을 가르치던 이상가이자 전 세계 오지를 여행하던 모험가였다. 그의 젊은시절 이상과 모험은 남들이 생각할 수 없었던 새로운 기업을 창조하는 원동력이 되었다. 넷플릭스의 DNA는 바로 해스팅스의 창조 정신과 모험 정신인 것이다.

해야 할지에 관한 데이터도 전무했다.

무엇보다 '기존 우편 시스템에 의지해 DVD를 배송하는 방식이 과연 가능할까'라는 의문은 넷플릭스 투자자들이 가장 우려하는 점이었다. 회사 자체에서 배송팀을 운영하지 않고 일종의 공공서비스 기관인 미국 우편 서비스(US Postal Service)에 의지하는 게 과연 가능할지 그리고 이 경우 배송 지연률은 얼마나 될지, 또한 배송 중 DVD가 분실될 경우 책임 소재를 어떻게 정할지 등등의 수많은 의문에 대해 명확한 답이 될 운영 계획을 내놓지 않고서는 투자자들이 자신의 지갑을 열 리가 없었다.

결론부터 이야기하자면 창업한 지 12년이 더 지난 이 시점에서 넷플릭스의 창조적인 도전은 '성공'으로 평가되고 있다. 넷플릭스의 주가는 2002년 상장 이후 5달러에서 2010년 초 50달러를 넘어섰다(2010년 1월 주식 시세). 그리고 우편 영화 배송을 넘어 'IP TV'와 제휴하여 실시간 영상 서비스 및 종합 엔터테인먼트 회사로 거듭나고 있는 중이다. 반면 넷플릭스 진출 이후 골리앗 블록버스터는 쇠락의 길로 접어들었다. 한때 30달러를 상회하던 주가는 2009년 현재 1달러에도 못 미치고 있다. 이제 블록버스터는 누구도 미래를 장담하지 못하는 회사가 되어 버렸다.

:: 골리앗을 쓰러뜨린 넷플릭스의 돌멩이

그렇다면 다윗 넷플릭스가 골리앗 블록버스터를 순식간에 무릎 꿇리고 업계의 선두주자로 나설 수 있었던 이유는 무엇이었을까? 단지 새로운 발상의 전환과 인터넷이라는 시대의 바람에 돛을 잘 올렸기 때문이었을까? 물론 비디오 대여업계에서 시도하지 않았던 고정가격 정책과 우편 시스템을 활용한 배송이라는 과감한 모험이 성공의 시발점인 것은 부인할 수 없다. 그리고 당시 발전하던 인터넷 상거래를 적극 활용하여 새로운 비즈니스 모델을 창조한 것도 성공 신화의 한 요소이다.

그러나 이런 발상의 전환과 인터넷 활용만으로 넷플릭스의 성공을 설명하기에는 뭔가 부족함이 있다. 세상에 아무도 시도하지 않은 혁신적 아이디어로 창업하는 회사들이 얼마나 많은가? 그리고 1990년대 당시 인터넷 관련 기업들이 얼마나 많이 우후죽순처럼 생겨났던가? 이들 중 현재 살아남아 업계의 선두로 나선 기업들은 극히 소수에 불과하다. 즉 단순히 혁신과 새로운 인터넷 비즈니스 모델 창조로 이 넷플릭스의 성공을 완전히 설명할 수는 없다. 넷플릭스를 단순한 인터넷 DVD 대여업체로 보거나 성공 신화의 요인을 단순히 월회비를 통한 혁신적인 아이디어에 국한한다면, 장님이 코끼리 다리만 더듬고 나서 코끼리를 이야기하는 것과 다를 바 없다. 그렇다면 넷플릭스의 성공을 가능하게 했던 핵심역량이 무엇일까? 바로 '개인 맞춤형 영화 추천 기능'이 그것이다.

어느 잡지에서 영화에 푹 빠진 한 갑부의 이야기를 읽은 적이 있다. 기사의 내용인즉슨 그는 자신의 저택에 고급 오디오와 영상 시설을 갖춘 개인 영화관을 마련하고, 저명한 영화평론가를 자신의 영화 도우미로 채용하여 그 평론가가 추천한 엄선된 영화만 골라 본다는 것이었다. 그 평론가가 맡은 일은 새로 출시된 영화의 리뷰를 읽거나 직접 감상한 후 영화에 관한 모든 정보를 취합하여 갑부의 취향과 관심사에 맞은 작품을 선별하는 것이다. 그런데 방대한 영화 지식을 가지고 내 취향을 꿰뚫어보는 나만의 영화 도우미를 가지는 게 갑부들에게나 가능한 호사일까?

이 갑부가 누렸던 것처럼 고객들마다 그 고객에게 맞는 영화 도우미를 제공한 게 바로 넷플릭스의 강력한 경쟁력이었다. 넷플릭스의 성공 이면에 감춰진 이 핵심역량은 넷플릭스의 웹사이트를 방문해 보면 분명히 알 수 있다. 고객이 넷플릭스 사이트에서 자신의 아이디로 로그인하면 현재 대여 중인 DVD 목록을 볼 수 있다. 그리고 넷플릭스는 여기에 더하여 추천 DVD 목록을 제공한다.

하지만 이 목록은 똑같은 내용으로 모든 이들에게 획일적으로 추천되는 것이 아니라 고객 개개인의 취향에 맞춰 선별된 DVD 목록이다. 이 추천 목록은 고객이 과거에 대여한 영화, 대여 후 고객이 매긴 영화 평점, 고객이 클릭한 영화 장르 등 고객이 자발적으로 혹은 인식하지 못하고 제공한 모든 정보를 취합한 후 인공지능을 이용해 분석하고 선별한 결과다.

이 기능은 기존 오프라인에 기반한 전통적인 비즈니스 모델을 채용한 골리앗 블록버스터가 절대 모방할 수 없는 부분임과 동시에 넷플릭스의 최대 무기인 셈이다. 이 '개인 맞춤형 영화 추천 기능'은 고객이 사랑하는, 하지만 타 업체가 절대 모방할 수 없는 다윗의 작은 돌멩이인 셈이다.

넷플릭스의 이 개인 맞춤형 영화 추천 기능은 단순히 고객의 만족과 기업의 가치 창조를 넘어 영화산업에서도 새로운 희망의 메시지를 전하고 있다. 넷플릭스의 추천 기능은 대중에게 잘 알려진 영화 외에도 저예산 영화나 독립영화처럼 잘 알려지지 않은 작품을 일반인들에 소개하는 창구 역할을 한다. 할리우드 대작과 같이 천문학적인 마케팅 비용을 쏟아부어 이미 잘 알려진 영화는 굳이 추천받지 않아도 다른 매체의 리뷰를 통해 영화에 대한 정보를 접할 수 있다. 하지만 저예산 영화나 독립영화의 경우 할리우드 대작에 비해 입소문이나 주류 매체의 리뷰를 통한 홍보를 기대하기 어렵다. 넷플릭스는 고객의 취향을 파악하면 잘 알려진 대작뿐만 아니라 알려지지 않은 저예산 영화나 독립 영화들도 추천한다. 고객은 취향에는 맞지만 그동안 정보를 접하지 못해 몰랐던 영화를 추천받아 볼 수 있다. 자신만을 위한 추천 도우미가 없으면 불가능한 일이다.

잘 알려지지 않는 좋은 영화를 추천한다는 것은 넷플릭스의 수익성도 높이는 역할을 한다. 할리우드 대작이나 잘 알려진 신작은 배급업체에서 판권에 대해 상당한 금액을 요구하지만 저예산 영화나 독립영화는 판권이 그리 비싸지 않다. 이런 영화를 고객들이 많이 찾을수록 수익률은 높아진다. 넷플릭스는 이 추천 기능을 통해 고객이 할리우드 대작과 대중들에게 잘 알려지지 않는 영화를 골고루 대여할 수 있는 장치를 마련한 것이다. 넷플릭스와 넷플릭스 고객이 서로 윈-윈하는 전략인 셈이다.

그리고 더 나아가 전체 영화산업 측면에서도 넷플릭스는 저예산 영화나 독립 영화가 생존할 수 있는 길을 열어 주어 영화 발전에 긍정적인 작용을 한다. 이들 영화들은 작품만 좋으면 추천 목록에 오름으로써 비싼 마케팅 비용을 들여 홍보하지 않아도 성공할 기회를 제공받는 셈이다. 내가 미국에서 살면서도 김기덕 감독의 《봄, 여름, 가을, 겨울》(2004년 작)과 노영석 감독의 《낮술》(2008년 작)을 알게 된 것도 넷플릭스의 추천 덕이다. 나는 주로 영화제에서 호평받은 영화와 평점을 높게 받은 영화를 찾곤 했는데, 넷플릭스의 알고리즘에서 내 취향을 파악해 추천 했던 것이다. 국내의 좋은 작품이 이렇게 마케팅 비용 하나 들이지 않고 미국 안방 시청자에게 자연스레 소개되는 것이다.

:: 개개인의 취향이 모여 최고의 영화 평론가를 탄생시키다

넷플릭스에서 사용하는 개인화된 추천 방식을 실제 사용해 본 많은 사용자들은 놀라움을 금치 못한다. 그만큼 넷플릭스가 개인의 취향과 감성을 정확히 파악하고 있기 때문이다. 그렇다면 넷플릭스가 어떻게 이렇게 훌륭한 개인 영화 도우미를 제공할 수 있는 것인지 좀 더 구체적으로 알아보자.

일단 이런 수학적 알고리즘에 의한 방식이 아니라, 실제 사람을 고용해 넷플릭스가 개인 맞춤 영화 추천 서비스를 제공한다고 가정해 보자. 우선 이 영화 추천 도우미는 고객의 취향을 판별할 수 있을 만큼 고객의 과거 대여 목록과 개인별 관심사를 파악하고 있어야 한다. 이와 함께 도우미는 영화 전반에 대한 방대한 지식과 식견을 갖추고 있어야 한다. 고객의 취향 파악 능력과 다양한 영화에 대한 식견, 이 두 가지를 갖추지 않고서는 개개인의 취향과 관심에 꼭 맞는 영화를 선별해 주는 것은 불가능하다.

인터넷에서 넷플릭스에 회원 가입을 하면 첫 화면에 고객의 취향을 묻는 창이 뜬다. 액션, 드라마, 코미디 등등 영화의 장르와 함께 로맨틱 영화, 독립영화, 희망적인 영화, 평론가의 호평을 받은 영화 등등의 특징별 선호도를 묻는 설문으로 회원의 영화 취향을 묻는다. 이렇게 넷플릭스가 일차적으로 고객의 취향을 파악하면 그때부터 비슷한 취향을 가

〈그림 3-1〉 넷플릭스 회원 가입 시 회원 취향을 묻는 창

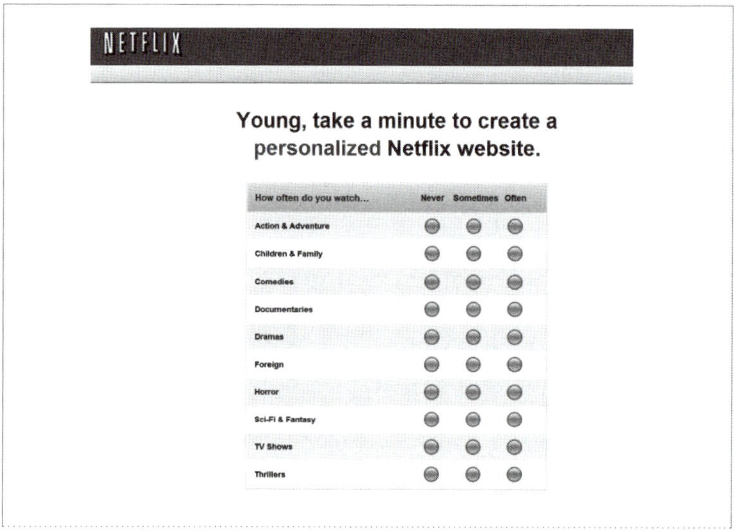

영화의 각 장르(액션-모험, 어린이-가족, 코미디, 다큐멘터리, 드라마, 외국, 공포, 공상과학-판타지, TV쇼, 스릴러)가 나열되어 있고 각 장르의 영화를 회원이 얼마나 자주 보는지를 묻고 있다.

진 고객들이 많이 선호하는 영화가 추천 목록에 뜬다. 고객 맞춤 영화 추천 도우미가 탄생하는 순간이다. 하지만 이 도우미는 아직 신참내기여서 내 영화 취향을 그다지 정확히 파악하지 못한 상태다. 단지 도우미가 아는 것은 설문조사에 답한 내용이 전부다. 그럼 이 도우미를 앞으로 어떻게 훈련시켜 내 취향을 파악할 수 있게 할까?

넷플릭스에서 고객이 영화를 고르며 정보를 보기 위해 클릭하거나 영화 리뷰를 읽거나 영화를 선택하는 등의 모든 행동은 데이터베이스에 저장된다. 마치 상점에서 손님이 물건을 이리저리 살피고 관심을 보이는 것을 주인이 유심히 지켜보고 이를 놓치지 않고 기억하는 것과 흡사하다.

■■■ 〈그림 3-2〉 회원 가입 직후 제시된 추천 영화 목록 ■■■

'당신이 좋아할 영화'로 《레미제라블》, 《글래디에이터》, 《본 아이덴티티》, 《뷰티풀 마인드》가 추천되었다.

넷플릭스는 또한 영화를 감상한 후 고객에게 평가를 하도록 유도하고 있다. 즉 넷플릭스는 그 영화에 대한 평점으로 별 다섯 개 중 몇 개를 줄 것인지 고객에게 묻는 난을 제공한다. 진정한 넷플릭스의 매력은 이 부분에서 발휘된다. 비록 영화 한 편에 대한 한 고객의 평가이지만 이것이 모이면 막강한 힘을 발휘한다. '수십만 명의 고객들이 각각 매긴 평점과 리뷰'는 이 '영화 도우미'를 성장시키는 '두뇌'가 되는 셈이다. 고객의 리뷰를 통해 고객은 수십만 넷플릭스 고객들 중 취향이 비슷한 고객군으로 선별되고, 이 그룹에 속한 이들이 즐겨 찾는 영화가 고객에게 추천된다. 이처럼 고객이 영화를 더 많이 감상하고 더 많이 리뷰를 달수록 넷플릭스의 고객 맞춤 영화 추천 도우미는 자신의 취향을 더 정확히 파악하여 고객이 좋아할 만한 영화를 추천할 수 있게 진화한다.

한 명의 고객은 넷플릭스의 수십만 고객들 중 하나일지언정 고객 하

제3장 빨간 풍선을 찾아라 : **139**

나하나의 리뷰가 쌓이고 쌓여 엄청난 지능을 가진 넷플릭스 도우미를 창조하는 것이다. 이 리뷰 시스템을 통한 추천 방식이 단순히 수학 알고리즘의 기술적 성취를 넘어서 '집단지성'(Collective Intelligence)의 실증과 '새로운 경영 패러다임'이란 메시지를 던지는 이유가 바로 이 때문이다.

개인 사용자가 영화에 리뷰 평점을 매기는 이유는 지극히 개인적이다. 자신의 취향에 더 잘 맞는 영화를 추천받기 위한 것이다. 그런데 넷플릭스의 추천 알고리즘은 이러한 고객의 욕구를 활용한다. 더 많은 고객이 영화를 감상하고, 이에 대한 리뷰를 더 많이 달수록 고객의 취향을 더 정확히 판단할 수 있다. 일종의 학습 가능한 알고리즘이다. '학습 가능 알고리즘'(Self-teaching Algorithm)이란 인간이 학습과 경험을 통해 지식을 쌓아 나가고, 이를 통해 더 현명한 판단을 할 수 있는 것처럼 알고리즘에 더 많은 데이터가 입력될수록 좀 더 정교한 의사결정을 내릴 수 있도록 자가학습되는 방식을 가리킨다. 고객이 리뷰를 많이 달면 달수록 이 고객 맞춤 영화 추천 도우미는 고객의 취향을 더욱 정확히 판단할 수 있도록 진화하는 것이다.

넷플릭스의 고객은 지극히 개인적인 목적, 즉 자신의 도우미를 더 훈련시켜 더 나은 영화를 추천받기 위해서 자신이 감상한 영화에 리뷰를 달고 평점을 매기게 된다. 하지만 이런 지극히 사적인 자료의 수집을 통해 넷플릭스는 전체 리뷰 시스템을 더욱 강력한 인공지능으로 성장시킨다. 한 개인의 데이터가 모여 전체의 거대하고 방대한 데이터가 되고, 이 데이터로 인해 한 개인만이 아니라 넷플릭스 회원 전체가 더 나은 서비스를 받을 수 있는 기반을 마련하게 된다. 이는 '한 개인의 작은 노력이 수많은 다른 개인들의 노력과 함께 이뤄지면 한 개인으로서는 불가능한 일도 가능케 한다.'는 협업지성이 추구하는 철학과도 일맥 상통한다. 넷플릭스가 한 일은 개인이 추구하는 목적과 집단 전체가 추구하는 목적의 공통분모를 제시하여 한 개인의 목적 추구가 개인의 목적 달성만이 아니라 집단 전체의 목적 추구로 연결되는 고리를 만든 것뿐이다. 어느 고객에게도 반드시 리뷰를 달아야 한다고 강요하거나 집단의 목적 달성에 기여한다는 대의명분을 내세워 이 번거로운 리뷰 작업을 부탁하지 않았다.

개인적인 목적 추구가 궁극적으로는 집단 구성원의 목적 추구로 이어지는 소통 작용을 가능하게 한 기술은 인공지능의 '기계학습 방식'(Machine Learning)을 기초로 한 것이다. 컴퓨터에 의한 의사결정은 크게 두 가지로 분류할 수 있다. 첫 번째는 '의사결정의 논리구조를 한꺼번에 입력'하는 방식이고, 두 번째는 '기계학습을 통해 자체 진화'하도록 하는 방식이다.

첫 번째 방식은 의사결정 프로세스를 사전에 컴퓨터에 인지시켜 이 규칙에 따라 의사결정을 내리도록 하는 방식으로, 의사결정에 필요한 충분한 데이터가 사전에 축적되어 있고 의사결정 논리구조가 명확히 정해져 있을 경우 사용하는 방식이다. 우리가 사용하는 'GPS'(Global Positioning System) 내비게이션에서 최단경로를 파악할 때 이 방식을 사용한다. 이미 주변환경과 도로 및 주행거리를 파악할 수 있는 지도가 있고 시작점과 도착점은 사용자가 지정하므로 컴퓨터는 시작점에서 도착점까지의 최단거리를 산출하면 된다(이와 같은 알고리즘과 이를 통한 의사결정과 비즈니스 운영에 관한 것은 이 책 후반에서 더 구체적으로 다룬다).

반면 기계학습에 의한 방식은 컴퓨터에 가장 기본적인 논리구조만 인식시킨 후 자가학습을 통해 스스로 진화해 문제를 해결하도록 유도하는 방식이다. 예를 들어 로봇 쥐의 미로 탈출 실험에서는 로봇 쥐의 지능을 설계할 때 이 기계학습 방식을 사용해야 한다. 앞에 GPS 내비게이션과는 달리 미로에 갇힌 로봇 쥐는 미로의 통로에 대한 사전 지식이 없다. 이리저리 다녀보며 경험을 통해 자신의 길을 찾아야 한다. 처음은 무작위로 이리저리 돌아다닌다. 하지만 경험이 쌓이면 어느 정도 길을 파악하게 되고, 시간이 지나면서 미로에 대한 지식은 더 쌓이게 된다. 이 인공지능을 가진 로봇 쥐의 초기 입력 내용은 길이 막히면 돌아가고 가던 길 외에 다른 통로가 하나 더 나타나면 그대로 갈 것인지 옆에 새로 나온 길로 돌 것인지 등의 의사결정을 내리는 매우 간단한 지식에 불과하다. 이후 이와 같은 시도를 여러 차례 반복하면서 자신이 스스로 미로의 지도를 그려 나가게 된다. 경험을 통해 데이터가 입력되고 쥐는 더욱더 영리해진다.

영화의 취향이나 작품에 대한 평가는 객관적이고 명확한 판단 기준에 근거하는 이성적 판단이라기보다 개개인의 감성과 관련된 의사결정이라 할 수 있다. 이러한 감성을 수치화하는 데에는 어려움이 따른다. 별 다섯 개로 영화 평점을 매기는 방식에서도 매우 박하게 매기는 사람이 있는 반면 영화가 아주 나쁘지만 않으면 별 네 개 이상을 부여하는 너그러운 사람도 있다. 이처럼 감성적이고 수치화하기 힘든 결정 사항의 경우 사전에 의사결정 논리구조를 설계하는 것 자체가 불가능하다. 그리고 개인적 취향을 판별하기 위해서는 개개인의 영화 선택 패턴을 유심히 관찰할 필요가 있다. 영화 추천 알고리즘이 기계학습에 기반해야 하는 이유가 바로 여기에 있다.

기계학습에도 다양한 방식이 있는데 넷플릭스에서는 '협력적 여과 방식'(Collaborative Filltering)을 사용한다. 이 방식은 사용자의 취향을 파악한 후 이 사용자와 비슷한 사용자군을 찾고, 이 사용자군이 대체로 선호하는 영화를 선별하는 방식이다. 이 방식은 넷플릭스의 영화만이 아니라 아마존에서 고객 추천 도서를 선별할 때처럼 수치화하기 힘든 문화상품의 추천에 많이 사용된다. 그리고 수학적 알고리즘인 군집 분석(Cluster Anlaysis), 확률 이론에 근거를 둔 베이시안 분석(Baysian Analysis), 인공신경망 분석(Artificial Neural Network) 등도 고객 취향 분석에 자주 이용되는 데이터 분석 방식이다.[3] 이런 수학적 기법 외에 최근에는 실제 사람의 '신경'이 사물을 인식하거나 광고를 볼 때 어떻게 작용하는지를 실험을 통해 분석한 후 이를 광고나 고객 마케팅에 이용하는 방식이 연구되고 있다.

어떻게 구글은
정부도 못한 예측을 할 수 있었을까?

　　　　　때는 2054년 워싱턴 D.C. 살인 사건이 일어날 찰나 '범죄예방수사대' 소속 경찰들이 들이닥쳐 범인을 체포하고 인명을 구한다. 바로 '프리크라임 시스템'(Precrime)이 작동한 결과이다. 이처럼 '범죄예방수사대'는 가까운 미래의 범죄를 예측할 수 있는 프리크라임이란 시스템을 이용해 사건이 일어나기 전에 현장을 덮쳐 범죄로부터 시민을 보호한다.

:: 마케팅, 예지의 과학을 만나다

2002년 개봉한 스티븐 스필버그 감독의 영화《마이너리티 리포트》이야기다. SF의 거장 필립 딕(Philip K. Dick)의 동명 단편소설을 각색한 이 작품은 이전 필립 딕의 소설을 원작으로 한 영화《블레이드 러너》,《토탈리콜》 등과 더불어 미래 세계의 딜레마와 인간의 정체성을 탐구한 3부작으로 꼽힌다. 실타래처럼 엉킨 복잡한 이 영화의 플롯은 바로 미래의 범죄를 예방하는 시스템인 '프리크라임'에서 출발한다. 유전공학 실험의 우연한 부산물로 살인 예지 능력이 있는 초능력자들이 탄생하고, 미국 정부는 이들을 이용해 범죄예방수사대를 발족하여 범죄를 미연에 방지한다.

이 같은 사전 예지 능력이 영화에서처럼 먼 미래에나 가능한 이야기일까? 놀랍게도 이미 예지 능력을 가진 존재들이 우리의 생활에 깊숙히 들어와 우리 일상을 바꿔 놓고 있다. 마치 《마이너리티 리포트》에서 프리크라임이 범죄율을 90%나 낮춘 것처럼 말이다.

이 영화에서는 범죄를 예방하는 데 변종 DNA를 지닌 초능력자의 예지를 활용한다. 하지만 현실에서는 고도의 수학과 데이터 분석을 통한 예지가 소비자의 소비 성향을 분석하고 경제를 예측하여 마케팅을 하는 데 활용된다. '예지의 과학'(Predictive Science)이 바로 그것이다.

이 예지의 과학이 소개되기 전까지 많은 데이터 분석은 일종의 사후 처리적 개념이었다. 축적된 과거 데이터를 통해 문제를 분석하거나 소비자 구매 정보를 통해 소비자 성향을 파악하는 것과 같은 작업의 특징은 데이터 분석의 시각이 과거에 고정되어 있다는 점이다. 과거를 분석하여 예전에 문제가 되었던 일과 동일한 전철을 밟지 않으려 하거나, 과거에 포착하지 못해 활용하지 못한 기회를 앞으로는 놓치지 않겠다는 데 목적을 두고 있다. 그러나 예지의 과학은 기존 데이터 분석과 달리 운영의 시각이 현재와 미래를 지향하고 있다. 현재 이뤄지고 있는 사항을 실시간으로 분석하여 바로 다음에 일어날 미래의 일을 예측하고 한 발 빨리 미래에 대비하겠다는 전략이다. 마치 《마이너리티 리포트》에서 사건을 예측해 먼저 경찰이 현장에 투입되는 것과 같다.

기업의 차원에서 보자면 아마존닷컴, 구글 그리고 넷플릭스 등의 사례에서 예지의 과학이 단순 영업이나 마케팅 방식에서부터 기업 전략으로까지 현대 경영에 어떻게 활용되고 있는지 관찰할 수 있다.

:: 빗나간 오바마의 노후 차량 보상 프로그램

2009년, '경제 재건'과 '새로운 미국'이란 슬로건을 내걸고 출범한 오바마 정부. 정부 부처에 엘리트를 포진시켜 정책 입안과 운영 혁신을 추진하겠다던 오바마 정부가 그해 여름 난처한 상황에 봉착했다. 경제위기 극복과 친환경 정책의 일환으로 실행한 '노후 차량 보상 프로그램'(Cash for Clunkers Program)에 배정한 예산이 약 일주일 만에 거의 바닥나 버린 것이다.

노후 차량 보상 프로그램이란 연비가 낮고 대기 오염의 주범인 노후 차량을 폐기하고 새 차량을 구입할 경우, 정부가 대상자에게 최고 4,500달러까지 지원하는 제도이다. 예를 들어 1998년형 포드사의 중형차 토러스를 중고시장에 팔아 봐야 기껏 2천 달러 남짓 받을 수 있다.[4] 하지만 이 차량을 폐기하고 새 차량을 구입하면 정부로부터 최대 4,500달러까지 구입 비용을 지원받을 수 있다. 새 차 구입을 망설이던 사람에게는 군침 도는 제안이 아닐 수 없다. 정부의 목적은 이산화탄소를 대량 배출하는 노후 차량을 폐기함으로써 환경 개선을 도모하고 동시에 자동차 구매 수요를 높여 경제위기로 어려움에 처한 자동차업계를 돕는 것이었다. 2009년 7월 1일부터 같은 해 11월 1일까지 4개월 동안의 시행을 목표로 미국 정부는 10억 달러의 예산을 편성했다. 정부 내 경제학자들과 정책연구가들은 이 정도 예산이면 넉 달 동안의 시행에 문제가 없을 것으로 예상했던 것이다.

처음 이 프로그램을 계획했을 당시 정부는 사람들의 호응이 그리 크지 않을 것으로 보았다. 경제위기로 많은 사람들이 지갑을 열지 않는 상황에서 과연 새 차를 구입하려 할까 하는 우려 때문이었다. 하지만 막상 뚜껑이 열리자 정부의 예상과는 정반대의 결과가 나타났다. 많은 사람들이 새 차를 구입할 절호의 기회라며 앞다퉈 자동차 대리점으로 달려가 새 차량을 구입한 것이다. 미국에 진출한 현대자동차도 이 프로그램의 큰 수혜자였다. 현대의 '엘란트라'(한국 모델명 아반떼)는 없어서 못 파는 현상까지 빚어졌다.[5] 결국 10억 달러의 예산은 일주일 만에 동나고 7월 말 의회는 추가로 20억 달러의 긴급 추가 예산을 편성하기에 이르렀다.

노후 차량 보상 프로그램의 호응도가 기대 이상이어서 목표했던 자동차업계의 매출 향상을 달성했지만, 그렇다고 정부가 춤추며 기뻐할 상황은 아니었다. 오히려 그 반대였다. 이 프로그램의 빗나간 호응도 예측과 이로 인한 충분치 못한 예산 편성으로 국민들은 정부가 추진하는 경제정책 수립에 의심을 표하기 시작했다.

오바마 정부는 출범 이후 경제위기 극복을 위해 수많은 경제 재건 프로그램을 신설하고 의회로부터 초유의 예산을 수혈받은 상태였다. 따라서 국민들은 정부가 이 예산을 과연 적절히 편성·집행하는지에 대해 늘 관심과 우려의 시선으로 바라보고 있었다. 이 상황에서 노후 차량 보상 프로그램의 예측이 빗나가자 야당인 공화당은 물론 진보적인 정부와 각을 세우던 보수단체 그리고 각종 미디어들은 이 기회를 놓치지 않고 정부의 정책 수립 능력에 의문을 표하고 비난을 퍼부어 댔다.

그런데 이에 대한 오바마 정부의 해명은 간단했다. 대공황 이후 한 번도 겪어 보지 못한 최악의 경제위기 상황에서 올바른 예측은 불가능했다는 것이었다. 경제학자들도 정부의 해명에 큰 이견을 보이지 않았다. 대부분의 예측은 과거 데이터를 바탕으로 이뤄지는데 이와 같은 대규모

경제위기는 매우 드물기 때문에 정확한 예측이 힘들다는 것을 잘 알기 때문이었다.

그런데 정말 그럴까? 과연 한 번도 겪어 보지 못한 사실에 대한 정확한 예측은 전혀 불가능할까? 오바마 정부가 처음 노후 차량 보상 프로그램을 발표하고 10억 달러의 예산을 책정했을 때, 일주일이면 이 예산이 모두 바닥날 것이라고 정확히 예측한 이들이 있었다. 바로 구글이다.[6]

:: 구글, 예측은 우리에게 맡겨라

경제 엘리트들이 포진한 오바마 정부도 예측하지 못한 노후 차량 보상 프로그램의 호응도를 구글은 어떻게 정확히 예측할 수 있었을까? 비밀은 바로 '검색어'다. 전 세계 인터넷 검색 서비스 분야에서 부동의 1위를 지키는 구글은 검색어와 그 빈도수로 사회적 동향을 예측하는 연구를 이미 오래 전부터 진행해 왔다. 좋은 예가 바로 독감 예측이다. 구글이 몇 년간 축적된 독감 관련 검색어 데이터를 미국질병예방센터의 데이터와 비교했더니 검색 패턴과 발병 건수 및 발병 지역이 밀접한 관계가 있다는 사실을 발견했다. 이는 독감의 발병 지역과 환자 수를 '과거' 데이터가 아니라 '현재' 검색되는 검색어의 패턴으로도 파악할 수 있다는 의미이다.[7]

구글이 노후 차량 보상 프로그램의 호응도를 예상한 것도 바로 이 데이터 패턴을 통해서다. 이 보상 프로그램에 관한 계획이 발표되자 구글 검색창에 이와 관련된 검색이 폭증했다. 구글은 이를 바탕으로 호응도를 정확히 예측할 수 있었다. 사람들이 정보를 검색할 때 쓰는 검색어와 검색 패턴으로 관심도를 추출할 수 있는 기술력을 가진 구글로서는 이 정부 프로그램의 호응도를 예측하는 건 그리 어려운 일이 아니었다.

노후 차량 보상 프로그램은 미국 정부가 과거에 한 번도 시도해 본 적 없는 소비 촉진 프로그램이었다. 물론 정부가 이 같은 프로그램을 내놓은 건 대공황 이후 처음 겪는 최대 금융위기 때문이었다. 처음 경험하는 경제 환경에서 처음 시도하는 경제 정책이라 일반적으로 예측에 이용할 데이터조차 존재하지 않았다. 그러나 구글은 검색어 패턴이라는 예측 무기로 아무도 예상하지 못한 수요를 정확하게 예측할 수 있었다. 예지의 과학이란 바로 이런 것이다.

이러한 예지의 과학을 가능하게 하는 것은 무엇일까? 물론 구글의 데이터마이닝 기술과 최고의 수학자들, 컴퓨터공학자들이 만들어낸 분석 기법들이 있었기 때문이다. 그러나 아무리 첨단 기술을 가지고 있다 해도 사람들이 검색을 하지 않으면 예측은 불가능하다.

검색창에 '노후 차량 보상 프로그램'이란 단어를 넣어 이에 대한 구체적인 정보를 알아보는 사람이 있었을 것이다. 한편 자신이 소유한 차의 중고차 시세를 알아보기 위해 '중고차 가격 시세'와 같은 검색어로 중고차 가격 사이트를 찾은 사람들도 많았을 것이다. 그리고 누군가는 '현대' 혹은 '포드'와 같은 신차 모델을 검색했을 것이다. 수많은 사람들이 수많은 검색어로 자동차 관련 검색을 했고 그 검색 패턴은 구글의 알고리즘에 의해 분석되었다.

개개인의 검색 패턴 자체는 큰 의미가 없지만 미국 전역의 수십만, 수백만 명의 패턴을 분석하면 전체적인 사회 집단의 움직임을 파악할 수 있다. 수많은 이들의 사고 패턴이 모여 한 개인으로서는 예측할 수 없는 예지력이 창조되는 것이다. 구글의 역할은 검색 사이트로 이 집단 사고가 이뤄질 수 있는 공간을 창조하고, 나아가 그들의 데이터 기술로 집단 사고를 가치 있는 정보로 재창조한 것이다.

이처럼 각 개인의 정보를 이용하여 집단이 빚어내는 현상을 파악하는 방식이 현대 경영에 다양한 형태로 이용되고 있다. 대표적인 예가 앞에 설명한 넷플릭스의 영화 추천 알고리즘과 아마존닷컴의 추천 목록 광고 메일이다. 넷플릭스의 경우 회원이 넷플릭스 사이트에 접속해 어떤 검색어로 영화를 검색하는지, 어떤 영화 예고편을 클릭해 보는지, 실제 어떤 영화를 빌리는지, 또 이미 본 영화들의 평점을 어떻게 매기는지 등 고객의 모든 패턴이 데이터로 입력된다. 하지만 한 개인의 데이터가 힘을 발하는 순간은 수많은 개개인의 데이터가 한데 모아졌을 때다. 데이터를 분석해 고객들의 성향을 파악하고 이를 통해 다시 개개인에 맞는 추천이 이뤄진다. 한 개인의 영화 검색 패턴은 별 의미가 없지만 수많은 이들의 패턴이 모아져 예지력이 있는 강력한 지능을 만들고 이 지능이 다시 개개인의 취향을 파악하여 각 개인에 맞는 추천이 이뤄지는 것이다. 아마존닷컴의 추천 광고도 마찬가지다. 이처럼 한 개인의 행동 패턴은 그 자체로는 큰 의미없는 데이터이지만 수많은 패턴과 행동 양식이 모아져 강력한 지능을 창조하는 것이 집단지성의 개념이다.

집단지성은 어떻게
비즈니스 모델을 창출하는가?

'집단지성'이란 과연 무엇인가? 집단지성이란 말은 'Collective Intelligence'의 번역어로 "각 개인의 지식과 판단이 수많은 다른 개인들과의 소통과 협업을 통해 한 개인이 가질 수 있는 지성 이상의 집단적 통찰력과 사고를 창조한다."는 의미다.

이 집단지성이 요즘 비즈니스에서 웹 2.0의 새로운 화두로 자주 언급되는 이유는 현대의 정보통신 기술이 진정한 집단지성을 실현하고, 이를 바탕으로 새로운 비즈니스 모델을 창조할 수 있는 여건이 충분히 마련되었기 때문이다. 그리고 이미 이런 집단지성의 힘을 이용해 통념적인 비즈니스 모델로 무장한 기업을 순식간에 누르고 업계의 강자로 떠오른 기업들이 존재하기 때문이다. 구글, 넷플릭스, 아마존닷컴이 그 대표적인 예다.

요즘 들어 '집단지성'이 부쩍 많이 언급되는 까닭에 이 말이 마치 일종의 신조어처럼 생각될지 모른다. 하지만 이 개념은 20세기 초에 곤충학자인 윌리엄 휠러(William M. Wheeler)에 의해 제시되어 이미 여러 분야의 학자들 사이에서 널리 사용되어 왔다. 휠러는 곤충들의 행동을 관찰한 결과 각각의 곤충의 행동이 전체적인 행동과 맞물려 새로운 집단적 행동을 창출해 낸다는 사실을 발견했다. 그리고 그는 이를 '초유기체'(super organism)라고 칭했다. 그리고 이 개념은 철학자이자 사회학자인 피에르 레비(Pierre Levy), 사회연구가이자 작가인 하워드 블룸(Howard Bloom) 그리고 전직 CIA 정보담당관이자 정보전문가인 로버트 스틸(Robert D. Steele) 등의 연구와 저술 활동을 통해 학계와 대중들에게 전파되었다.[8] 하지만 불과 몇 년 전까지만 해도 집단지성의 영향력이나 현실 가능성 그리고 무엇보다 이 개념을 통한 비즈니스 모델 창출에 대해서는 많은 사람들이 회의적이었다.

:: 지구인들의 공동 작업

획기적으로 새로운 지성을 창출할 수 있다는 그 개념 자체의 희망적 메시지에는 많은 이들이 수긍했지만, 이를 어떻게 실행할지에 대해서는 더 많은 사람들이 의구심을 가질 수밖에 없었다. 한 개인의 생각을 다른 개인의 생각과 자유롭게 공유하는 게 가능한지, 생각을 공유한들 물리적으로 떨어진 구성원들을 모아 협업하게 하는 방식이 과연 가능할지에 대한 의문이었다. 그리고 설사 개인의 생각과 이상을 다 같이 공유하고 협업을 통해 목표를 이룩한다고 한들 이 개념이 새로운 비즈니스 모델을 창조하는 데 어떻게 일조할 것이며, 어떻게 기업의 매출로 연결될 것인지에 대한 구체적인 비전은 찾지 못했다.

그러나 인터넷의 등장과 정보통신 기술의 발전으로 이런 의구심들에 대한 해법이 서서히 제시되기 시작했다. 정보통신 기술의 발달은 인류 역사에서 활자 발명 이후 개인 간의 소통에 있어 최대의 혁명을 가져왔다. 권력 기관이 지닌 정형화된 형식을 따라야 하는 통념적인 정보 매체에 맞서 개인도 원하면 자신의 생각을 검열과 통제된 형식에서 벗어나 자유롭게 전달할 수 있는 기술적 기반이 마련되었다. 나아가 사람과 사람이 직접 만나야 가능했던 협업의 물리적 한계를 붕괴시킴으로써 협업이 단지 직장, 가정, 지역 등 한정된 경계에서만 가능했던 작업에서 국가의 벽을 넘어 원하면 지구 반대편의 사람과도 공동 작업이 가능한 세상이 도래하게 되었다.

세상 어디에 있든 가치를 공유하여 부를 창출할 수 있으면 언제든지 함께 작업할 수 있는 기술적 기반이 마련된 것이다. 정보통신 기술의 발달로 21세기로 접어들면서는 20세기 초 철학자들의 책상 위에만 존재하던 집단지성 개념이 드디어 현실화되기 시작했다. 이 개념의 실현을 가장 뚜렷하게 확인할 수 있는 대표적인 사례가 바로 '위키피디아'(Wikipedia)다.

:: 위키피디아 VS 브리태니커

개개인이 지식을 한데 모으는 협업이 이루어지면 한 개인으로서는 상상도 할 수 없는 엄청나고 강력한 가치를 창조한다는 사실은 '위키피디아'를 통해 확인할 수 있다. 위키피디아는 온라인 백과사전으로 그 규모 면에서는 세계에서 가장 큰 백과사전이다. 그럼 이용료는? 공짜다! 누구나 'www.wikipedia.org'에 접속하여 용어를 검색하면 전통적 개념의 백과사전에서와 마찬가지로 지식을 습득할 수 있다.

백과사전이 한 가정의 부의 상징처럼 집안 서재에 잘 모셔져 있던 때에 비하면 이 공짜 백과사전의 등장은 시대와 사회의 변화를 실감할 수 있는 사건임에 분명하다. 그리고 이 사이트가 전 세계 사이트 중 가장 접속이 많은 사이트 중 하나란 사실은 끊임없이 지식을 갈구하는 현대 사회에서 당연한 결과라 할 수 있다. 하지만 이 위키피디아가 지닌 위력을 단순히 접속 횟수로 판단하는 데 그쳐서는 안 된다. 위키피디아는 세상의 모든 사람들이 참여하여 지식을 공유할 수 있는 백과사전이라는 중대한 의미를 지니기 때문이다.

위키피디아 이용자는 누구나 이 백과사전의 편집에 참여할 수 있다. 누군가 위키피디아에 존재하지 않는 지식이나 정보를 가지고 있다면 자신이 가진 지식과 정보를 위키피디아를 통해 공유할 수 있다. 물론 일반인이 자신의 지식을 객관화해 백과사전을 편집하는 데에는 한계가 있다. 객관성이 결여될 수 있으며 사실 검증도 이뤄져야 한다. 하지만 위키피디아에서는 이 새로운 정보에 대한 지식을 가지고 있는 다른 사용자들이 이 정보를 검증해 다시 편집하는 과정이 끊임없이 이뤄진다. 잘못된 정보, 틀린 단어는 수정되고, 검증이 필요한 정보에는 주석이 달린다. 위키피디아에서는 평균적으로 하나의 정보가 20회 정도 편집된다고 한다.[9] 세상의 모든 사람들이 편집에 참여하므로 시간이 흐름에 따라 내용은 더욱 객관화되고 검증되고 다져진다. 최초의 정보가 더욱 신뢰할 수 있는 정보로 진화하는 것이다. 즉 편집과 검증이 진행될수록 그 정보는 더 향상된다.

위키피디아를 설립한 지미 웨일즈(Jimmy Wales)는 전 세계의 지식의 보고를 창조했지만, 그가 한 일이라고는 직원 몇 명과 함께 지식을 담을 수 있는 서버와 웹페이지를 제공한 게 전부다. 물론 이 위키피디아가 진화하면서 관리를 위해 더 많은 관리자들을 영입해야 했다. 하지만 단순한 관리 차원일 뿐 지식의 처리를 맡기지는 않는다. 이는 관리자가 아니라 사용자의 몫이기 때문이다. 반면 통념적인 백과사전은 전문가 그룹으로 구성된 편집인들이 정해진 틀에 맞춰 시작과 끝이 있는 작업 프로세스를 수행하여 완성한다. 이 백과사전에서 제공하는 정보의 질과 양은 편집에 참석하는 이들의 지식 이상이 될 수는 없다. 게다가 이미 제작된 백과사전에 새로운 정보를 더하는 것도 쉽지 않다. 물론 위키피디아와는 달리 처음 소개될 때부터 어느 정도 신빙성 있고 객관성을 지닌 정보를 제공한다. 하지만 그 이상을 기대하기는 힘들다. 반면 위키피디아의 경우 비록 처음 등재되는 정보는 그 정보의 질이 다소 떨어질 수 있다. 하지만 질적 보완이 이뤄질 수 있는 가능성은 무한대로 열려 있다.

위키피디아는 현재 전통적인 백과사전인 브리태니커(Britannica)와 일전을 펼치고 있는 중이다.[10] 200년 이상의 전통을 지닌, 영어권 백과사전으로는 어떤 경쟁사의 도전도 불허하는 철옹성과 같은 브리태니커가 직원 몇 명으로 운영되는 위키피디아와 힘겨운 일전을 벌이고 있는 것이다. 브리태니커 사전 진영과 그 지지자들은 백과사전과 같은 지식의 보고를 편집하는 일에 검증 받지 않은 개인을 참여시킨다는 것 자체에 의구심을 품는다. 이들은 지식이란 무릇 전통적인 교육 과정을 마친 엘리트들의 검증과 검열을 통해 제어되어 위에서 아래로 흘러가야 신뢰할 수 있다고 주장한다.

하지만 《네이처》(Nature)는 2005년에 두 백과사전의 과학 관련 정보 42개를 무작위로 추출하여 정보의 질을 비교 분석한 결과 그 차이가 미미했다는 결론을 내렸다. 위키피디아의 경우 항목당 부정확한 부분이 4개, 브리태니커의 경우 3개 발견되었다. 통계적으로 정보의 질이 어느 쪽이 다른 쪽보다 낮다고 판가름하기 어려울 정도로 비슷한 수치라는 결론이다.

전통적인 방식을 주장하는 이들의 제어하고 통제하는 폐쇄적 정보 프로세스 방식과 위키피디아와 같은 개방과 협업 그리고 모든 사람들이 공동으로 참여하는 동등 계층의 생산 방식 패러다임 간의 충돌은 얼마간 지속될 것이다. 하지만 이미 개방과 협업 그리고 이를 통한 가치 창출의 파급효과를 체험한 이들이 다시 소수 계층의 통제와 제어의 패러다임으로 돌아갈 수 있을지는 의문이다.

'위키피디아의 정신, 즉 집단지성의 철학을 통한 정보의 공유, 협업, 동등 생산으로 애초 목표하지 않았던 긍정적 결과를 창조하는 것'을 '창발성'(emergence)이라 하고, '이를 통해 사회적·경제적 가치를 창조하는 것'을 '위키노믹스'(Wikinomics)라 한다. 집단지성을 바탕으로 한 새로운 경제 패러다임이라 할 수 있다. 이 단어는 돈 탭스콧(Don Tapscott)과 앤서니 윌리엄스(Anthony Williams)의 《위키노믹스》라는 베스트셀러로 더욱 유명해졌다.

이미 세상은 위키노믹스의 패러다임으로 들어섰다. 골리앗과 같은 블록버스터가 애송이 다윗으로 치부되던 넷플릭스의 돌팔매에 휘청거리는 것, 백과사전의 철옹성인 브리태니커와 위키피디아의 일전, 도서 유통업계의 대부인 반스앤노블(Barns & Noble)의 시장을 아마존닷컴(Amazon.com)이 급격히 잠식하고 있는 것 등이 새로운 위키노믹스의 패러다임의 존재를 실증하고 있다.

미국 국방부가
풍선 놀이를 벌인 까닭

"**빨간 풍선** 10개를 찾아라! 미국 전역에 흩어진 10개의 빨간 풍선의 정확한 위치를 가장 먼저 찾는 팀에게 4만 달러의 상금을 수여한다."

2009년 12월 미국 국방부가 홈페이지에 올린 이벤트 홍보 문안이다. 아니 국방부에서 풍선 찾기 놀이를 벌이겠다는 것인가? 풍선 찾기란 문구가 어린이들 장난처럼 유치하긴 하지만 미국 전역이라는 그 스케일이 단순한 장난 같지만은 않다.

사실 이 이벤트는 첨단 무기를 개발하는 미 국방부 개발 부서들 중에서도 최첨단 기술을 연구하는 '방위고등연구계획국'(Defense Advanced Research Project Agency, DARPA)에서 인터넷의 정보 확산 속도와 정확도를 실험하기 위해 실시한 것이다.

방위고등연구계획국 혹은 영문이니셜 'DARPA'로 더 잘 알려진 이 기관은 인터넷을 탄생시킨 곳이기도 하다. 인터넷 탄생 40주년을 기념하여 실시한 이 이벤트에는 미 전역에서 4,000개의 팀이 참가해 다양한 방법과 인터넷 기술을 이용해 빨간 풍선 10개를 찾는 도전을 펼쳤다. 2009년 12월 5일 아침, 경기 시작 직전 DARPA는 비밀리에 미국 전역 공공 장소에 지름 약 2.5미터의 빨간 풍선을 설치했다. 같은 시각, 샌프란시스코의 어느 광장엔 아침 안개를 헤치고 커다란 풍선이 하늘로 올랐고, 플로리다 주의 무더운 햇살 사이로도 떠올랐다. 그럼 이들이 풍선을 다 찾는 데 걸린 시간은? 애초 DARPA는 최대 9일 정도를 예상했었다. 하지만 놀랍게도 10개의 풍선의 정확한 위치를 가장 먼저 파악한 MIT 팀이 걸린 시간은 불과 9시간 남짓이었다.[11]

:: 상금 가지치기로 만든 거대한 네트워크

그럼 MIT 팀은 어떤 방식으로 미국 전역에 흩어진 풍선들을 불과 9시간 만에 찾아냈을까? 이들은 '상금 가지치기'라는 방식을 사용해 일반인들의 참여를 유도했다. 먼저 이들은 빨간 풍선의 정확한 위치를 제보하는 이에게 2,000달러의 사례금을 제시했다. 그리고 그 제보자에게 이 게임을 소개받은 사람이 풍선을 찾는다면 1,000달러를, 이 소개받은 사람에게 다시 소개를 받은 사람이 풍선을 찾는다면 500달러를 사례금으로 받은 구조다. 이 게임의 경우 한 개인이 직접 풍선을 찾아낸다면 2,000달러를 받을 수 있다. 하지만 이와 같은 게임에서 개인이 실제로 풍선을 찾을 확률은 매우 드물다. 따라서 상금으로 제시된 2,000달러의 일부분이라도 받으려면 자신이 아는 사람들에게 이 게임 정보를 공유하여 자신이 직접 찾지 못하더라도 자신이 소개한 사람이 찾도록 하는 것이다. 이렇게 이익의 일부라도 공유할 수 있다는 사실이 사람들에게 강한 인센티브로 작용한 것이다.

〈그림 3-3〉 상금 가지치기 방식[12]

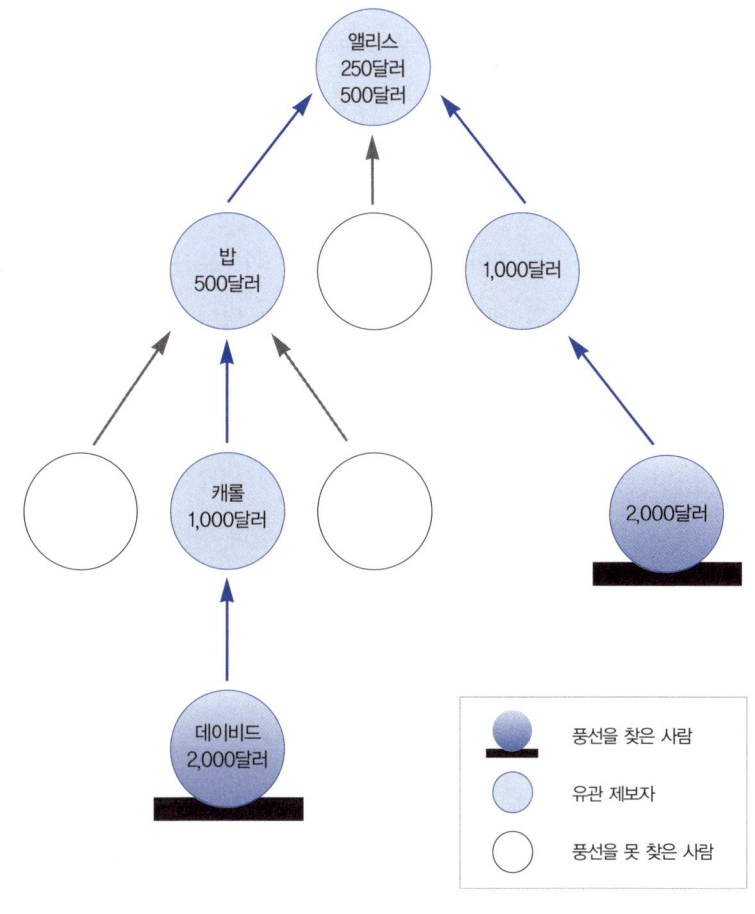

 예를 들어 샌프란시스코에 위치한 풍선을 데이비드가 찾았다면 데이비드는 사례금으로 2,000달러를 받는다(〈그림 3-3〉 참조). 그런데 데이비드는 이 풍선 찾기 이벤트를 캐롤이 트위터로 보내온 글로 알게 되었다. 따라서 캐롤은 데이비드가 받은 상금의 반인 1,000달러를 받는다. 한편

캐롤은 밥이 보낸 문자 메시지로 풍선의 위치를 알았으므로 풍선을 찾는 데 일조한 밥 또한 캐롤이 받은 상금의 반인 500달러를 받는다. 마찬가지로 밥에게 이 풍선 찾기 게임 소식을 페이스북으로 알려준 앨리스도 밥이 받은 상금의 절반 액수인 250달러를 받는다. '데이비드-캐롤-밥-앨리스'로 이어진 네 명의 연결고리를 통해 이 풍선을 찾을 수 있었고 MIT 팀은 이 풍선 하나를 찾는데 총 3,750(2,000+1,000+500+250)달러의 비용이 든 셈이다. 그렇다면 이런 식으로 풍선을 다 찾는 데 수십, 수백 명의 연결고리가 걸려 있다면 MIT 팀이 지불해야 할 돈은 기하급수로 늘어날까? 아니다. 아무리 많은 사람이 이 연결고리에 포함되어 있어도 수학의 극한 개념을 이용해 계산하면 풍선 하나당 4,000달러를 넘지 못한다.[13] 그러므로 이 방법을 통해 10개의 풍선을 찾는 데 드는 비용은 1등 상금인 4만 달러를 넘지 못한다. 연결고리 마지막 제보자에 2,000달러를 제시한 이유가 바로 수학의 극한 개념에서 나온 것이다.

정보 공유로 얻을 수 있는 인센티브 때문에 풍선 찾기 게임은 인터넷을 통해 강력한 확산 작용을 일으켜 트위터나 페이스북을 통해 급속히 퍼져나갔다. 내가 찾아나서는 한편 이 게임을 소개하는 틈에 하나의 네트워크가 형성됐다. 몇 단계만 거치면 거대한 네트워크가 형성되는 것이다.

MIT 팀이 이용한 이 방식에는 정보를 공유하게끔 하는 강력한 인센티브가 들어 있어 순식간에 엄청난 수의 지원자를 모집할 수 있었다. 그러나 여기에 한 가지 문제가 있다. 바로 제보의 신빙성이다. 수많은 MIT 팀의 서포터들 중 한 명이라도 잘못된 정보나 거짓 제보를 줄 수 있다는 상황을 배제할 수 없다. 이를 위해 MIT 팀은 자체 개발한 정보 확인 알고리즘을 개발하여 제보가 들어오는 순간 다른 제보들과 비교해 종합적으로 정보의 진실 여부를 판단했다.

:: 대형 미디어들의 광고 수입이 줄어든 까닭

미 국방성의 의도는 트위터나 페이스북과 같은 인터넷 정보 공유 사이트로 인해 날로 진화되는 인터넷 정보 공유의 정확도와 파급효과를 파악하려는 것이었다. 인터넷 상에는 유익하고 도움도 되는 정보도 많다. 하지만 그만큼 유해하고 왜곡된 정보도 공존한다. 집단의 이해관계가 얽혀 진실이 왜곡되기도 하고 힘없는 진실은 사장되기도 하는 정글과 같은 곳이다. 그러나 잘 계획함과 동시에 정보의 연결고리 역할을 하는 사람에게 적절한 인센티브를 제공하면 상상할 수 없을 만큼 강력한 힘을 발휘하는 도구로 활용할 수 있다는 사실을 이 실험은 잘 보여 주고 있다.

이 실험에서 증명된 또 하나의 사실은 집단의 강력한 힘이다. 한 개인이 9시간 만에 미 전역에 숨겨진 10개의 풍선 위치를 찾는다는 건 불가능하다. 강력한 독재자가 모든 정규방송을 일시 중단하고 TV나 라디오로 미국 전역에 퍼진 위치를 당장 제보하라 떠들어대면 혹시나 가능할까? 하지만 설사 이게 가능하다 해도 이 강력한 독재자가 탄생하기까지 치러야 할 사회적, 국민적 희생은 상상을 초월할 것이다. 그런데 이 실험은 하나의 강력한 독재자만이 할 수 있을 것 같은 일이 큰 사회적 비용 없이 자발적인 개인들의 참여로 가능하다는 사실을 증명했다.

최근 기업들이 페이스북이나 트위터와 같은 소셜 미디어에 열광하는 것도 같은 맥락으로 이해할 수 있다. 수억 원에서 수십억 원에 달하는 광고비용을 들여 공중 매체로만 홍보 파급효과를 낼 수 있었는데 소셜 미디어를 통해 적은 비용으로 같은 효과를 낼 수 있을 거란 기대 때문이다. 실제 미국의 대형 미디어의 광고 수입은 점차 줄어들고 있는 실정이다.

:: 소셜 네트워크가 구직 사이트의 강자가 된 이유

중앙집중식으로 통제되고 관리되는 방식에서 벗어나 소셜 미디어는 자체 진화하고 발전한다. 이런 자체 진화는 진화가 진행될수록 더욱 강력한 파급효과를 지니게 된다. 좋은 예가 바로 미국의 인터넷 구직 사이트인 '몬스터닷컴'(Monster.com)과 비교되는 '링크드인'(LinkedIn)이다. 1990년대 말 닷컴이 유행할 당시 구직 사이트를 제패한 몬스터닷컴은 전통적인 인터넷 구인·구직 사이트의 전형이다. 구직자가 회원으로 가입해 자신의 이력서를 등록하고 취업 희망 업종과 직종을 입력해 원하는 직업을 찾는 형태다. 기업도 마찬가지로 구인 기업으로 등록하여 일정한 회비를 지불하고 구직자들의 이력서를 열람해 적절한 사람을 찾는다. 몬스터닷컴은 구직자와 기업을 연결하고 사이트에서 이들의 이력서와 구인 정보를 관리하고 연결해 주는 역할을 한다. 이처럼 몬스터닷컴은 구직자와 기업 사이에서 이들이 따라야 할 룰을 정하고, 이들의 정보를 관리하고 통제하며, 이용자들은 몬스터닷컴이 제공한 공간에서 이 룰을 따른다.

이런 기존의 방식에서 새로운 대안으로 떠오른 게 바로 '링크드인'이다. 사실 링크드인은 구직 사이트라기보다는 직장인들의 인맥을 연결하는 좀 더 오픈된 형태의 사이트다(한국에서는 이를 벤치마킹한 '링크나우'〔linknow〕가 있다). 회원으로 가입할 때 현재 소속, 과거 경력 그리고 학력과 업종, 직종 등의 개인정보를 입력한다. 몬스터닷컴의 경우 개인정보 입력으로 회원가입을 위한 일종의 의무가 완료되는 반면 링크드인은 이제부터가 시작이다. 링크드인은 이 개인정보를 바탕으로 서로 인맥을 연결할 수 있는 인물을 자동으로 검색해 소개해 준다. 현재 직장 정보를 통해 이미 회원으로 있는 직장 동료를 일촌으로 등록할 수 있도록 정해 주고, 같은 학교를 졸업한 회원을 소개시켜 준다. 그리고 직장이나 학연으로 연결된 인맥을 통해 자신의 일촌과 연결된 또다른 인맥을 검색해 한 다리 건너 또 다른 인맥을 형성할 수 있다. 이와 같은 인맥을 통해 또 다른 인맥을 형성하는 방식은 막강한 인맥 네트워크를 형성할 기회를 제공한다. 보편적으로 비슷한 일을 하거나 같은 회사에 다니거나 혹은 같은 학교를 나온 이들과 일촌을 맺으면 이 일촌도 또한 자신과 비슷한 관심사나 취향을 가진 다른 일촌과 관계를 맺었을 가능성이 크기 때문이다. 사람의 연결고리를 따라 가다 보면 자신과 많은 것을 공유할 수 있는 사람을 찾을 수 있다.

그럼 이 링크드인이 구직 사이트로 힘을 발휘하는 이유는 무엇일까? 우선 첫 번째는 소셜 네트워크가 가진 친밀함이다. 사람과 사람의 연결고리로 형성된 사이트이므로 개인적인 대화나 개인적 취향 등 개인의 다양한 면을 접할 수 있다. 구인 기업의 관계자들은 몬스터닷컴과 같이 딱딱한 이력서로 포장된 개인이 아니라 한 개인이 가진 인간관계를 통해 그 사람의 다양한 면모를 파악할 수 있다.

하지만 링크드인이 구인 사이트로 각광 받는 가장 큰 이유는 무엇보다 정보의 정확성이다. 회원들은 자신이 다니는 회사, 업무, 경력 등 많은 면을 일촌과 공유하고 있으므로 모든 정보가 정확할 수밖에 없다. 자신이 속한 회사의 직장 동료들과 일촌으로 연결돼 있는데 현재 직위인 과장을 부장으로 과대포장할 수 없다. 인맥 네트워크 형성을 위해 자신의 정보를 공유함으로써 정확한 개인정보를 제공할 의무와 검증된 정확한 타인의 정보를 얻을 권리를 동시에 부여받는 것이다.

이런 정확성은 구인 기업 관계자에게 큰 매력으로 다가올 수밖에 없고, 구직자로서도 이득을 보는 셈이다. 몬스터닷컴과 같이 개인정보가 철저하게 비밀리에 관리되고 구인 기업만이 이력서를 열람할 수 있는 시스템에서는 이력서의 진위 여부를 전적으로 구직자의 양심에 의존할 수밖에 없다. 그런데 링크드인은 이러한 몬스터닷컴의 큰 단점을 네트워크의 힘으로 강력하고도 간결하게 해결한 셈이다.

이처럼 중앙집중식 관리·통제와 비교하여 통제가 없고 오픈된 링크드인이 더욱 통제되고 관리된 정보를 공유하는 것은 매우 역설적이다. 아무리 강력한 힘을 가진 중앙 통제 시스템이라도 시스템 내 모든 것들을 관리하고 통제하는 것은 불가능하다. 대신 비록 힘없고 제한된 능력을 가진 작은 개인이라도 네트워크로 뭉치면 중앙 통제 방식에서 만들어 내지 못했던 강력한 힘을 발휘할 수 있다는 사실을 링크드인의 사례에서 발견할 수 있다.

제**4**장

카지노와 **보험회사**는
어떻게 돈을 벌까?

"신은 절대 주사위 놀이를 하지 않는다."
– 알버트 아인슈타인(Albert Einstein)

"신이 주사위로 하는 일에 이래라 저래라 하지 마시오."
– 닐스 보어(Niels Henrik David Bohr)

신의 영역인
불확실성에 도전하다

<u>21세기로 접어들어</u> 벌써 10년, 우리가 살고 있는 오늘날을 한마디로 특징짓는다면 가장 적절한 표현이 무엇일까? 미국 연방준비제도이사회의 전 의장인 앨런 그린스펀(Alan Greenspan)은 오늘날을 일컬어 '격동의 시대'(the Age of Turbulence)라고 했다. 그리고 '마케팅의 아버지'라 불리는 필립 코틀러(Philip Kotler) 교수는 이러한 "격동의 시대가 이미 도래했다."고 전제하고, "혼돈·위기·불확실성이 수반되는 극심한 격동은 일상적인 현상이 되어 산업·시장·기업에 몰아치고 있다."고 경고했다. 결국 오늘날을 사는 우리들은 불확실성이라는 불가피한 상황에서 한 치도 자유로울 수 없다고 할 수 있겠다.

실제로 1997년 겨울 우리나라를 강타한 외환위기나 2008년 가을부터 전 세계를 경제위기로 몰아넣은 금융위기는 어느 누구도 정확하게 예측하지 못했다. 이런 대형 경제위기뿐 아니라 가계를 꾸려가거나 기업을 경영할 때도 늘 뜻하지 않은 일로 위기를 맞고, 최악의 경우 파산에 이르기도 한다. 또한 예상치 못한 질병이나 사고로 불행을 겪을 수도 있다.

혹자는 진보된 문명과 과학 기술의 발달로 우리의 삶에서 불확실성이 얼마간 줄어들었을 것이라고 생각할지도 모른다. 하지만 옛날 옛적 동굴에서 살면서 사냥으로 생계를 꾸려가던 시절에는 최소한 금융위기나 교통사고 같은 불확실성은 존재하지 않았다. 오히려 문명이 발달하고 사회가 복잡해질수록 불확실성은 더욱 심각하게 확대재생산되고 있다. 그렇다면 지금 우리가 사는 현대 사회가 호환과 마마를 걱정하던 때와 별다를 바 없다는 것일까? 그 시절이나 지금이나 인간의 운명이란 예기치 않은 불행이 닥치지 않도록 신에게 기도하는 것밖에 달리 할 일이 없는 것일까? 물론 현재 많은 학자들은 금융위기나 기상 예측과 같이 미래의 복잡한 문제들을 정확하게 예측하기 위해 노력 중이다. 하지만 다른 한편으로 미래를 정확하게 예측하는 것은 불가능하다는 비관적인 결론을 내린 과학자들도 많다. 이런 사실을 감안할 때 언젠가 정확한 미래 예측이 가능할 수 있을지는 몰라도, 가까운 시일 내에 실현되기는 어렵다는 점을 인정해야 하지 않을까 싶다.

그러나 불확실한 미래에 대비하기 위한 길이 신에게 기도하는 것밖에 없던 과거와 다른 점이 있다면, 오늘날은 불확실성에 맞서 불행한 결과를 최소화하고 이를 최대한 방지할 수 있는 방법을 가지고 있다는 것이다. 가계를 꾸리거나 사업을 할 때 이 불확실성을 완벽하게 제거하는 것은 불가능하다. 하지만 예기치 못한 상황이 닥쳤을 때를 대비해 불행한 결과를 최소화할 수 있도록 최소한의 완충 장치를 미리 마련해 놓는 것이 바람직한 방법이다. 필립 코틀러 교수가 자신의 저서에서 제시한 '카오틱스'(Chaotics)라는 시스템은 불확실성에 대응하는 기업의 생존 전략이라고 홍보되기도 했다.

불확실한 상황에 효과적으로 대응하기 위해서 최선의 의사결정을 내릴 방법은 없을까? 다시 말해 기업을 경영할 때 처하는 수많은 의사결정의 순간에 좀 더 논리적인 의사결정을 내릴 수 있는 방법이 없을까? 이 질문에 답하기 위한 인류의 노력이 현대 '의사결정학'(Decision Theory)을 탄생시켰다. 그리고 이 의사결정학은 경영 이론과 접목되어 다양한 방면에 응용되면서 그 실효성을 입증하고 있다. 대부분의 MBA 과정에서 '의사결정학' 과목을 개설하는 이유가 바로 여기에 있다.

:: 불확실성과 의사결정학

일반인들에게는 좀 생소한 개념인 의사결정학을 한마디로 정의하자면 '불확실한 상황에서 최선의 선택을 하는 방법을 연구하는 학문'이다. 사실 우리가 살아가는 하루하루의 삶은 끊임없는 '선택의 연속'이다. 별 고민 없이 단숨에 내릴 수 있는 선택이 있는가 하면, 몇 날 며칠을 고민하여 힘겹게 결론에 도달하는 선택도 있다. 대부분의 어려운 결정은 그 선택이 초래할 결과를 예측하기 힘들거나, 선택에 따른 결과가 미칠 파장이 크기 때문이다. 하지만 선택이 힘들고 어렵다고 해서 이 선택을 외면하고서는 살 수 없는 게 우리네 삶이다.

경제학자이자 유명한 저술가인 피터 번스타인(Peter L. Bernstein)은 그의 베스트셀러인 《위험, 기회, 미래가 공존하는 리스크》(Against the Gods)에서 이 '리스크'를 인류의 과거와 현대를 가르는 기준점으로 제시한다. 인류 역사에서는 한 때 선택의 권리를 신의 영역이라 여기던 때도 있었다. 신이 정한 운명을 '숙명'이라 여기며 모든 걸 그대로 받아들이던 중세 시대에 인간은 자기 스스로를 신이 선택한 주사위의 한 부분으로 여겼다. 불확실한 미래에 대한 인간의 수동적인 자세는 르네상스를 거치면서 신대륙의 발견, 새로운 자원 개발 등의 도전과 성공을 통해 일대 전환을 맞이하게 되었다. 번스타인은 자신의 책에서 "르네상스는 인간의 새로운 가치와 능력을 깨닫게 하는 전기를 마련했고, 이로 인해 불확실성 또한 인간이 도전하고 정복해야 할 하나의 과제라는 패러다임의 전환이 시작되었다."고 주장한다. 미래가 신에 의해 좌우되지 않고 인간의 의지에 따라 창조될 수 있다는 새로운 믿음은 신의 권한이었던 '선택과 결정'이 인간의 권한이라는 선언이었다. 선택의 권리를 가진 인간에게 미래의 불확실성은 한편으로는 두렵지만 다른 한편으로는 새로운 약속을 가져다주는 기회이기도 했다. 결국 르네상스를 거치며 인간은 의사결정을 좀 더 신중하게 내리는 새로운 전기를 마련한 셈이다.

이때부터 인류는 의사결정 방법에 대해 새로이 관심을 가지기 시작했다. 하지만 본격적으로 의사결정 방법을 구체화하고 학문으로 정초한 이는 17세기 수학자 파스칼(Blaise Pascal)이었다. 파스칼은 그의 대표 저서인 《팡세》에서 신의 존재를 믿느냐 믿지 않느냐의 선택 여부를 현대 확률과 기대치의 개념으로 해석함으로써 의사결정을 학문적 관점에서 바라보는 계기를 마련했다.

파스칼은 신앙에 대한 개인의 선택을 마치 동전 던지기에서 동전 한 면에 배팅하는 것에 비유했다. 신앙을 가진다는 건 신의 존재에 인생을 건 배팅을 하는 셈이고, 신앙 없이 개인의 의지에 따른 삶을 산다는 것은 신의 부재에 배팅을 하는 셈이라는 것이었다. 여기서 파스칼은 현대 확률 이론과 의사결정학의 새로운 탄생을 예견하는 '기대치'란 개념을 도입한다. 신의 존재를 믿었는데 신이 실제로 존재할 경우와 그렇지 않을 경우, 이와 반대로 신의 존재를 부정했는데 실제 신이 존재했을 경우와 그렇지 않을 경우에 대한 사후 보상에 대한 그의 해석이 바로 그것이다. 신을 믿지 않았는데 실제 신이 존재하지 않는 경우와, 신을 믿었는

> **Tip** 리스크 vs 불확실성
>
> '불확실성'이란 용어와 더불어 비슷한 의미로 많이 사용되는 단어가 '리스크'이다. 이 두 용어는 학문 분야나 문맥에 따라 서로 같은 의미로 사용하기도 하고 다른 의미로 사용하기도 한다. 그런데 특정 마케팅 분야나 금융 상품에서는 가지고 있는 정보와 예측 가능성의 관계에 따라 이 두 단어를 다르게 사용한다. '가능한 한 모든 정보를 가지고 있어도 예측 불가능한 경우'를 '리스크'라 하는 반면, '모든 정보를 가지고 있으면 예측 가능하지만 현실적으로 모든 정보를 취합하기 어려워 제한된 정보로 인해 예측하기 힘든 경우'를 '불확실성'이라고 정의해 리스크와 구분한다. 이런 불확실성과 리스크의 정의를 적용한다면 주사위는 정육면체의 각 면에 1에서 6가지의 숫자가 있다는 모든 정보를 가지고 있음에도 이 주사위를 던졌을 때 어떤 숫자가 나올지 예측할 수 없기 때문에 '리스크'라 할 수 있다. 반면 시청률 조사의 경우를 살펴보자. 현재 TV를 시청하는 전국 시청자를 전부 조사할 수 있다면 정확한 시청률 예측이 가능하지만 현실적으로 불가능하기에 무작위로 추출한 몇몇 가정을 대상으로 전체 가정의 시청률을 예측한다. 이와 같은 경우 시청률은 '불확실성'이 존재한다 할 수 있다. 즉 정보의 수위가 예측에 영향을 미치는 경우를 불확실성이라 하겠다. 이처럼 특정 학문 분야에서는 불확실성과 리스크를 차별해 사용한다.

데 실제 신이 존재했을 경우의 두 선택의 결과는 별 차이가 없다. 하지만 신을 믿지 않았는데 신이 존재했을 경우 받을 수 있는 형벌(지옥에서 사후를 살아야 하는 것과 같은 것)은 신을 믿었는데 신이 존재하지 않았을 경우에 비해 비교할 수 없는 비극을 초래할 수 있다. 따라서 파스칼은 신을 믿는 게 더 나은 선택이란 결론을 내렸다. 신의 존재와 부재는 비록 아무도 모르는 불확실한 정보이지만 이 두 가지 선택지 중 하나를 선택할 경우 돌아올 기대치를 비교하여 결정을 내리는 파스칼의 방식은 현대 확률과 의사결정학의 기초가 되었다.

이후 산업혁명을 거치면서 세상이 더 복잡해지고 의사결정의 어려움이 더욱 커지기 시작하면서 베르누이(Daniel Bernoulli)나 가우스(Johann Carl Friedrich Gauss) 같은 수학자들에 의해 의사결정학도 학문적 성장에 속도를 올리게 되었다. 이들은 파스칼의 개념에서 한 걸음 더 나아가 확률적 수치와 기대치와의 관계를 설정하여 의사결정을 좀 더 정형화된 학문으로 발전시켰다. 하지만 이런 급속한 성장에도 불구하고 19세기 후반까지도 의사결정학은 소수 학자들의 전유물로만 여겨질 뿐 실생활에 적용하는 경우는 극히 제한적이었다.

그러나 20세기 이후 확률과 통계 이론이 응용 학문으로 수학계에 자리매김하고 계량 경제학과 금융산업이 발전하면서부터 의사결정학은 실생활에서 우리의 삶을 바꿔 놓는 도구로 자리잡기 시작했다. 특히 확률 이론을 이용해 금융의 '옵션'(option)이란 새로운 개념을 도입한 프랑스 수학자 루이 바실리에(Louis Bachelier)를 필두로 "계란은 한 바구니에 담지 말라."라는 금언으로 유명한 '포트폴리오 이론'(portfolio theory)을 제시한 노벨 경제학상 수상자 해리 마코위츠(Harry M. Markowitz)를 거치면서 의사결정을 내리는 방식은 확률과 고도의 수학 이론을 통해 좀 더 안정적이고 정확한 예측 결과를 추구하는 방향으로 발전을 거듭해 오고 있다. 이 이론들은 금융 상품뿐만 아니라 상품 기획 설계, 경영상의 의사결정 등 다양한 분야에서 사용되었고, 더 나아가 정보통신 발달에 힘입어 자동화된 의사결정 시스템을 만드는 데까지 이르렀다. 항공요금의 결정, 적정 재고량 산정, 광고 타깃층 선정 등이 현대 정보통신 기술과 의사결정학의 만남으로 가능해졌다.

카지노와 보험회사가
돈을 버는 원리

내국인이 출입할 수 있는 국내에서 유일한 리조트단지인 강원랜드의 연간 매출은 1조 원을 넘는다.[1] 더구나 2009년 급습한 경제위기 상황에서도 꾸준한 매출과 수천억대의 순이익을 올렸다. 매출이나 순이익을 따져 보면 이는 우리나라의 어지간한 중견기업과 맞먹는 수준이다. 불확실성이나 리스크처럼 예측이 힘든 경우를 이야기할 때 흔히들 '주사위 던지기'나 '카드 게임'과 같은 카지노를 예로 든다. 교과 과정에서 확률을 소개할 때도 주사위 던지기나 카드 게임은 빠지지 않는 단골 메뉴다. 비즈니스에서 의사결정을 가장 힘들게 하는 것이 미래에 대한 불확실성이다. 그런데 불확실성의 가장 대표적인 예인 카드 게임이나 주사위 던지기와 같은 도박 사업으로 그렇게 큰돈을 벌 수 있다니 아이러니가 아닐 수 없다. 이를 가만히 곱씹어 보면 분명 불확실성도 잘 이용하면 최고의 비즈니스 모델이 될 수 있다는 뜻이다. 이야기를 잠시 돌려보자.

:: 신의 주사위 놀이를 놓고 벌어진 세기의 논쟁

불확실성은 영어로 'uncertainty'로 확실성을 뜻하는 'certainty'에 부정의 뜻을 가진 접사 'un'이 붙어 '확실하지 않다'는 뜻을 갖는다. 일반적으로 '불확실하다'고 하면 정확히 예측할 수는 없지만 어쨌든 불행한 쪽으로 결론이 날 듯한 뉘앙스를 풍긴다. 하지만 사전적 의미는 결과가 좋은지 나쁜지에 상관없이 그저 '확실하지 않다'는 뜻일 뿐이다. 이 의미로 볼 때 복권 당첨으로 수십억 원을 벌었다면 이것 또한 불확실성에 의한 결과라 할 수 있다. 이처럼 불확실성이란 결과의 좋고 나쁨을 떠나 사전에 결과를 예측할 수 없는 상황을 의미한다.

그렇다면 불확실성을 어떻게 다뤄야 더 나은 결정을 내릴 수 있을까? 경영에서 불확실성을 어떻게 다루는지 알아보기 전, 자연의 현상을 다루는 과학계에서 바라보는 불확실성에 대해 잠시 살펴보자.

불확실성은 과학계에서 격론을 벌이는 주제 중 하나다. 특히 20세기 초 양자 역학(현대 물리학의 한 분야로 물질의 근본을 이루는 분자, 원자, 전자 등의 운동을 연구하는 분야)에서 아인슈타인과 보어의 불확실성에 대한 상반된 주장은 세기의 논쟁으로 알려져 있다.[2] '물질을 이루는 최소 단위 입자의 위치'를 파악하는 문제는 당시 물리학에서 가장 큰 이슈 중 하나였다. 물리학의 체계를 세운 뉴턴의 역학 이론에 의하면 입자의 초기 위치와 입자에 가해진 힘의 정보만 있으면 입자가 움직인 위치를 정확하게 예측할 수 있어야 했다. 예를 들어 입자를 눈에 보이지 않는 매우 작은 공에 비유한다면, 공을 던질 때의 각도, 힘의 크기, 공이 날아갈 때 받는 공기의 저항이 같다면 공은 늘 같은 자리에 떨어져야 한다. 그런데 실제로는 공을 수차례 던져도 서로 비슷한 위치에 떨어질 뿐 정확하게 같은 자리에 떨어지지 않았다. 즉 실제 미세 입자를 통한 실험에서도 입자들의 근접한 거리만 예측할 수 있었을 뿐 입자 각각의 위치를 정확히 예측하는 것은 불가능했다. 이 때문에 입자 위치를 정확히 예측하는 것이 가능하냐 불가능하냐를 놓고 논쟁이 시작되었다.

아인슈타인은 이에 대해 우리가 자연현상을 발견하지 못했거나 이해하지 못한 어떤 힘이 작용해서 정확한 위치를 파악하지 못할 뿐 당시의 물리학적 해석이 잘못된 게 아니라고 주장을 했다. 다시 말해 우리가 세상의 진리를 완벽하게 이해하고 발견한다면 불확실성은 존재하지 않는다는 견해를 피력했던 것이다. 아인슈타인은 자연의 섭리는 주사위 던지기와 같은 불확실성의 결과는 아니라는 의미로 "신은 절대 주사위 놀이를 하지 않는다."(God does not play dice.)라는 유명한 말을 남기기까지 했다.

하지만 아인슈타인의 상대성 이론과 함께 현대 물리학의 양대 산맥을 이루는 양자 역학을 탄생시킨 닐스 보어(Niels Henrik David Bohr)는 입자의 위치 측정에서 초기값이 같아도 결과치가 다르게 측정되는 현상이 인간의 무지에서 비롯된 게 아니라 세상에 존재하는 불확실성에 의한 결과라고 주장하며 아인슈타인의 의견을 반박했다. 즉 우리가 입자의 특성을 정확하게 예측하지 못하는 것은 자연현상을 더 깊게 파악하지 못한 결과가 아니라 그 자체에 우리가 예측하기 힘든 불확실성이 자연현상의 일부로 내재하고 있기 때문이라고 설명했다. 보어는 아인슈타인의 의견에 반박해 "신이 주사위로 하는 일에 이래라 저래라 하지 마시오."(Stop telling God what to do with dice.)라는 명언을 남겼다. 이런 보어의 견해를 '코펜하겐 해석'(Copenhagen Interpretation)'이라 부른다. 보어가 몸담았던 덴마크 코펜하겐연구소의 연구원들이 보어의 해석을 중심으로 하나의 학파로 발전했기 때문이다.

코펜하겐 학파는 불확실성은 궁극적이며 세상에 내재된 하나의 특성이라고 주장했다. 반면 반코펜하겐 학파는 불확실성이란 존재하지 않으며, 현실에서 나타나는 불확실한 측정은 현재 우리 지식이 완벽하지 않아서일 뿐이기 때문에 지식을 완벽히 갖추면 언젠가는 해소될 것이라고 주장했다. 이러한 두 학파의 논쟁은 1927년부터 아인슈타인이 사망한 1955년까지 이어졌고 반코펜하겐 학파의 물리학자들은 수십 년간 이 불확실성의 존재를 부정하기 위한 연구를 진행했으나 별 소득 없이 끝났다. 현대 물리학은 코펜하겐 학파의 해석을 지지하고 있다.

사실 자연현상의 불확실성을 어떻게 해석하는지와는 별개로 우리가 살아가는 하루하루의 삶에서 불확실성은 절대 무시하지 못할 특성이다. 설사 아인슈타인의 견해가 옳다 하더라도 우리가 의사결정을 내릴 때 의사결정에 영향을 미치는 모든 상황을 완벽하게 파악하기란 현실적으로 불가능하다. 예를 들어 의류 제조업체에서 내년 여름에 유행할 패션 트렌드를 조사하고 이에 맞는 전략을 세우려고 한다. 이때 시장에 존재하는 모든 사람의 각각의 성향을 정확하게 파악하여 이를 바탕으로 패션 트렌드를 완벽하게 예측하기란 현실적으로 어렵다. 시장에 존재하는 모든 사람들의 정보를 수집하기란 힘들뿐더러 이러한 모든 성향을 파악한들 이를 바탕으로 짧은 시간 안에 개개인의 성향과 패션 트렌드의 상관관계를 파악하는 것 또한 어렵다. 결국 불확실성이 실제로 존재하건 안 하건 간에 현실적으로는 이러한 기술적 한계를 불확실성으로 인정하고 이를 고려하여 의사결정을 하는 게 좀 더 현실적일 것이다.

불확실성에 의한 예측 불가능한 특성을 과학에서는 '임의성' 혹은 '랜덤(Random)하다'고 표현한다. 이런 랜덤한 특성은 우리 주위에서 흔히 찾아볼 수 있다. 1930년대에 한 증권사에서 흥미로운 실험을 했다. 당대 최고 펀드 매니저들이 선택한 종목과 무작위로 추출한 종목의 수익을 1년간 비교해 본 것이다. 놀랍게도 무작위로 추출한 종목의 수익률이 더 높았다는 결과가 나왔다. 이 실험을 빗대어 신문에서는 눈가리개를 한 원숭이가 무작위로 선택한 종목이 고액 연봉의 펀드 매니저가 고른 종목보다 수익률이 더 높다는 것을 비아냥거리는 기사를 냈고, 그 후 증권가에서 '눈 가린 원숭이'는 고액 연봉을 받는 펀드 매니저를 조롱하는 단어가 되기도 했다.[3]

이 실험의 목적은 증시 동향이 예측하기 힘든 무작위성, 즉 랜덤한 특성을 지니고 있다는 것을 보여 주기 위해서였다. 물론 이 주가 등락이 이 실험의 결과와 같이 예측 불가능한 랜덤한 특성만 지닌 것은 아니다. 거시적으로는 경제 동향과 함께 기업의 경영 상태 및 그 외 경제·경영 요소가 복합적으로 작용한다. 하지만 이 실험에서와 같이 랜덤한 특성은 증시 동향에서 절대 무시할 수 없는 특성이기도 하다. 이런 이유로 증권가에서는 증시 동향을 모델화할 때 경제·경영 상황과 함께 랜덤한 특성을 동시에 수치화해 주가 등락을 예측한다. 이는 마치 우리가 던진 공의 착륙 지점을 분석할 때 공에 작용하는 힘과 바람 속도, 던지는 각도 등 현실적으로 수치화가 가능한 모든 정보와 함께 랜덤한 특성을 가미해 예측하는 보어의 모델과 비슷하다.

:: 카지노는 과학적인 비즈니스 모델

보어와 코펜하겐 학파의 주장의 옳고 그름을 떠나 이런 불확실성이 현실적으로 우리 생활의 여러 면을 제한하는 것은 틀림없는 사실이다. 대부분의 사람들이 어떤 결정을 선뜻 내리기 힘든 이유는 현재의 결정이 불확실한 미래에 어떤 식으로 돌아올지 모른다는 불안감 때문이다. 하지만 이런 불확실성 앞에서 신에게 기도밖에 할 수 없었던 먼 옛날 우리 조상들과 달리 현대인들은 다행히 이 불확실성의 또 다른 이면을 파악하고 있다. 그리고 한걸음 더 나아가 역설적으로 이 불확실성을 바탕으로 돈벌이를 하는 사업도 창조해 내기에 이른다. 그 대표적인 경우가 보험회사와 카지노다.

동전을 한 번 던졌을 경우 동전의 앞면이 나올지 뒷면이 나올지 정확히 예측하기란 현실적으로 불가능하다. 하지만 동전을 100번 던졌을 경우(정상적인 동전이라면) 대략 앞면이 50번, 뒷면이 50번 정도 나온다고 예측할 수 있다. 그리고 1,000번, 10,000번……, 이런 식으로 동전을 더 많이 던지면 던질수록 놀랍게도 이 수는 50퍼센트에 근접한다. 이처럼 각각의 사건은 예측 불가능한 불확실성을 가지고 있지만 '이 사건이 계속 반복될 경우 예측 가능한 수치로 수렴하고 반복된 수가 더 많을수록 이 수치는 더 정확해지는 현상'을 확률에서는 '대수의 법칙'이라 부른다.

동전 던지기처럼 어떤 개인이 어느 순간 화재로 집이 불타 모든 것을 다 잃을지 예측하는 것은 불가능하다. 하지만 놀랍게도 전국 화재 발생률은 어느 정도 예측 가능하다.[4] 인구증가율이나 주택보급률 그리고 기후 등 화재에 영향을 미치는 상황이 순식간에 바뀌지 않는 한 이 화재 발생률은 동전을 수없이 던져 동전 앞면이나 뒷면이 나올 경우를 어느 정도 예측할 수 있는 것처럼 예측이 가능하다. 이를 바탕으로 각 개개인의 보험료와 사고시 보상금액을 산출한다. 산출 방식이 대수의 법칙에 바탕에 두고 있기 때문에 동전을 많이 던질수록 예측이 더 정확해지는 것처럼 보험의 경우도 가입자가 많을수록 좀 더 정확한 예측으로 안정된 수익 구조를 가진다. 극단적인 예로 보험 가입자가 한 명이라면 보험회사 입장에서는 한 판 도박을 벌이는 것과 다름없다. 하지만 가입자가

Tip 분산과 위험성

금융 상품의 경우 정기예금이나 적금처럼 고정 이율을 적용하는 상품은 수익률이 낮다. 대신 펀드처럼 불확실성이 높은 상품은 높은 투자 수익률을 목표로 한다. 불확실성이 커 위험 부담이 큰 대신 목표 수익률도 높게 책정되어 있다. 대부분의 투자는 위험 부담이 클수록 예상 수익률도 크게 책정된다. 반대로 보통 분산 투자는 위험성이 줄어드는 대신 수익률도 줄어든다고 생각한다. 하지만 이런 공식이 늘 맞는 것은 아니다.

10만 원이 있는데 동전의 앞면이 나오면 판돈을 다 가지고 뒷면이 나오면 다 잃는다고 하자. 이 경우 10만 원을 한 번에 다 걸어 10만 원을 한 번에 따거나 전부 잃을 수 있는 경우와 10만 원을 10번 나눠 각각 만 원씩 배팅하는 방법을 비교해 보자(단, 10번만 하고 끝낸다). 첫 번째 방법이나 두 번째 방법이나 서로의 기대 수익은 0으로 같다.

하지만 첫 번째 경우 '10만 원을 딸 경우'와 '10만 원을 잃을 경우'의 확률이 50 대 50이다. 그 중간값은 존재하지 않는다. 즉, 10만 원을 잃거나 10만 원을 따거나 둘 중에 하나다.

반면 두 번째 경우 10번 동전 던져 10번 내리 잃지 않고서는 10만 원을 모두 잃을 수가 없다. 물론 10만 원을 따려면 10번 모두 이겨야 한다. 이처럼 분산 배팅에서는 10만 원을 잃기도 힘들지만 10만 원을 따기도 힘들다. 대신 10번 배팅 후 수익은 '10만 원'과 '-10만 원' 사이가 될 가능성이 크다고 할 수 있다. 이처럼 앞의 경우는 결과는 대박 아니면 쪽박이지만 두 번째 분산 배팅의 경우 대박 혹은 쪽박 가능성이 적고 더 안정적인 게임을 할 수 있다.

수천, 수만 명이라면 장기적으로 이는 무모한 한 판 도박이 아닌 과학적 근거를 바탕으로 안정된 수익률을 가져다주는 사업이 된다. 매출액 기준 세계 100대 기업에 많은 보험회사가 포함되어 있다는 사실은 이 불확실한 상황에서 대수의 법칙이 얼마나 유용하게 적용되는지를 알려주는 예라 하겠다.

강원랜드와 같은 카지노 사업 또한 불확실성을 대수의 법칙을 이용해 돈벌이로 바꾼 또 하나의 대표적인 비즈니스다. 일반적으로 카지노와 고객의 승률은 각각 51퍼센트 대 49퍼센트라고 한다. 카지노와 고객의 승률을 비교해볼 때 카지노의 승률은 불과 1퍼센트 높다는 뜻이다. 비록 1퍼센트의 승률이지만 놀랍게도 카지노가 단 1퍼센트의 높은 승률로 엄청난 수익을 올릴 수 있는 비결도 실은 대수의 법칙 때문이다. 한 판에서 1퍼센트의 승률로 승리를 보장할 수는 없다. 하지만 수많은 고객을 유치해 수많은 도박판을 제공함으로써 1퍼센트의 승률을 현실화한다.

문화체육관광부의 카지노 통계 현황에 따르면 2008년 강원랜드의 하루 평균 입장객은 약 8,000명이고, 하루 평균 매출은 29억여 원이다. 만일 이 8,000명이 카지노에서 수십 번의 배팅을 통해 29억을 쓰는 것이 아니라 단 한 명이 한 판에 29억 원을 배팅한다고 생각해 보자. 비록 카지노가 고객보다 1퍼센트 승률이 높다지만 이 1퍼센트가 승리를 보장해 줄 수는 없다. 이런 경우라면 카지노나 고객이나 모두 요행수를 바라고 무리하게 판을 벌이는 셈이다. 하지만 실제로 카지노에서는 이런 고액의 도박판을 제공하지 않는다. 고액 단판 배팅이 위험한 도박이란 것을 누구보다 잘 알고 있는 카지노로서는 각 게임당 배팅 상한선을 정해 인위적으로 고객이 여러 번 게임을 하도록 제도적 장치를 마련하고 있다. 고객 수천 명이 수만 번 배팅을 하는 방식을 통해 카지노는 승부를 예측하기 힘든 각각의 게임을 1퍼센트의 수익을 보장하는 사업으로 탈바꿈시킨다. 즉, 이 1퍼센트를 예측 가능한 은행 예금 이자와 같은 상황으로 바꾼 것이라 할 수 있다.

MIT 수학 천재들의 카지노 습격 사건

1980년대 MIT의 몇몇 학생들이 조직적으로 '카드 카운팅'이라는 방법으로 라스베가스에서 수백만 달러를 딴 적이 있다. 카드 카운팅이란 블랙잭을 할 때 펼쳐진 카드를 보고 계산하여 펼쳐지지 않은 카드가 어떤 카드일지를 예측하는 방법이다. 이론은 간단하지만 실제 도박장에서 이를 응용하려면 펼쳐진 수를 순식간에 보고 계산해내야 하는데 여기에는 상당한 기억력과 암기력이 필요하다. 그래서 팀을 이뤄 각자 맡은 부분의 패를 외우고 서로 눈빛이나 몸사인을 통해 정보를 교환하기도 한다. MIT와 라스베가스의 전설적인 이 이야기는 이후 《MIT 수학 천재들의 카지노 무너뜨리기》란 소설로 세상에 알려졌고, 2008년도엔 《21》이란 제목의 할리우드 영화로도 제작, 개봉되었다. 여러 카드 게임들 중 이들은 블랙잭만 선택해 도박을 했다. MIT의 수학 천재들은 왜 여러 게임들 중 블랙잭을 택했을까?

이 질문에 답하기에 앞서 자신이 카지노에서 게임을 한다고 가정해 보자. 지금 내 수중에 1,000만 원이 있고 이 돈으로 1,000만 원의 수익을 내고자 한다. 앞서 설명한 대로 카지노와 고객의 승률은 각각 51퍼센트 대 49퍼센트로 카지노가 약 1퍼센트 정도 더 높다. 한 번 배팅해 내가 이기면 판돈만큼 더 받고 반대로 지면 판돈을 다 잃는 게임을 한다고 가정하자. 이 경우 1,000만 원을 한꺼번에 배팅하는 것과 1,000만 원을 쪼개 1만 원씩 1,000번 배팅을 하는 방법 중 어느 방법이 더 나은 전략일까? 분산 투자를 생각하면 1,000번을 나눠 배팅하는 것이 더 안정적이라 생각할 수 있어 분산된 배팅을 선택할 수 있다. 하지만 오히려 한꺼번에 배팅하는 것이 승률은 훨씬 더 높다. 1,000만 원을 한꺼번에 배팅해 이길 확률은 49퍼센트이지만 1,000만 원을 만 원씩 나눠 배팅해 목표치인 1,000만 원을 딸 확률은 거의 0퍼센트에 가깝다. 분산을 해서 49퍼센트의 승률을 0퍼센트로 떨어뜨린 것이다! 어떻게 이런 결과가 나왔을까?

:: 비교우위 없으면 맥 못추는 분산 투자

대수의 법칙은 불확실한 하나의 사건이 여러 번 반복되면 예측 가능한 수치로 수렴된다. 앞의 가정에서 1만 원씩 1,000번 배팅을 하면 카지노의 1퍼센트 더 높은 승률이 현실화될 수 있다. 즉 잃고 따고를 반복하다 보면 결국 카지노는 1퍼센트 승률로 '승리'하게 되는 것이다. 이 게임은 비록 1퍼센트 차이지만 나에게는 불리한 게임이다. 게임을 한 번만 한다면 운 좋게 이길 수도 있지만 이 불리한 게임을 계속 반복한다고 해서 불리한 상황을 이롭게 만들 수는 없다. 따라서 이 경우 한 판의 운으로 승부를 거는 편이 더 나은 전략인 것이다.

이처럼 불확실한 상황에서 투자를 하더라도 근본적인 비교우위가 존재하지 않는다면 분산 투자도 별 의미가 없다. 카지노는 고객에 비해 1

퍼센트의 비교우위를 가지고 있다. 고객이 카지노와 게임을 할 때 판돈을 분산한들 카지노만 더 확실하게 돈을 따도록 만들어 주는 것이나 다름없다.

비즈니스 상황에서도 위험 상황이 많이 있다. 따라서 이 위험을 분산하는 전략을 짜더라도 근본적인 비교우위가 없다면 위험 분산은 아무런 의미가 없다. 일테면 새로 음식점을 차리더라도 위험 분산을 위해 한 가게에 투자하지 않고 여러 가게에 나누어 투자한다 하더라도 음식점이 다른 음식점에 비해 맛이 더 좋거나 더 효율적으로 운영할 비교우위가 존재하지 않는다면 분산 투자의 이점이 없다는 뜻이다. 증권 종목을 고를 때도 많은 불확실성이 존재하지만 근본적으로 재정 상태나 경영 기법에 비교우위를 가진 기업들을 선택하는 것이 첫 번째이고, 그 다음에 분산 전략을 택하는 것이 바람직하다.

MIT 수학 천재들이 여러 카지노 게임 중 블랙잭을 선택한 이유는 카지노 게임 중 블랙잭만이 유일하게 승률을 임의로 올릴 수 있기 때문이다. 이들은 명석한 두뇌와 반복된 훈련으로 '카드 카운팅'이라는 방법을 사용하여 카지노보다 1퍼센트의 불리한 상황을 자신들이 더 유리한 상황으로 바꿔 버렸다. 다른 게임에서는 카지노가 고객에 비해 1퍼센트의 비교우위를 가지고 있다. 비록 아주 작은 퍼센트지만 이 수치를 바탕으로 해서 고객을 상대로 수익을 올릴 수 있다는 사실은 앞에서 설명한 그대로이다. 누구보다 이 대수의 법칙을 잘 아는 이들은 비교우위가 존재하지 않는 게임에 돈을 걸 가치가 없었다. 하지만 블랙잭은 카드 카운팅이란 방법을 사용하면 이 1퍼센트의 비교우위를 반대로 바꿀 여지가 있는 게임이다.

불확실성에 대한 위험 부담을 줄이기 위해 분산 투자의 개념을 사용하려면 그 전에 반드시 비교우위 확보가 선행되어야 한다. 그렇지 않으면 분산으로 인해 오히려 투자한 것을 100퍼센트 잃는 역설적인 상황이 전개될 수도 있다.

:: 카지노에서 곱지르기 전략을 써도 결국 돈을 잃는 까닭

앞에서 1,000만 원 배팅에서 1,000만 원을 한꺼번에 배팅해 이길 확률은 49퍼센트인 반면 1만 원씩 1,000번 배팅해 1,000만 원의 수익을 올릴 확률은 거의 0퍼센트에 가까운 이유 중 하나는 비교우위 때문이라고 설명했다. 즉 1퍼센트의 승률 차이로 인해 게임을 많이 하면 할수록 결국 돈을 더 잃게 된다. 그런데 이 경우 우리가 생각해야 할 중요한 또 한 가지 요소가 있다. 바로 '자본 차이'다. 앞에서 내가 가진 총 자본 1,000만 원과 비교할 때 카지노는 헤아릴 수 없을 만큼의 돈을 가지고 있다. 나는 1,000만 원을 잃으면 판돈이 바닥나므로 그걸로 게임은 끝이다. 하지만 카지노는 2,000만 원을 잃든 2억 원을 잃든 이를 만회할 충분한 자본을 가지고 있다. 즉 아무리 돈을 많이 잃어도 대수의 법칙에 의해 이를 만회하고 결국 1퍼센트 비교우위의 승률을 현실화할 수 있는 자본이 있다.

수학에서 '겜블러의 최후'(gambler's ruin)라는 모델은 이 상황을 수학적으로 설명하고 있다.[5] 이 모델에 의하면 두 사람이 도박을 할 때 각각 승리할 확률이 50 대 50으로 같더라도 한쪽이 다른 한쪽에 비해 월등히 많은 자본이 있으면 결국 자본이 많은 사람이 승리할 확률이 높다. 이 겜블러의 최후 모델은 도박에서 소위 '곱지르기 전략'이 얼마나 부질없는지 잘 설명해 준다.[6] 곱지르기 전략이란 판돈을 잃었을 경우 잃은 돈의 두 배를 배팅해 한 번 지더라도 다음 번에 이겨 이전에 잃은 돈을 만회하는 전략이다.

　예를 들어 동전 던지기를 해서 동전의 앞면이 나오면 판돈을 다 가지고 뒷면이 나오면 판돈을 모두 잃는 게임을 한다고 생각해 보자. 판돈 1만 원을 건 첫 번째 판에서 동전 뒷면이 나와 1만 원을 잃더라도 다음 판에 잃은 돈의 두 배인 2만 원을 판돈으로 걸어 이기면 이전에 잃은 돈 1만 원을 만회하고도 1만 원을 더 따게 된다. 그러나 만약 두 번째 판에서도 뒷면이 나와 첫 번째 잃은 1만 원과 합쳐 총 3만 원을 잃었다면 판돈을 4만 원으로 올려 배팅한다. 만약 이 판에서 이기면 다시 앞에 잃은 3만 원보다 많은 4만 원을 따 1만 원이 남는다. 만약 세 번째 판에서도 뒷면이 나와 세 번 내리 지더라도 다음 네 번째 판을 8만 원으로 올려 이기면 결국 이제까지 잃은 돈을 다 만회하고도 1만 원을 더 따게 되는 셈이다. 이처럼 계속 지더라도 잃은 돈의 두 배로 판돈을 올려 배팅해 한 번이라도 이기면 본전을 찾을 수 있는 곱지르기 전략은 겉으로 보기에는 매우 효과적으로 보일 수 있다. 하지만 이 곱지르기 전략은 순식간에 판을 수십 배로 키워 버리는 매우 위험한 방법이다.

　운이 나빠 8번 내리 동전의 뒷면이 나왔다면 총 255만 원을 잃게 된다. 그럼 다음 판에는 256만 원을 판돈으로 걸어야 한다. 단돈 1만 원 도박이 순식간에 월급이 통째로 오고 가는 도박이 된다. 동전의 뒷면이 내리 8번 나올 확률은 적기 때문에 이런 경우를 걱정할 필요가 없다고 생각한다면 이는 확률을 잘못 이해한 것이다. 동전 던지기 게임에서 8번 모두 뒷면만 나올 확률을 계산해 보면 $(\frac{1}{2})^8$인 0.0039로 매우 희박한 확률이다. 하지만 동전 던지기를 해서 내리 7번 뒷면이 나온 시점에서 다음에 던질 여덟 번째 동전이 뒷면이 나올 확률은 0.5이다. 동전은 이제까지 뒷면이 나왔는지 앞면이 나왔는지 기억하지 못한다. 따라서 동

> **Tip** 확률의 무기억성

동전을 8번 던져 내리 뒷면이 나올 확률과 그 외 확률 계산

동전을 8번 던졌다. 아래 두 가지 결과를 비교해 보자.

경우 1: 뒷면 – 뒷면 – 뒷면 – 뒷면 – 뒷면 – 뒷면 – 뒷면 – 뒷면
경우 2: 뒷면 – 앞면 – 앞면 – 뒷면 – 뒷면 – 뒷면 – 앞면 – 앞면

첫 번째 경우에서는 뒷면이 연속으로 나왔고, 두 번째 경우에서는 뒷면과 앞면이 서로 섞여 나왔다. 어떤 경우가 확률적으로 더 많이 나올 수 있을까?
8번 내리 뒷면이 나온 첫 번째 경우가 확률적으로 더 나오기 힘들다고 생각할 수 있다. 하지만 사실은 두 경우 모두 확률은 똑같다. 첫 번째 동전을 던졌는데 뒷면이 나왔다고 해서 다음번 동전을 던질 때 결과에 영향을 주는 건 아니다. 첫 번째 결과에 상관없이 두 번째 던질 때는 앞면이 나오건 뒷면이 나오건 확률은 동일하다. 마찬가지로 열 번 내리 던져 뒷면이 나와도 열한 번째 던질 때 앞면이 나오거나 뒷면이 나올 확률은 같다. 이러한 확률의 특성을 '무기억성'(memoryless property)이라 한다.

전을 던질 때마다 이제까지의 결과와 무관하게 동전 앞면과 뒷면이 나올 확률은 0.5이다. 즉 재수가 무지 없어 8번 내리 뒷면이 나왔다 생각하지만 이것은 얼마든지 가능한 경우다. 이는 곧 판이 순식간에 커질 수 있다는 의미이기도 하다. 판이 커지면 돈을 잃어도 두 배로 판돈을 올릴 수 있는 자본이 필요하다. 결국에는 일찍 자본을 다 소진해 판돈을 더 이상 걸 수 없는 쪽이 게임에서 지게 된다. 카지노가 안정적인 이윤을

남길 수 있는 이유도 개인이 가진 자본보다 훨씬 더 많은 돈을 투입할 자본이 있기 때문이다.

아무리 장기적으로 수익이 좋은 사업에 투자한다 해도 단기적으로는 내부 악재나 경기 상황에 따른 자본 압박을 받을 수 있다. 이런 단기적인 어려움을 이겨내기 위해서는 단기적 악재를 견뎌 낼 수 있는 유동자금의 확보는 필수다. 모든 자본을 한꺼번에 투자하기보다는 여분의 자본을 남겨 두는 것이 불확실성에 대비하는 방법이다. 1,000만 원의 여유 자본이 있다고 이 돈을 모두 펀드나 주식에 투자했다 생각해 보자. 아무리 장기적으로 높은 수익을 가져다주는 펀드라도 단기적으로는 오르내리는 등락을 거듭하게 마련이다. 만일 1,000만 원을 넣고 가입한 펀드가 단기 악재에 800만 원까지 떨어졌는데 엎친 데 덮친 격으로 급히 500만 원이 필요하다면 결국 시장이 좋지 않을 때 손해를 보며 팔아야 한다. 살다 보면 무슨 일이 언제 일어날지 모르므로 불확실한 상황에 단기적으로 대처할 수 있는 최소한의 여유 자본은 남겨 놓는 것이 현명한 방법이라 하겠다.

Tip 랜덤 워크와 브라운 운동 그리고 금융공학

1828년 영국의 식물학자 로버트 브라운(Robert Brown)은 시약 속에 있는 식물의 꽃가루 입자를 현미경으로 관찰하다 흥미로운 사실을 발견했다. 외부의 힘을 받지 않는 꽃가루가 시약 안에서 춤추듯 이리저리 매우 불규칙적으로 떠돌아다녔던 것이다. 그로부터 수십 년 후인 1905년 아인슈타인은 자신이 발표한 논문에서 이 입자의 불규칙한 운동이 물 분자들과의 충돌에서 비롯되었다는 것을 밝혔다. 학계에서는 물체의 불규칙한 움직임을 '랜덤 워크'라고 부른다.

랜덤 워크란 '한 지점에서 출발해 한 발짝 한 발짝 디디는 방향이 랜덤하게 이뤄지는 움직임'을 말한다. 예를 들어 동전을 던져 앞면이 나오면 오른쪽, 뒷면이 나오면 왼쪽, 이렇게 두 방향으로만 한 발자국씩 움직인다고 가정해 보자. 동전 앞면이 나올 확률과 뒷면이 나올 확률이 각각 50퍼센트이므로 이 걸음걸이를 오래 해도 좌우로 왔다 갔다 하며 출발점 근처에 있을 것 같지만, 실제 이 걸음걸이를 오래 하면 할수록 출발점에서 멀어질 가능성이 크다. 그리고 이 랜덤 워크 이론에 의하면 출발점에서 멀어진 거리는 발자국을 뗀 수(n)의 제곱근에 비례한다.

그런데 사물 입자는 아주 짧은 시간에도 미세한 움직임을 계속 하는 연속성을 지닌다. 이러한 연속성에 랜덤 워크의 불확실한 움직임을 더한 현상을 로버트 브라운의 이름을 따 '브라운 운동'(Brownian motion)이라고 부른다.

브라운 운동 모델은 열역학의 열 전도 모델이나 로켓 추진체의 기체 분사 모델 등 다양한 분야에 응용되는데, 그중에서도 가장 널리 이용되고 있는 분야가 다름 아닌 금융이다. 작은 입자가 물 분자와의 충돌로 인해 이리저리 예측하기 힘들게 튀는 현상은 주가가 매수와 매도 주문에 의해 예측하기 힘들게 등락하는 현상과 매우 흡사하기 때문이다. 바실리에는 처음으로 이 브라운 운동을 이용해 주식의 등락을 수학적으로 해석하기도 했다.

에어버스 A380, 공항을 아수라장으로 만들다?

앞에서 살펴봤듯이 카지노는 대수의 법칙을 활용하여 단 1퍼센트 차이의 승률로 도박을 안정된 수익이 보장되는 비즈니스 모델로 바꿔 놓았다. 보험회사가 지속적으로 사업을 펼칠 수 있는 것도 이 대수의 법칙을 활용했기 때문이다. 대수의 법칙이 적용되는 카지노와 보험회사가 이 법칙의 전제조건을 만족시키기 위해서는 많은 고객을 유치해야만 한다. 충분한 고객을 유치하지 못할 경우 대수의 법칙이 보장하는 안정적인 수익 구조를 예측할 수 없기 때문이다. 많은 고객을 유치하는 것은 불확실성을 기반으로 하는 보험회사와 카지노에서는 안정적 수익의 필요조건인 동시에 위험 분산을 위한 필요조건이기도 하다.

보험회사는 한 고객이 사고를 당해 피해를 보상해 주더라도 고객이 많다면 그들이 납입한 보험료로 보상금을 지급할 자금력을 갖출 수 있다. 재난에 대비한 보험 상품의 경우 남부 지방이 태풍으로 수해를 입었어도 타 지역에 자연재해가 발생하지 않았다면 보험사는 크게 걱정할 필요 없이 타 지역의 보험가입자가 낸 보험료로 피해 지역의 피해를 보

Tip 포트폴리오 이론

"계란은 한 바구니에 담지 말라."라는 금언으로 유명한 금융의 '포트폴리오 이론'은 금융 분야만이 아니라 다양한 분야의 의사결정에도 효과적으로 적용할 수 있다. 이 포트폴리오 이론은 전반적인 인간의 의사결정, 즉 불확실한 세상에서 시도하는 인간의 도전에 새로운 전기를 마련했다는 커다란 의미가 있다.

이전부터 불확실성을 극복해 더 나은 의사결정을 하려는 인간의 노력은 있었지만 그 성과가 미미했던 이유는 단지 예측에만 집중했기 때문이다. 이는 마치 지금 던지는 주사위의 결과를 예측하려는 부질없는 노력과 같다. 확률 이론을 적극적으로 투자 의사결정에 이용하기 시작한 20세기 초 학자들은 단기 예측으로(주로 주식 시장에서) 일확천금을 노리는 연금술사의 비법을 연구하기 바빴다. 그러나 그러한 연구는 '예측'이 아니라 '예언'의 영역이다. 예언은 과학자의 몫이 아닌 예언가의 몫이다. 이런 잘못된 방향 설정 때문에 억지스러운 불가능한 가정이 넘치는 이론만 난무했을 뿐 실제 의사결정에 도움이 되는 이론은 찾기 힘들었던 것이다.

하지만 20세기 중반 예언가가 되려는 수많은 학자들 사이에 의사결정의 과학적 기반이 된 새로운 이론이 등장한다. 바로 '포트폴리오 이론'이다. 해리 마코위츠는 "투자는 수익뿐만 아니라 리스크 관리도 중요하다."는 혁신적 관점을 수학적으로 증명해 냈다. 당시 학계에 만연하던 '단기 예측을 통한 수익 중심적 관점'이 '투자 분산을 통한 리스크 관리'로 옮겨 갈 이론적 단초를 마련한 것이다.

시카고 대학 경제학과 박사 과정을 밟고 있던 마코위츠는 우연한 기회에 주식 중개인과 대화를 나누다가 주식 시장에 대한 수학적 연구를 하게 되었다.[7] 그는 개별적 주식의 움직임과 여러 개의 주식을 묶은 증권 포트폴리오의 움직임이 완전히 다르다는 사실을 증명해 냈고, 이것을 1952년 6월에 저명한 금융 학술지인 《금융 저널》(Journal of Finance)에 '포트폴리오 선택'(Portfolio Selection)이라는 제목으로 발표했다. 이것이 바로 1990년에 그에게 노벨 경제학상을 안겨 준 '포트폴리오 선택 이론'이다.

분산의 개념을 통해 불확실성에 대비하는 의사결정은 이후 다양한 분야에 적용되기 시작했고, 분산과 불확실성의 관계는 현대 경영의 의사결정에서 빠질 수 없는 고려 요건으로 자리잡았다.

상해 줄 수 있는 것이다.

즉, 고객이 많을수록 위험 분산의 가능성이 커진다. 이와 같은 원리는 투자에서 "계란은 한 바구니에 담지 말라."라고 하는 '분산 투자'의 원리와 같다. '위험을 분산시킴으로써 한 쪽의 위험을 다른 쪽에서 만회할 여지를 찾는다.'는 개념인 셈이다.

:: 불확실성 때문에 공항이 마비될 수도 있다

계란은 한 바구니에 담지 말라는 위험 분산 개념은 투자만이 아니라 기업이나 생산 시설의 운영 등 다양한 분야에 적용할 수 있다. '잘못될 가능성이 있는 것은 최악의 상황에 최악의 형태로 잘못된다.'는 이른바 '머피의 법칙'처럼 예측하지 못한 상황이 발생하고 이 상황이 최악으로 치닫는 경우도 있다. 비록 한 순간 한 순간 모든 상황을 예측하는 것은 불가능하지만 예측하지 못한 상황이 발생하더라도 그 피해를 최소화하는 것이 운영의 지혜라 하겠다.

내가 대학에서 교통 관리 과목(Transportation Operations Research: MIT 경영대학/토목공학 개설과목)의 조교로 활동할 때의 일이다. 그 수업에는 유럽의 주요 허브 공항의 임원 한 분이 1년간 함께 공부하기 위해 참석하고 있었다. 그는 수업 중에 흥미로운 토론 주제를 제시했다. 당시는 에어버스사가 'A380'이란 초대형 항공기를 선보이며 각 항공사에

〈표 4-1〉 여객 터미널의 보잉747기의 도착 시간과 도착 게이트

도착 게이트	보잉747기 도착 시간
1번	1시
2번	1시 30분
3번	2시
4번	2시 30분

세일즈 홍보를 할 때였다. 그가 제시한 토론 주제는 '초대형 항공기가 취항할 때 공항에서 대응해야 할 사항'에 관한 것이었다.

에어버스사에서 새로 제작된 A380 항공기는 최대 탑승 인원이 800명으로, 이는 기존 최대 항공기인 보잉747기의 2배에 달한다. 에어버스가 이 초대형 항공기를 선보이자 공항에서는 가장 먼저 이 비행기의 물리적 크기에 대한 대응을 놓고 논란이 일었다. 일단 육중한 비행기가 뜨고 내릴 때 후미에 생기는 와류(渦流)의 영향 때문에 그만큼 비행기의 이착륙 시간 간격을 조절해야 한다. 또한 날개 길이가 길어지기 때문에 항공기가 서로 지나갈 때 안전거리도 더 확보해야 한다. 그리고 기존 항공기보다 훨씬 크다 보니 터미널 공간도 더 커져야 하고 공항의 탑승 터미널 출입구와 비행기 출입구가 맞지 않아 탑승 터미널 출입구를 새 비행기에 맞게 다시 조절해야 한다. 이 모든 것들이 공항으로 봐선 그리 달갑지 않은 이야기이다. 하지만 공항의 고객은 항공사이고, 최대한 많은 항공사들이 자사의 공항에 취항할 수 있도록 편의 시설을 제공하는 것이 공항의 임무이다. 따라서 그리 달갑지는 않지만 공항 시설과 운영을 이

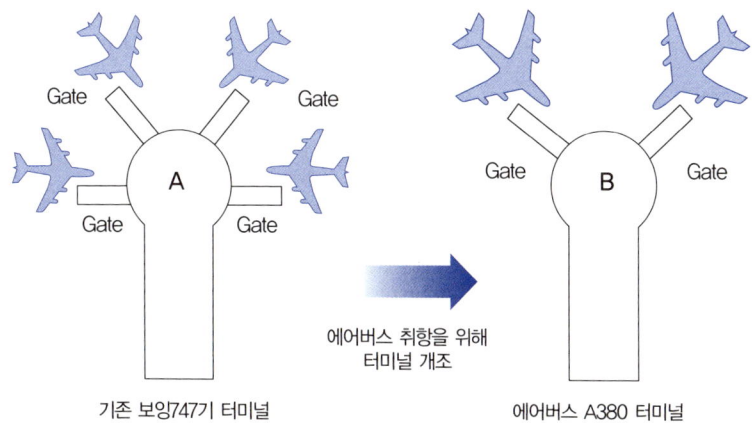

〈그림 4-1〉 에어버스 A380기 취항에 따른 여객 터미널 개조

대형 비행기에 맞게 수정하지 않으면 안 된다.

초대형 항공기로 인해 공항이 당면한 이 정도의 문제점들과 그 대책은 국내외 언론 매체에서도 소개된 바 있을뿐더러 상식적으로도 쉽게 유추해낼 수 있는 사항들이다. 하지만 정작 심각한 문제는 따로 있었다. 결론부터 말하면 불가피한 불확실성 때문에 초대형 항공기일수록 도착 지연에 따른 결과를 증폭시킬 수 있다는 점이다. 당시 이 문제를 그 임원과 진지하게 토론하고 함께 리포트도 작성했는데, 핵심만 설명하면 다음과 같다.

〈그림 4-1〉과 같은 여객 터미널이 있다. 현재 이 여객 터미널에는 보잉747기 4대를 수용할 수 있는 규모다. 이 터미널은 특정 항공사가 장기 전세 계약을 맺어 해당 항공사의 비행기만이 이용할 수 있다. 이 여객 터미널로 오후에 도착하는 보잉747기는 총 4대로 각 비행기는 30분 간격

으로 도착한다. 〈표 4-1〉과 같이 1번 게이트에는 1시, 2번 게이트에는 1시 30분, 3번 게이트에는 2시, 4번 게이트에는 2시 30분에 도착한다.

만일 이 항공사가 보잉747기를 에어버스 A380기로 대체해 4대의 보잉747기 대신 2대의 에어버스 A380기가 각각 1시와 2시에 도착하도록 항공편을 배정했다고 가정해 보자. 최대 400명을 수용하는 보잉기가 오후에 총 4대 도착하므로 오후 최대 도착 승객 수는 1,600명이다. 대체된 에어버스 A380기는 최대 800명을 수용하므로 2대의 비행기가 오후에 도착하면 최대 1,600명이 도착할 수 있다. 이렇듯 단지 총 입국 인원 수로 볼 때는 보잉747기나 에어버스 A380기나 차이가 없다. 하지만 비행기는 항상 정시에 도착한다고 보장을 할 수 없는 불확실성을 지니고 있다. 보잉747기나 에어버스 A380기는 규모가 큰 비행기여서 대부분 항공사들이 장거리 여행인 국제선에 도입한다. 문제는 국제선 비행기가 도착하는 터미널은 입국 심사장과 연결되어 있고 도착하는 모든 승객들은 이 입국 심사장을 통과해야 한다는 것이다. 입국 심사장과 이 에어버스 A380기 사이에는 어떤 상관관계가 있을까?

오후에 4대의 보잉747기가 도착할 경우 비행기의 지연이나 연착 혹은 예정보다 빠른 도착으로 2대의 비행기가 동시에 도착한다면 최대 800명의 승객이 한꺼번에 입국장으로 들어온다. 그러나 에어버스 2대로 운영할 경우, 이 에어버스 2대가 동시에 도착하면 최대 1,600명이 도착하게 된다. 두 가정을 비교해 보면 2대가 동시에 도착할 확률은 별 차이가 없지만 결과는 두 배의 차이가 난다. 불확실성으로 인해 예측 못할 상황인 '2대가 동시에 도착할 경우'를 비교했을 때 이 상황이 연출될 가능성은 비슷하지만 불확실성의 결과로 인한 타격은 큰 차이가 나는 것이다. 이러한 상황을 달리 표현하면 에어버스 A380기로 운항할 경우

1,600명이 입국장으로 몰리려면 2대가 동시에 도착해야 한다. 하지만 보잉으로 운항할 경우 이 같은 상황을 연출하기 위해서는 4대의 비행기가 동시에 도착해야 한다. 2대의 비행기가 연착으로 동시에 도착할 가능성은 4대 비행기가 동시에 도착할 경우보다 훨씬 크다.

실제 데이터를 바탕으로 위험을 수치화했을 때 보잉747기 4대가 비슷한 시간에 도착해 1,600명이 동시에 입국할 확률은 0.052퍼센트였다. 즉 이러한 확률은 대략 5년에 한 번 일어날까 말까 한 일이다. 반면 에어버스 A380기 2대로 운항할 경우 1,600명이 도착할 확률은 무려 6.5퍼센트나 되었다. 이는 한 달에 두 번이 일어날 수 있는 확률이다. 다시 말해 보잉747기에서 에어버스 A380기로 대체함으로 인해, 입국장이 아수라장이 되는 상황이 5년에 한 번 일어날 수 있는 일에서 한 달에 두 번씩 겪어야 하는 일상으로 바뀔 수 있다는 것이다!

이 예가 시사하는 바는 다음과 같다. 만일 모든 비행기들이 정확하게 정시에 도착해서 공항 운영이 계획대로 된다면 4대의 보잉747기나 2대의 에어버스 A380기나 운영상 아무런 차이가 없다. 하지만 문제는 불확실성이다. 모든 상황이 계획한 대로 진행되리라는 보장은 없다. 특히 항공기 운항의 경우 연착은 자주 일어나는 일이다. 따라서 이 불확실성은 모든 계획의 기본 가정으로 고려되어야 한다.

'불확실성'이란 요소를 고려하지 않는다면 터미널 개조와 항공기의 이착륙 시간 조절 외에 보잉747기 4대를 수용하나 에어버스 A380기 2대를 수용하나 공항 운영상 큰 차이가 없다. 하지만 비행기 운항에서 불가피한 불확실성을 고려하고 보면 의사결정의 모든 면을 달리 검토해야 하는 경우가 생긴다. 불확실성이 존재하는 한 늘 예상치 못한 상황이 닥칠 수 있기 때문이다.

제5장

재즈 피아니스트,
삼성전자를 혁신하다

"공장 운영이란 예측하지 못한 사건들과의 끊임없는 싸움이다."
― 스탠리 거슈윈(Stanley B. Gershwin)

10개의 테이블에서 300명이 아침 식사를?

미국 보스턴 중심부에 위치한 찰스 스트리트(Charles Street). 미국 역사의 뿌리라 할 수 있는 보스턴 시 안에서도 가장 오래된 거리 중 하나인 찰스 스트리트는 거리의 가스등과 고풍스런 건물이 옛 정취를 물씬 풍기는 관광지이자 역사적인 거리다. 이 거리 한쪽에는 오랜 역사를 자랑하는 '파라마운트'(Paramount)라는 레스토랑이 있다. 아침 식사와 주말 브런치 전문 레스토랑인 이곳은 신선한 재료를 사용한 맛깔스러운 메뉴로 지역 주민들뿐만 아니라 관광객들에게도 사랑받는 보스턴의 명소다. 아침마다 이 레스토랑 앞에 길게 늘어선 손님들은 거리의 명물이 되었을 정도다.

하지만 레스토랑의 유명세에 걸맞는 웅장한 건물에 세련된 인테리어를 기대한다면 실망이 클 것이다. 이 레스토랑의 면적은 주방을 포함하더라도 한국 중산층들이 주로 사는 아파트만 한 크기가 될까 말까 하다. 이 레스토랑의 테이블은 불과 10개. 게다가 한 테이블에 네 명 이상 앉기도 빠듯하다. 장소가 좁아 테이블 놓을 공간이 턱없이 부족한 탓이다.

〈그림 5-1〉 파라마운트 레스토랑 입구

 이 레스토랑에서는 그 유명세 못지않게 놀라운 사실을 하나 발견할 수 있다. 작은 테이블이 불과 10개 남짓한데도 줄지어 들어오는 손님들이 빈 테이블이 없어 기다리는 경우가 거의 없다는 것이다. 물론 고급 레스토랑 중에 테이블을 몇 개만 놓고 저녁 한 때 테이블당 한 그룹의 손님들만 받는 경우가 있긴 하다. 고가의 메뉴라 단 한 번의 회전율로도 충분히 이윤을 낼 수 있기 때문이다(테이블 회전율이란 한 끼당 한 테이블에 몇 번이나 새 고객을 치르는가를 나타내는 수치이다). 그러나 파라마운트 레스토랑은 서민적인 음식점이므로 가급적 회전율이 높아야 수지를 맞출 수 있다. 그런데 신기하게도 10개의 테이블로 문전성시를 이루는 손님을 충분히 다 소화해 내는 것이다. 가끔씩이지만 나 역시 보스턴에서 이 레스토랑을 이용하면서 단 한 번도 테이블을 기다린 적이 없다. 이런 마술 같은 운영 비결은 무엇일까?

:: 레스토랑 파라마운트의 운영 비밀

이 마술의 비밀은 바로 이곳만의 독특한 음식 주문 방식과 식탁 배정 방식에 있다. 레스토랑 문을 들어서면 곧바로 테이블로 향하는 일반 레스토랑과는 달리 손님은 먼저 '음식 주문 줄'에 서야 한다. 메뉴는 이 레스토랑 벽면을 덮고 있어 음식 주문 줄에서 차례를 기다릴 동안 어떤 음식을 주문할지 결정하면 된다.

그리고 음식 주문을 하고 나면 주방 옆쪽의 계산대를 향한 줄로 다시 서게 된다. 주방은 개방형이므로 기다리며 자신이 주문한 음식이 조리되는 과정을 지켜볼 수 있다. 그리고 계산대에 다다르기 전 주문한 음식이 나오고 이를 받아 계산대에서 계산하고 음식을 들고 테이블로 가 식사를 한다.

물론 이와 같은 주문 방식은 패스트푸드나 구내 식당과 흡사하다. 하지만 미리 준비된 음식을 주문에 따라 내주는 패스트푸드나 구내 식당과는 달리 파라마운트에서는 손님의 주문을 받은 후 조리에 들어간다. 그래서 메뉴도 구내 식당처럼 획일화되지 않은 다양한 메뉴를 제공하고, 손님이 원하면 메뉴에 없는 음식도 제공한다. 요리의 질이 획일화된 패스트푸드나 구내 식당 음식과는 차원이 다르다.

바꿔 말하면 이 파라마운트 레스토랑의 놀라운 비결은 손님이 식사를 할 때만 테이블을 이용하도록 한다는 점이다. 일반 레스토랑에서 손님이 테이블에 앉으면 메뉴판을 보고 음식을 고르는 데 10분, 웨이터를 불러 주문하는 데 5분, 주문한 음식을 기다리는 데 10분 정도가 걸린다.

그리고 식사하는 데 10분, 마지막으로 식사 후 계산서를 요청하고 계산하는 데 5분이다(대부분의 미국 레스토랑은 계산서를 테이블에 앉아 웨이터에게 요청한다). 테이블을 차지하고 있는 시간은 총 40분이지만, 정작 식사하는 데 걸리는 시간은 불과 10분 정도밖에 되지 않는다. 즉 식사 시간은 레스토랑 안에서 보내는 시간의 1/4에 불과한 것이다.[1]

하지만 식사를 할 때만 테이블에 앉고 나머지 시간은 서서 기다려야 하니 손님들이 불편하지 않겠느냐고 묻고 싶을 것이다. 단언컨대 전혀 그렇지 않다. 물론 놀이동산에서 놀이기구를 탈 때나 슈퍼에서 물건을 살 때 줄서서 기다리는 것을 즐기는 사람은 없을 것이다. 특히나 현대와 같이 모든 것이 빠르게 움직이는 사회에서 기다림은 정체를 뜻하는 것이고, 정체는 곧 뒤처지는 것이라는 인식이 강하기 때문에 더욱 그렇다.

하지만 줄서서 기다리는 사람의 심리를 연구한 심리학자 데이비드 마이스터(David Maister)는 다음과 같은 흥미로운 사실을 발견했다.[2] 그는 사람들이 줄을 서서 기다릴 때 불편하게 여기는 것은 줄을 서 있는 것 그 자체가 아니라 기다리는 동안 아무것도 하지 않은 채 시간을 낭비하고 있다고 인식하기 때문이라는 사실을 발견했다. 바꾸어 말하면 만일 줄을 서서 기다리면서도 뭔가 생산적인 일을 하고 있다면 큰 불편함을 느끼지 않는다는 뜻이다. 여기에 더해 사람들은 줄서서 기다릴 때 시선을 집중할 무언가가 있다면 불편을 덜 느낀다고 한다.

파라마운트 레스토랑의 경우 음식을 주문하는 줄에 선 손님은 서 있는 동안 벽에 걸린 메뉴를 이리저리 살피며 무엇을 주문할지 생각한다. 주문을 위해 줄을 서 있지만 실제로는 자신이 먹을 음식을 고르고 있으므로 이 시간은 식사를 하기 위한 생산적인 시간으로 바뀐다. 음식을 주문한 후 주방을 옆에 끼고 다시 계산대로 향할 때는 개방형 주방에서 자신이 주문한 음식이 조리되는 과정을 지켜볼 수 있다. 요리사가 계란을 어떻게 요리하는지 베이컨을 어떻게 굽는지 지켜보다 보면 시간 가는 줄 모른다. 그런 다음 계산대에 다다랐을 때쯤 따뜻한 김이 오르는 요리를 받아 들게 된다.

그런 다음 계산을 끝내고 테이블로 향해 식사를 하면 된다. 고객은 레스토랑에 들어선 순간부터 꽤 긴 시간 줄을 서서 기다리지만, 기다리는 동안 맛있게 먹을 음식을 고르기 위해 고민하고 자신이 먹을 음식이 요리되는 순간을 보고 즐기는 유쾌하고도 생산적인 시간을 보내게 된다. 어느 누가 줄서라 기다려라 강요하지 않아도 자연스레 물 흘러가듯 주문과 음식 전달이 이뤄진다.

이와 같은 시스템으로 손님은 실제로 아침 식사를 하는 10분 정도만 테이블을 차지하게 된다. 그래도 의문은 쉬 가시지 않는다. 정말 10개의 테이블로 가능한 것일까? 이 레스토랑 매니저의 말에 따르면 오전 7시부터 11시까지 아침 시간대에 근 300명의 손님이 이곳을 찾는다고 한다. 실제 테이블 10개로 아침에 밀려드는 300명의 손님 모두에게 기다리지 않고 바로 식사 자리를 마련할 수 있을까? 파라마운트의 예를 보면 이는 충분히 가능하다. 그러면 이론적으로 어떻게 이것이 가능한지 알아보자. 여기에 가장 유용하게 적용할 수 있는 이론이 바로 '리틀의 법칙'(Little's Law)이다.

:: 수익과 직결되는 리틀의 법칙

MIT 경영대학원 슬론 스쿨(Sloan School of Management)의 존 리틀(John Little)이 발견한 이 법칙은 '공간 내에 머무는 객체 수(L)', '객체의 공간 유입량(r)', '객체가 머무는 시간(W)'의 상관관계를 수학적으로 밝힌 이론이다. 리틀의 법칙에 따르면 이들은 다음과 같은 관계를 가진다.

$$L = r \times W$$

즉 '공간 내에 머무는 객체 수'는 '객체의 공간 유입량'과 '객체가 머무는 시간'에 비례한다.[3] 수식으로 표현하면 다소 생소하지만 사실 원리를 알면 간단하다.

대형마트를 떠올려 보자. 평일 오전 사람들이 장을 안 보는 시간에는 매장에 들어오는 사람도 드물다. 그래서 매장 내 손님도 많이 없고 한산하다. 반대로 오후 시간대는 많은 사람들이 장을 보는 시간대로 매장 안으로 들어서는 사람이 많아진다. 따라서 당연히 매장 안은 많은 사람들로 붐빈다. 이처럼 매장에 들어서는 손님 수와 매장 내 머무는 손님 수는 비례한다는 걸 알 수 있다.

그런데 매장 내에 머무는 손님 수를 좌우하는 요소가 또 하나 있다. 바로 손님들이 매장 내에 머무는 시간이다. 매장에 들어서는 손님 수가 같아도 금방 필요한 생필품만 집어 계산하고 나가는 손님이 대부분인 경우와 여러 코너를 돌며 이것저것 구경하고 천천히 쇼핑을 즐기는 손님이 대부분인 경우가 있다. 그러면 둘 중 어느 경우가 매장 안에 더 많은 손님이 들어차 있을까? 당연히 매장에서 오랜 시간을 보내는 손님이 많은 경우일 것이다. 이와 같이 한정된 공간, 여기서는 매장 내 손님의 수는 매장으로 유입되는 손님들의 수와 손님들이 매장 내에서 보내는 시간에 비례한다는 것을 알 수 있다.

이 공식을 파라마운트 레스토랑에 적용해 보자. 공식의 객체를 손님이라 했을 경우, 객체가 머무는 공간은 손님이 식사하는 테이블이 있는 홀이다. 따라서 '객체의 공간 유입량(r)'은 음식을 들고 홀에 들어서는 손님의 양, 즉 기준 시간당 손님 수다. 보통 파라마운트에는 오전 7시부터 11시까지 4시간 동안 300명이 다녀간다. 300÷(4×60)=1.25이므로 1분당 1.25명의 손님이 홀에 유입되는 셈이다. 그리고 '객체가 머무는 시간(W)'은 손님들이 식사하는 데 걸리는 시간이다. 평균적으로 손님들이 식사하는 시간이 10분이므로 W=10분이다. 그렇다면 이를 리틀의 법칙에 대입해 보자.

$$\text{홀에 머무는 손님 수}(L) = 1.25(r) \times 10(W) = 12.5$$

즉 평균적으로 홀에서 식사하는 손님들은 12.5명임을 알 수 있다. 테이블이 10개이고 테이블당 최대 4명의 손님을 수용할 수 있으므로 홀의 최대 수용 인원은 40명이다. 그런데 테이블에서 식사하는 손님이 평균 12.5명이므로 10개 테이블로 밀려드는 손님을 충분히 소화할 수 있다는 결론이 나온다.

만일 파라마운트가 일반 레스토랑처럼 운영한다면 손님의 테이블 점유 시간은 40분이 된다. 리틀의 법칙으로 계산하면 평균 50명의 손님 분의 테이블이 필요하다. 한 테이블당 4명을 꽉 채워도 수용이 불가능하다. 이처럼 리틀의 법칙은 경영의 의사결정과 운영에 매우 유용하게 사용될 수 있다. '식당에 테이블을 몇 개 놓아야 하는가' 하는 문제에서부터 '공장 목표 생산을 달성하기 위해 몇 개의 물건을 공장에 투입해야 하는지'와 같은 운영 문제, '재고 창고의 규모를 얼마나 크게 해야 하는지'와 같은 투자 문제에 이르기까지 경영의 각 부분에서 다양하게 응용된다.

파라마운트의 홀 정 중앙에는 다음과 같은 글귀가 적혀 있다.

"저희 음식점은 다른 식당과 달리 독특한 시스템으로 운영됩니다. 비록 협소한 공간에 적은 수의 테이블이 놓여 있지만 신기하게도 손님들이 음식을 받아 테이블로 향하면 언제든지 빈 테이블을 찾으실 수 있습니다. 어떤 원리가 저희 시스템을 가능케 하는지는 모르겠습니다. 하지만 이는 여러 방식을 시도하고 시행착오를 거쳐 발견한 성공적인 운영 방식입니다. 1937년부터 이 방식을 불편 없이 이용해 오고 있습니다."

이 파라마운트 레스토랑은 나름 운영을 고민하고 시행착오를 거치며 현재 운영 방식을 발견했다고 한다.

이 리틀의 법칙은 레스토랑의 테이블 수나 면적 수 그리고 손님들의 대기 시간을 사정하는 데 유용하게 사용된다. 또한 리틀의 법칙과 더불어 다양한 데이터 분석과 과학적인 경영 방식으로 투자와 운영의 효율을 높일 수 있다. 실제로 세계적인 엔터테인먼트 기업인 디즈니 사는 자사의 리조트 레스토랑 내 손님들의 식사 시간에 대한 분 단위 계산을 통해 레스토랑의 면적 계산 및 테이블 배치 그리고 조리사와 웨이터들의 스케줄 관리 및 운영 계획을 세워 운영과 고객 만족을 실행하고 있다.[4]

파라마운트의 비밀을 리틀의 법칙으로 알아보았다. 혹시 보스턴을 방문할 기회가 있다면 파라마운트를 꼭 한 번 방문해 보시길 바란다. 혹 거기서 존 리틀을 만날 수 있을지도 모르니까.

Tip 리틀의 법칙과 존 리틀

세계 역사를 바꾼 공식을 이야기할 때면 어김없이 떠올리는 공식이 '뉴턴의 힘의 법칙'과 '아인슈타인의 에너지 법칙'이다. 아무리 과학에 문외한이라도 아마 아래 공식을 한번쯤은 접한 적이 있을 것이다.

$$F = m \times a$$
$$E = m \times c^2$$

첫 번째는 힘과 가속도의 법칙을 설명한 뉴턴의 힘의 법칙을 표현한 공식이다. 그리고 두 번째는 아인슈타인의 에너지 법칙으로 물질의 에너지에 관한 공식이다. 비록 단순해 보이는 공식이지만 힘과 에너지에 관한 자연의 진리를 입증해 자연과 인간의 관계를 새로이 설정한 위대한 공식이다. 뉴턴의 힘의 법칙으로 인해 정역학, 동역학, 유체역학과 같은 물리학의 파생 분야가 생겨났고, 아인슈타인의 에너지 법칙으로 양자 역학과 같은 현대 물리학의 기초 이론이 정립되었다.

힘의 법칙, 에너지의 법칙과 같이 경영학에도 '생산 관리, 재고 관리, 서비스 운영 그리고 공급사슬망 관리'와 같은 분야가 생겨난 기반을 마련한 위대한 법칙이 있다. 바로 '리틀의 법칙'(Little's Law)이다.

리틀의 법칙은 학계에 경영과 과학의 융합이 가속화되던 1961년에 경영과학자인 존 리틀(John Little)이 《경영과학지》(Operations Research)에 논문을 발표하면서 세상에 알려졌다. '경영과학'을 처음으로 체계적인 학문으로 정립하고 대학의 정규 학위 과정에 도입한 곳이 바로 MIT이다. 당시 MIT 물리학 교수이자 학계에서 경영학의 창시자로 추대되는 필립 모스가 1955년 '경영과학' 과정을 최초로 개설했는데, 이 과정에서 처음으로 박사 학위를 받은 학생이 존 리틀이다. 따라서 그는 세계 최초의 경영과학 박사인 셈이다.

리틀은 박사 학위를 받은 후 미국 오하이오 주에 있는 케이스 웨스턴 리저브(Case Western Reserve) 대학에서 연구 활동을 시작한다. 리틀의 법칙을 발견한 곳도 바로 그 시절이다. 이후 그는 MIT의 경영대학원 교수로 자리를 옮겨 리틀의 법칙을 바탕으로 '마케팅 과학'이라는 경영의 새로운 분야를 개척했다. 그는 현재까지 MIT 경영대학원인 슬론 스쿨(Sloan School of Management)의 교수로 재직 중이다.

미국 정부의
최대 수혜자가 된 삼성전자

"SLIM의 재정적 효과는 파격적입니다. 지난 5년 동안 별다른 투자 없이도 (SLIM을 통해) 10억 달러 매출을 올렸으며, 세계 'DRAM' 시장의 점유율도 18퍼센트에서 22퍼센트로 올랐습니다."[5]

경영과학의 노벨상이라 불리는 에델만상(Edelman Award) 수상식에서 2001년도 최종 후보로 선정된 삼성전자를 대표해 연설했던 당시 반도체 총괄 사장 이윤우 사장의 말이다. 'SLIM'은 삼성전자가 전략적으로 실행해 온 공장 운영 혁신 프로젝트 이름이다. 그런데 그 때, 연단에 올라 연설하는 이윤우 사장 뒤에서 미소를 머금은 채 서 있던 재즈 피아니스트가 있었다.

:: 삼성전자의 가장 강력한 무기

반도체업계에서 독보적인 1위를 유지하는 삼성전자가 세계 최초로 더 작은 미세 공정 개발에 성공했다는 뉴스를 자주 접한다. 일반인들은 이런 삼성전자의 '개발 능력'이 곧 세계 반도체 시장 1위를 가능케 하는 원동력이라고 생각한다.

하지만 반도체업계 내부에서는 삼성전자의 이런 기술 개발 능력보다 더 큰 가치를 두는 기술이 있다. 바로 '제조 운영 기술'이다. 제조 운영으로 이룬 원가절감, 신속한 시장 대응 능력은 경쟁 업체가 가장 두려워하는 삼성전자의 무기라 할 수 있다. 업계에서는 삼성전자의 앞선 반도체 미세 공정 기술은 경쟁 업체와 비교해 짧게는 6개월, 길게는 1년의 차이가 있는 반면 제조 경영 기술은 무려 몇 년을 앞서고 있다고 인정한다. 결국 진정한 삼성전자의 경쟁력은 단순히 상품의 우수성만이 아닌 경영 노하우, 특히 제조 운영 노하우에 있다 하겠다.

무한 경쟁 시대에서 경쟁사보다 품질 좋고 성능이 우수한 상품이 반드시 최고 기업의 지위를 보증하지는 않는다. 최고 상품이 정교한 운영 기술과 융합될 때 비로소 최고의 기업으로 성장할 수 있는 길이 열린다. 삼성전자의 경영에서 이러한 사실을 확인할 수 있다. 그렇다면 삼성전자의 제조 운영 기술의 핵심은 무엇일까? '삼성의 경영 방식'하면 빈틈없는 조직력을 많이들 떠올릴 것이다. 그런데 이런 삼성의 조직력 뒤에는 정교하게 시스템화된 '생산 라인 운영 기술'이 숨어 있다. 진정한 삼성전자 반도체의 경쟁력을 살펴보자.

:: 충격의 버클리 보고서

1995년 상반기, 삼성전자는 반도체 호황으로 사상 최대의 분기 흑자를 기록했다. 이런 호황을 맞아 모든 반도체업체들은 지나치게 시장에 물량을 쏟아 붓고 기존 공장으로도 모자라 앞다퉈 새 공장을 증설했다. 하지만 컴퓨터의 부품인 DRAM 반도체 수요가 컴퓨터 수요를 앞지를 수 없다는 진리를 깨닫는 데는 많은 시간이 필요하지 않았다(요즘에는 스마트폰이나 자동차 전자장비, GPS내비게이션 등 다양한 기기들이 DRAM을 필요로 하지만 당시에는 컴퓨터 외에는 DRAM을 사용하는 기기가 거의 없었다). 컴퓨터 업그레이드 수요가 한계에 다다르자 반도체 수요는 꺾이기 시작했다. 게다가 상반기에 막대한 물량이 시장에 풀리면서 야기된 과잉 공급으로 하반기 반도체 가격은 폭락하기 시작했다. 1995년 하반기, 세계 반도체업체들은 호황의 잔치 여흥이 채 가시기도 전에 잘 차려진 밥상이 한순간에 뒤집어지는 고통을 감수해야 했다.

　삼성전자도 예외는 아니었다. 특히 업계에서 가장 과감히 투자를 감행했던 삼성전자로서는 경쟁 업체들보다 더 큰 고통을 감내해야 했다. 단순히 기술 선점으로 물량을 대량으로 시장에 쏟아 내 시장을 선점하는 기존 전략만으로는 급속히 변화하는 시장 상황에 대응하는 데 한계가 있다는 점을 절실히 깨달았다. 더 나아가 단순한 저가 공세와 정부 보조에 의지한 허약한 체질로는 세계를 상대로 한 장기전에서 살아 남을 수 없다는 위기의식이 싹트기 시작했다.

　이렇게 삼성전자에 위기의식이 팽배해 있을 때, 또 하나의 충격적인 뉴스가 전해졌다. 미국 버클리 대학이 발표한 〈세계 반도체 생산성 분석 보고서〉에서 삼성전자 생산 공장의 '제조 사이클 타임'이 연구 대상에 속해 있던 다른 29개 생산 공장들 가운데 최악의 평가를 받았던 것이다.[6]

　'제조 사이클 타임'이란 공장에서 원자재가 투입돼 여러 공정을 거쳐 완성품에 이르는 총시간을 의미하는데, 이는 공장의 생산성을 측정하는 하나의 중요한 지표로 이용된다. 이 시간이 짧을수록 물건을 완성하는 기간이 짧아 소비자가 요구하는 상품을 신속히 시장에 내놓을 수 있다.

Tip 버클리 보고서

1990년대 초 일본산 고급 자동차와 고가 전자제품이 미국 시장을 본격적으로 잠식하자 미국 제조업의 위기의식이 학계와 정치계의 큰 이슈로 부각되었다. 미국은 이전에 일본의 단순한 저가 생활용품이나 대중적 상품이 시장을 장악할 때는 큰 위협을 느끼지 못했다. 하지만 한 단계 진화한, 첨단 기술과 우수한 품질로 무장한 일본 상품이 자국의 텃밭을 야금야금 잠식해 들어가자 위기의식을 느끼기 시작했다. 당시 토요타 자동차는 렉서스 브랜드로 미국 고급 자동차 시장에 연착륙했고, 1980년대 저렴한 워크맨으로 미국 시장에 성공적으로 진입한 소니는 1990년에 이르러 본격적으로 고급 오디오 및 전자제품 시장을 공략하기 시작했다.

소비가전업계는 빠르게 승부가 결정나 버렸다. 그래서 미국 정부와 학계는 미국 제조업 최후의 보루로 '반도체'를 지목했다. 미국의 IBM이나 인텔, 모토로라, 텍사스 인스트루먼트 사는 일본의 NEC, 히타치, 도시바 등과 컴퓨터 CPU를 제외한 전 종목에서 경합을 벌이는 상황이었다. 특히 미국 정부는 '1980년대 정부의 안일한 대응으로 미국 자동차업계가 경쟁력을 상실하고, 그 결과 시장을 일본에 내줬다.'는 국민의 비난을 생생히 기억하고 있던 터라 첨단 반도체 산업에서만큼은 아낌없는 지원을 제공했다. 물론 직접적인 자국 기업 지원은 무역 마찰의 소지가 있으므로 미국 정부는 연구 재단을 통한 연구비 지원 형식으로 반도체 연구 개발과 제조 기술의 경쟁력 강화를 지원했다. 이 정부 지원의 결실이 바로 UC 버클리 대학이 몇 년간의 연구 결과로 내놓은 〈세계 반도체 생산성 분석 보고서〉이다. 업계에서는 연구 주체인 버클리 대학의 이름을 따서 〈버클리 보고서〉라 부른다.

1990년대 초 버클리 대학이 발표한 〈세계 반도체 생산성 분석 보고서〉라는 보고서 이름만 보면 세계의 모든 반도체 업체의 경쟁력을 분석해 연구에 참여한 모든 업체가 다 같이 성장해 나갈 길을 모색하는 것처럼 보일지 모른다. 하지만 이 〈버클리보고서〉의 내용을 자세히 들여다 보면 일본 경쟁 업체의 경쟁력을 분석해 미국 업체가 벤치마킹해야 할 점에 초점

> 을 맞췄다는 것을 발견할 수 있다. 게다가 이 보고서의 연구 주체인 버클
> 리 대학의 위치가 미국 반도체의 태생지인 실리콘밸리와 인접해 있고 연
> 구 지원 단체도 미국과학재단(National Science Foundation, NSF)이었다는 점
> 을 감안하면 연구의 궁극적인 목표가 과연 무엇이었는가를 추측하는 것
> 은 어렵지 않다.

반대로 이 시간이 길면 고객 요구에 신속히 대응하기 힘들 뿐만 아니라 생산 비용도 상승한다. 보고서에 따르면 삼성전자의 사이클 타임은 평균보다 35퍼센트나 길었고, 가장 짧은 타 업체 사이클 타임보다 무려 2배나 길었다. 즉 당시 생산성이 가장 높은 공장에서 한 달이면 완성할 물건을 두 달이나 걸려야 완성할 수 있었다는 의미다.

새로운 개혁으로 위기를 돌파할 것을 선언한 삼성전자의 목표는 분명해졌다. 바로 경영의 선진화, 특히 제조 운영의 혁신이었다. 그리고 이 혁신의 최대 과제로 '제조 사이클 타임 단축'이 꼽혔다. 이 보고서가 나오기 전에도 삼성전자 공장의 긴 사이클 타임이 내부 경영진에 의해 자주 문제점으로 지적되었지만, 호황에는 굳이 환부를 도려내는 고통을 감내할 필요성을 느끼지 못했기에 혁신적인 개선 작업을 실행하지 않았던 것이다. 그러나 1995년 하반기부터 닥친 반도체 경기 침체라는 거대한 쓰나미에 맞서 환부를 도려내는 동시에 체질 개선 작업도 수행해야 살아 남을 수 있는 긴박한 상황에서 선택의 여지는 없었다. 결국 뒤돌아 보면 이 보고서는 삼성전자가 향후 20년간 반도체업체 최강자의 자리를 굳건히 유지할 수 있도록 하나의 터닝포인트를 만들어 준 셈이다.

제조 부문의 경영에 있어서 '제조 사이클 타임 개선'은 가장 힘든 작업 중 하나로 꼽힌다. 기존 상식의 틀을 뒤집는 발상의 전환이 필요하

고, 사이클 타임의 핵심을 이해하기 위해서는 물류 흐름의 본질에 대한 과학적인 이해가 전제되어야 하기 때문이다. 본질 파악 없이 단순히 모두 열심히 하자는 산업화 시대의 발상으로는 성공은커녕 실패만 가속화시키는 게 사이클 타임 단축 작업이다. 대체 어떻게 해야 제조 사이클 타임을 성공적으로 개선할 수 있는 걸까?

:: **리틀의 법칙과 제조 사이클 타임**

리틀의 법칙은 식당에 테이블이 몇 개 필요한지, 혹은 재고 창고의 크기가 얼마나 커야 할지와 같은 시설 투자 문제와 더불어 공장 운영 문제에도 매우 유용하게 이용할 수 있다. 리틀의 법칙을 공장 문제에 적용하기 전 간단한 문제를 하나 생각해 보자.

디즈니랜드와 같은 놀이동산에서 놀이기구 3개를 탈 수 있는 입장권을 구입했다면 이 3개의 놀이기구를 모두 타는 데 걸리는 시간은 얼마일까? 우선 각 기구마다 타는 시간을 5분 정도 잡고 한 놀이기구에서 다른 놀이기구까지 이동하는 시간을 다시 넉넉잡아 10분이라고 하면 35분이면 놀이기구 3개를 다 탈 수 있다는 계산이 나온다(타는 시간 5분×놀이 기구 3개+이동 시간은 10분×2번의 이동 시간). 하지만 파리만 날리는 텅빈 놀이동산이면 몰라도, 놀이기구 타는 시간과 이동 시간만 계산된 35분이라는 시간 안에 모든 놀이기구를 타는 것은 불가능하다. 바로 '대기 시간' 때문이다.

주말에 롯데월드에 가면 한 놀이기구 앞에서 수십 분씩 줄을 서서 기다리는 것은 기본이다. 세계에서 가장 큰 놀이동산인 디즈니랜드에서는 인기 있는 놀이기구의 경우 단 3분을 타기 위해 1시간을 넘게 기다리는 것이 다반사다. 놀이기구 3개를 타는 데 걸리는 시간은 고작 10분도 안

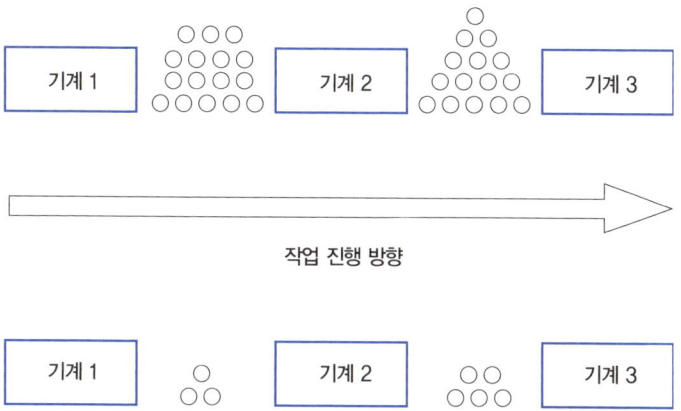

〈그림 5-2〉 공장 내 작업 중인 생산 재고량과 사이클 타임의 관계

공장 내 작업 중인 생산 재고가 너무 많으면 사이클 타임이 길어진다. 맨 윗 그림에는 기계와 기계 사이 생산 재고가 많이 쌓여 있다. 이 경우 놀이동산에서 차례를 기다리는 사람이 많으면 오래 기다려야 하는 것과 같이 각 기계들을 거쳐 작업을 완료하려면 많은 작업 대기 시간으로 인해 사이클 타임이 길어진다. 반면 아래 그림에서는 생산 재고가 적다. 이 경우 대기 시간은 짧아지고 사이클 타임도 줄어든다.

되는데 대기 시간은 거의 3시간이 걸리는 셈이다. 각 놀이기구에 대기하는 사람이 많으면 대기 시간이 길어지고, 반대로 대기하는 사람이 적으면 대기 시간도 줄어든다. 이처럼 대기자 수와 대기 시간은 비례한다 할 수 있다. 이와 같은 상관관계를 리틀의 법칙에 의해 정식화하면, 대기 시간(W)은 수요당 서비스 시간(t)과 대기자 수(L)에 비례한다.

$$W = t \times L$$

그럼 존 리틀이 발견한 리틀의 법칙이 삼성전자의 제조 사이클 타임과 어떤 관계가 있을까? 놀이동산을 공장이라 생각하고 놀이동산의 놀이기구를 각 기계라 생각해 보자(〈그림 5-2〉 참조). 그리고 놀이동산에서 3개의 놀이기구를 타야 하는 자신을 공장에서 가공되고 조립되는 물건이라 가정해 보자. 즉 공장에 물건이 투입되어 3개의 공정을 거치면 완성품이 나온다. 놀이동산 예와 같이 각 공정에서 실제 물건을 가공하거나 조립하는 시간은 5분이고 물건이 공정에서 다른 공정으로 이동하는 데 걸리는 시간이 10분이라면 짧게는 단 35분 안에 물건이 완성될 수 있다. 하지만 각 공정당 평균 약 50개의 물건이 대기하고 있다면 12시간 50분이 걸리게 된다.(3개의 공정×공정당 조립 시간 5분×대기 물건 50개 +10분의 이동시간×2회)[7]

공장에 물건이 투입돼 공정을 거쳐 완성되어 나오는 데 걸리는 총 시간이 사이클 타임이다. 이 사이클 타임은 제조업에서 경쟁력의 척도라 할 수 있다. 소비자가 물건을 주문했는데 35분 만에 주문한 물건을 만들 수 있는 곳과 똑같은 물건을 근 13시간 후에나 출하할 수 있는 곳 중 소비자는 어떤 곳을 선호할까? 생각할 가치도 없는 질문이다.

결론적으로 당시 삼성전자 반도체 공장의 문제는 필요 이상으로 많은 생산 재고에 있었다. 재고가 필요 이상으로 많으니 사이클 타임은 길어질 수밖에 없었고 소비자 대응도 경쟁사에 비해 더딜 수밖에 없었다. 그럼 왜 삼성전자 반도체 공장은 타 경쟁사보다 생산 재고가 많았을까?

:: 재즈 피아니스트, 삼성전자의 구원투수로 등장하다

1996년 1월, 한 깡마른 중년의 미국인이 삼성전자 기흥 공장에 들어선다. 검정색 뿔테 안경에 양복을 말쑥하게 차려 입은 이 신사는 외모로 봐서는 삼성전자에 출입하는 외국 협력업체 직원이나 삼성전자 고객사 직원과 크게 다를 바 없었다. 하지만 당시로서는 귀했던 노트북 컴퓨터를 손수 들고 삼성전자의 박사급 연구원들과 경영진의 영접을 받으며 출입하는 모습이 그가 매우 특별한 사람이라는 것을 말해주고 있었다.

회의실에 도착한 이 신사는 배석한 삼성전자의 연구진과 경영진에게 놀라운 분석 결과를 하나 보여 주었다. 바로 삼성전자의 경쟁사들의 공장 생산 재고 분석 현황이었다. 물론 이 분석에 사용된 자료가 삼성전자 경영진의 눈에 전혀 낯선 자료는 아니었다. 이미 이전에 발표된 버클리 대학 〈세계 반도체 생산성 분석 보고서〉에서 공개된 수치였던 것이다. 하지만 이 자료는 삼성전자의 관점에서 경쟁사를 재분석한 결과였다. 삼성전자측은 여러 분석 결과 중 '삼성전자의 생산 재고 물량이 필요 없는 곳에 모여 있고, 이는 간단히 말해 모든 직원들이 너무 열심히 일해 생긴 결과'라는 놀라운 분석 결과에 입을 다물지 못했다. 아니, 직원들이 너무 열심히 일해 공장의 생산성을 저하시켰다니 이게 무슨 이야기인가?

이 〈세계 반도체 생산성 분석 보고서〉 연구에 참여한 버클리 대학 교수들 중에는 남다른 생각을 가진 교수가 하나 있었다. 버클리 대학 산업공학과 교수이자 경영대학원에도 속한 로버트 리치먼(Robert Leachman) 교수는 학문적 시각으로 문제를 다루려던 다른 동료 교수들과는 달리 보고서의 문제점을 직접 나서서 개선해 보겠다는 남다른 의지를 가진 인물이었다. 리치먼 교수는 〈세계 반도체 생산성 분석 보고서〉라는 연구 결과물을 최종 목표가 아니라 새로운 연구의 시작점으로 인식했다. 연구 보고서의 각 반도체업체의 장단점을 분석한 후 개선 작업에 직접 참여하여 문제점을 보완하고 경쟁력을 직접 강화하겠다는 구상이었다. 특히 그가 주력하는 연구 주제인 '대기 이론'(Queueing Theory)을 직접 생산 현장에 접목해 생산성을 높이는 일에 관심이 있었다(대기 이론에 관해서는 다음에 좀 더 자세히 소개한다).

이런 그의 현장 중심의 관점은 학술지에 얼마나 더 많은 연구 논문을 내느냐를 연구 실적의 척도로 삼았던 당시의 학계 분위기와는 사뭇 달랐다. 상아탑 안에서 연구하고 그 결과를 학계 학술지에 게재하면 학자로서 본분을 다한 것이라 여기던 동료 교수들의 시각과는 달리, 리치먼 교수는 자신의 연구 결과를 직접 나서서 현장에 적용하고, 그 결과로 평가 받겠다는 다소 모험적이지만 적극적이고 행동주의적인 발상을 가지고 있었다. 그는 대학 교수지만 자신의 재즈 밴드를 가지고 있는 재즈 피아니스트이기도 하다. 단순히 음악을 듣고 즐기기보다는 직접 자신의 음악을 연주하고 창조하겠다는 것이다. 이러한 모습에서도 그의 강한 행동주의적 의지를 엿볼 수 있다.

물론 대부분의 교수들은 자신의 이론을 실제 세상에 적용하여 그 결과를 직접 실험해 보고픈 욕망이 있다. 하지만 학문의 이론을 사업 현장에 적용하는 것은 현실적으로 쉽지 않다. 특히 리치먼 교수의 공장 생산성에 관한 이론은 현실에 적용하려면 실제 운영 중인 공장이 필요한데 검증되지도 않은 이론을 실험하기 위해 공장 운영을 맡길 회사가 몇이나 되겠는가! 더구나 어느 산업을 불문하고 회사 내 제조를 담당하는 조직은 타 조직에 비해 변화에 매우 보수적인지라 미세한 변화에도 난색을 표하곤 한다. 제조 조직은 소비자와 대치하는 최전선에서 회사의 매출을 담당하는 일선 조직이다. 따라서 사내에서도 제조 운영에 관해서는 최대한 보수적인 방식으로 경영을 한다. 아무리 유명한 교수, 놀라운 이론을 창시한 학자라 할지라도 이런 두터운 방어벽을 뚫고 새로운 운영 방식을 적용하겠다는 시도는 대부분 무위로 끝나게 마련이었다.

현장에서 늘 이런 어려움을 몸소 체험하던 리치먼 교수는 기업에 다가가는 방식을 바꿔 보기로 했다. 기업은 대학이나 연구소라고 하면 어려운 공식부터 들이대는, 현실 인식 없는 집단이라는 선입견을 가지고 있다. 그래서 그는 그런 선입견을 해소하기 위해 자신의 이름을 딴 컨설팅회사 리치먼 어소시에이트(Leachman Associate)를 만들어, 기업과 소통할 때면 대학 교수가 아니라 컨설팅 회사의 컨설턴트 자격으로 눈높이를 맞췄다. 다행히 그는 다른 동료 교수들이 가지지 못한 천부적인 세일즈 기술을 가지고 있었다. 그는 기업과의 미팅에서 장황한 이론을 설명하기보다는 문제점을 듣는 데에 더 주력했다. 그런 다음 기업이 절실히 알기 원했지만 찾지 못했던 가려운 부분을 예리하게 찾아내 문제 해결의 원리를 이해하기 쉽게 풀어 설명했다. 이런 그의 재능이 유감 없이 발휘된 곳이 다름 아닌 삼성전자였던 것이다.

1996년 초 반도체 시장이 침체로 돌아서고 삼성전자 내부에서도 제조 운영 방식의 문제점이 부각되자 삼성전자 경영진은 다방면으로 경영 선진화 방법을 모색했다. 회사 내부에 크고 작은 혁신 프로젝트가 신설되고 외부 전문가에게 진단과 처방을 받으려는 노력도 시작되었다. 그리고 얼마 지나지 않아 변화를 주도하는 중심에 리치먼 교수가 서게 되었다. 당시 삼성전자로서는 사이클 타임을 줄이는 것이 최대 당면 과제이자 사활을 건 프로젝트였고, 리치먼으로서도 세계 반도체 공장 중 가장 형편없는 사이클 타임의 공장을 세계 최고의 공장으로 개선하는 일은 행동주의적 학자로서의 야망을 펼치기에 충분한 매우 고무적인 기회였다. 당시 세계 반도체 생산량의 등락을 좌우할 수 있었던 1조 원이 넘는 규모의 공장을 자신의 이론을 실험할 수 있는 실험실로 쓸 수 있는 기회를 누가 마다하겠는가?

:: 열심히 일할수록 문제가 커진다

리치먼 교수가 내놓은 첫 번째 진단 결과는 예상대로였다. 삼성전자가 경쟁사에 비해 과다한 재고를 안고 있다는 것이었다. 삼성전자의 제조 사이클 타임이 타사에 비해 높은 것이 첫 번째 원인이었던 것이다. 그리고 리틀의 법칙에 의하면 사이클 타임이 긴 이유는 재고가 많기 때문이었다. 즉 경쟁사의 생산 라인에 비해 과다한 생산 재고를 안고 있다는 의미다.

왜 삼성전자의 생산 라인은 그토록 많은 생산 재고를 안고 있었을까? 리치먼 교수의 지적은 생산 라인에서 재고가 적절한 곳에 있지 않기 때문이라고 했다. 공장 생산 라인에는 재고가 많이 필요한 곳이 있는 반면 많은 재고가 필요 없는 곳도 있다. 적절한 곳에 재고가 있으면 전체 공정이 매끄럽게 진행되도록 하는 윤활유 역할을 하지만, 불필요한 곳에 모여 있으면 특정 공정에 적체를 초래할 뿐 아니라 필요 없는 재고를 더욱더 증가시키기만 하는 '공장의 악'으로 전락하고 만다는 것이다.[8]

그렇다면 어떤 공정에 얼마만큼의 생산 재고가 필요한 것일까? 리치먼 교수는 먼저 전체 공정 흐름에서 가장 생산성이 떨어지는 공정을 지목해 '병목 공정'이라고 불렀다. 병목 공정은 공장 전체 생산성을 직접적으로 좌우하는 곳이다. 병목 공정의 생산성이 떨어지면 공장 생산성도 떨어진다. 전체 공장의 생산성을 유지하기 위해서는 이 병목 공정이 쉴 새 없이 작업할 수 있도록 적절한 생산 재고를 유지해야 한다는 것이 그의 첫 번째 의견이었다.

그는 두 번째로 병목 공정이 아닌 곳에서 기계 고장으로 병목 현상을 일으켰을 경우 이전 공정들은 최소한의 생산 재고만 유지하고 필요 이상의 생산성을 올리지 말 것을 제안했다. 한마디로 열심히 일해 봐야 공장 생산성에 별 도움도 안 되고 사이클 타임만 늘리니 적당히 쉬면서 작업하라는 이야기다. 열심히 일하는 게 오히려 나쁘다니 이게 무슨 말일까? 이 방식은 기존 생산 라인 운영 방식과 모순되는 방식이었다. 각 공정 담당자는 하루 동안의 작업량으로 평가를 받는데 열심히 일하지 말고 오히려 놀라니, 이런 운영 방식은 처음에 공장 운영자들에게서 큰 반발을 샀다.

하지만 그 원리를 이해한다면 이 주장에 수긍하기는 어렵지 않다. 예를 들어 고속도로에 차 사고가 나서 4차선 도로가 2차선으로 줄었다 생각해 보자. 이 사고 소식을 모르고 차들이 계속 고속도로로 유입되면 고속도로는 순식간에 주차장으로 돌변한다. 이미 차들로 꽉 막혀 오도 가도 못하는 상황에서 고속도로로 진입하는 것은 무의미하다. 서둘러 간다고 일찍 집을 나서 고속도로로 진입해 봐야 사고가 다 수습될 때까지 기다리며 시간만 낭비한다. 만일 이 사고 소식을 알았다면 차라리 집에서 잠도 자고 피로도 풀어 체력을 보강한 후 사고 처리가 다 되고 고속도로 소통이 다시 정상이 되었다는 소식을 들은 후에 출발해도 늦지 않다. 서둘러 나간 사람보다 조금 늦게 출발했지만 결국 도착하는 시간은 별반 차이가 없게 된다. 공장의 물류 흐름에서 예상치 못한 기계 고장으로 물류 흐름이 정체되는 경우도 같은 원리로 생각해 볼 수 있다. 이 경우 전 공정에서 물건을 계속 만들어 봤자 재고만 쌓이게 되고, 결국 공장 전체의 생산 재고만 늘게 된다. 결국 무조건 열심히 일해 봐야 공장 전체 재고만 늘리게 되고 사이클 타임을 늘려 생산성 저하만 초래하게 된다.

리치먼 교수는 이런 원리를 바탕으로 실시간으로 공장 현황을 파악하고 공장의 공정 흐름 상황과 공정의 기계 상태에 따라 작업량을 할당하는 시스템을 설계했다. 고속도로의 예에서 만일 경부고속도로 상행선 기흥 인터체인지 부근에서 사고가 나서 6차선이 2차선으로 줄어 든다면, 기흥 이전의 오산, 안성, 천안, 목천 인터체인지 등에서 상행선으로 유입되는 차량을 얼마간 제한해야 하는 것과 비슷한 원리다. 일단 소통을 제한하여 2차선으로만 운행되는 소통을 원활하게 하고 필요 이상 유입되는 차량 소통량을 줄여 꽉 막힌 고속도로에서 운전자가 오도 가도 못하는 시간 낭비를 줄이자는 것과 같다. 리치먼 교수는 자신의 전공인 대기 이론을 바탕으로 각 공정당 기계 상황과 재고 상황을 바탕으로 실시간으로 생산량을 계산하는 시스템을 설계했다. 그리고 공장 운영자는 이 계산 결과를 참고로 생산량을 조절했다.

　리치먼의 시스템은 성공이었다. 이 시스템의 운영으로 1996년 이후 삼성전자의 제조 사이클 타임은 업계 최단 시간을 경신했다. 업계는 삼성전자와 같은 대규모 공장이 단시간에 물건을 만들어낸다는 것은 마치 코끼리가 요가를 하는 것과 같다며 경악을 금치 못했다. 이런 성공의 중심에는 리치먼 교수가 있었지만, 리치먼의 원리를 이해하고 과감히 과학적 경영 방식을 도입한 경영진의 결단도 큰 역할을 했다. 버클리 대학의 반도체 경쟁력 강화 연구로 인해 삼성전자는 자사의 가장 큰 문제점을 파악할 수 있었고, 또 리치먼 교수와 인연도 함께 할 수 있었다. 결국 뒤돌아보면 미국 반도체의 경쟁력을 키우기 위해 미국 정부의 도움으로 시작한 연구의 최대 수혜자는 삼성전자가 된 셈이다.

　리치먼 교수의 운영 시스템이 가시적인 효과를 보이자 삼성전자 반도체 사업부와 리치먼 교수가 맺은 1년 컨설팅 계약은 연장되었다. 리치먼 교수는 이후 5년간 삼성전자와의 인연을 이어 가게 된다. 이 기간 동안 리치먼 교수는 과학적인 기계 운영 방식, 기계 설비 계획 등 제조 시스템 운영 전반에 관한 경영 도서를 저술했다. 그리고 이 성공적인 프로젝트로 리치먼 교수는 2001년 에델만상을 수상해 경영 공학의 이론을 산업 현장에 적용한 성공적인 사례로 학계에서 인정받았다. 이 프로젝트는 MIT 경영대학원을 비롯한 미국 유수 MBA 과정에서도 성공적 사례로 자주 인용되곤 한다.[9] 삼성전자는 이 기간 동안 경쟁 업체가 넘볼 수 없는 막강한 제조 시스템 운영 기술을 완성해 향후 10년간 업계 부동의 1위를 고수할 수 있는 뿌리를 완성하였다.

:: **공장 운영 시스템을 살린 모니터링 시스템**

삼성전자가 타 업체가 모방할 수 없는 운영 시스템을 성공적으로 완성할 수 있었던 것은 기존 운영 방식의 선입견을 과감히 버리고 과학적인 운영을 선택했기 때문이다. 특히 공장 운영에 있어서 사이클 타임 향상은 기존 상식과 대치되는 방식을 요구하기 때문에 그 원리와 본질을 최고경영자에서부터 공장 생산자까지 생산의 모든 주체가 명확히 이해해야 성공할 수 있다. 경영자 입장에서는 거액으로 투자한 설비가 작업을 하지 않고 쉬는 모습이 눈엣가시처럼 보일 수 있다. 그러나 일시적인 사고로 교통체증을 겪고 있는 고속도로에 무조건 자동차를 몰고 빨리 가라고 다그친다고 해서 운전자가 목적지에 빨리 도착하지 않는다는 점을 반드시 기억해야 한다. 공장 운영에서 상황에 따라 물량 투입이 유동적이어야 하고, 상황에 따라서는 특정 작업을 일시적으로 중단하는 게 전체적인 공장 운영에 효율적일 수 있다. 물류 흐름에 의해 공정을 중단했다면 이 시간에 공정의 유지 보수 작업이나 작업자 재교육 등 다시 물류 흐름이 가동되었을 때를 대비해 체력 보강을 하는 게 전체 생산성 향상을 위해 바람직한 방법이다.

삼성전자의 사례에서 알 수 있듯 과학과 경영의 유쾌한 만남은 엄청난 효과를 낳는다. 정보 시스템의 발달로 좀 더 정확한 데이터를 실시간으로 모니터링할 수 있고 취합한 정보를 좀 더 빨리 분석하여 현장에 바로 적용이 가능한 세상이 도래했다. 고속도로에 교통사고가 났을 때 인터체인지에서 차량을 통제하려면, '실시간으로 교통사고가 났는지 모니터링하고, 교통량을 바탕으로 적절한 유입량을 계산하여 각 인터체인지에 통보하는 시스템'이 있어야 한다. 마찬가지로 리치먼 교수의 운영 방식이 바로 삼성전자에 적용 가능했던 것은 공장 내 기계 운영 상황과 재고 상황을 실시간으로 모니터링하고 분석할 수 있는 시스템이 이미 존재하고 있었기 때문이다.

수학자들이
줄서기를 연구한다?

40대의 K씨는 소도시에서 콜택시 사업을 시작했다. 최신 GPS로 무장한 택시와 사내 전산 시스템으로 택시의 운행 정보를 파악해 과학적인 경영을 실천하려 노력했다. 그의 열정은 여기서 그치지 않았다. 그는 경영 분야 베스트셀러에 오른 모든 책을 탐독하기 시작했다. 얼마 전에는 토요타 경영에 관한 책을 읽고 '마른 수건도 짠다.'는 토요타 경영 정신에 큰 감명을 받았다. 특히 토요타 경영에서 강조하는 지속적인 비용 절감과 경영 효율 사례는 사업체를 운영하는 그에게 귀감의 대상이 아닐 수 없었다.

그는 데이터를 분석하여 비효율적인 부분을 찾고 비용 절감을 과학적으로 실천하겠다는 야심찬 계획을 세웠다. 그리고 그 첫 작업으로 지난 몇 개월간의 택시 운행 관련 데이터를 모두 뽑았다. K씨는 승객을 태우거나 승객 호출을 받고 이동하는 '작업 중인 택시'와 '노는 택시'의 각각의 수를 10분 간격으로 기록했다. 근 한 달 동안 데이터를 모아 분석한 결과 지금까지 몰랐던 놀라운 사실을 발견하게 되었다. 택시의 작업률이 70퍼센트밖에 되지 않았던 것이다. 이는 평균적으로 10대 중의 7대는 영업 중이지만 나머지 3대는 그저 놀고 있다는 뜻이었다.

고객의 호출을 받아 출동한 후 고객을 태우고 목적지까지 도착해 서비스를 완료하는 게 택시의 일이다. 택시가 일을 할 때만이 실제 매출이 증가한다. 그런데 운행하는 전체 택시들 중 일하는 택시가 70퍼센트밖에 되지 않는다는 것은 다시 말해 전체 택시의 30퍼센트는 매출에 전혀 도움을 주지 않는다는 것이다.

K씨는 계산기를 두드렸다. 총 40대 택시의 70퍼센트는 28대다. 산술적으로는 28대의 택시만으로 충분히 사업을 운영할 수 있다는 의미였다. 그는 이 계산을 근거로 나머지 12대의 택시를 처분하기로 마음먹었다. 비록 구입한 지 얼마 안 된 차를 다시 파는 게 아쉬웠지만 비효율은 과감하게 제거해야 한다는 토요타 경영의 가르침은 그에게 신의 계시와도 같았다. 그는 망설임 없이 과감하게 결정을 내렸다.

:: 콜택시 회사 사장의 과감한 결단이 낳은 비극

총운영 자산의 30퍼센트를 처분했으니 이제 그의 계산대로라면 운영비는 감소하고 수익은 더 올라야 했다. 그런데 이게 웬일인가? 정 반대의 결과가 온 게 아닌가!

28대로만 운행을 시작하자 고객들의 불만이 폭주하기 시작했던 것이다. 40대로 운행할 때는 고객들이 택시를 기다리는 평균 시간이 15분이었는데 이제 1시간이 넘는 건 다반사였다. 호출한 택시를 기다리다 지친 고객은 그냥 거리에서 일반 택시를 잡아 타거나 호출을 취소하고 다른 콜택시 회사를 찾았다. 택시 기사들이 한 손님을 목적지까지 모신 후 다음 손님이 있는 곳으로 신호 위반에 속도 위반까지 해 가며 쏜살같이 달려가도 역부족이었다. K씨는 이럴 리가 없는데 혹시 호출이 갑자기 늘어 이런 일이 발생한 것이 아닌가 싶어 호출 수를 검토했다. 하지만 40대로 운행할 때나 28대로 운행할 때나 호출 수에는 거의 변함이 없었다. 결국 택시들은 도시를 이리저리 바삐 배회하기만 할 뿐 영업 수익은 올리지 못하는 최악의 상황이 연출되었다. 100퍼센트 작업률에 영업 이익은 곤두박질쳤다.

괜히 마른 수건 짜다 쓸데없이 진만 빼고 수건만 버린 꼴이 되어버린 것일까? 비용 절감을 위해 수요에 맞게 택시 수를 맞췄는데 호출에 대응하지 못하게 된 이유가 무엇일까? 어디서부터 잘못된 것일까?

:: 로봇이 모자라!

위의 이야기는 내가 학창시절 인턴사원으로 근무하던 자동화 시스템 솔루션업체인 브룩스 오토메이션(Brooks Automation)에서의 경험을 각색한 것이다.[10] 나는 인턴으로 마케팅과 컨설팅 부서에서 고객의 문제를 분석해 해결책을 제시하는 비즈니스 분석가(Business Analyst)로 근무하고 있었다.

이 회사는 첨단 반도체 시설의 물류 반송 장비와 연관된 소프트웨어를 판매하는 종합 솔루션업체로, 이 회사의 고객사는 반도체나 LCD 등을 생산하는 제조업체다. 반도체나 LCD 제조의 특성상 공장 내 물류 이동은 100퍼센트 자동화 로봇이 수행한다. 특히 기계에서 기계로의 이동은 레일 위를 달리는 무인 자동차가 담당하는데, 이 자동차는 팔이 달려 있어 직접 기계에서 물건을 집고 다음 기계로 이동해 물건을 내려놓는 첨단 장비였다. 작업을 마친 기계가 이 무인 자동차를 부르면 공장 전역에 흩어진 자동차 중 놀고 있는 자동차가 달려가 물건을 싣고 다음 기계로 이동한다. 이와 같은 무인 자동차의 운영 방식은 콜택시와 매우 흡사하다. 마치 손님의 호출을 받으면 대기 중이던 콜택시가 손님이 있는 곳으로 가 손님을 태운 후 목적지로 이동하는 것과 같다. 단지 이 자동 반송 장비는 사람 없이 자동으로 움직이고 차도가 아니라 복잡하게 공장 전체를 채운 레일 위를 질주한다는 것만 다를 뿐이다.

당시 내 업무는 고객사의 공장 운영을 분석하여 적절한 운영 시스템을 제안하고 무인 자동차 대수를 산정하는 것이었다. 대부분의 자동화 시스템 선정은 공장 설계 당시 결정되는데, 이는 공장 초기 투자에 해당한다. 새 공장을 건설할 때 공장 내 기계 배치가 결정되면 다음 작업으로 자동화 시스템 선정 작업이 진행된다. 이때 기계와 기계 사이에 어떤 레일을 깔 것인지, 무인 자동차는 몇 대가 필요한지를 결정한다. 마치 신도시를 설계할 때 도시 내 주거지나 상업지 등 도시 구역이 결정되면 각 지점별 인구 유동량을 산정하여 도로 크기와 시내버스, 지하철 같은 대중 교통망 체계를 짜는 것과 같다. 도시 계획 작업에서 유동량을 소화할 수 있으려면 시내버스나 지하철이 몇 대가 필요할지 산정하는 것과 같이 공장 내 필요한 무인 자동차 대수를 산출하는 작업이 내가 맡은 업무였다. 무인 자동차의 대당 가격이 싸게는 수천만 원에서 비싼 것은 억대를 호가하므로 이 대수 산정이 초기 공장 투자 비용에 미치는 영향은 대단히 컸다.

인턴 업무를 시작한 지 두어 달쯤 지났을 때 긴급 호출이 왔다. 어느 고객사에 납품한 자동화 시스템에 운영 문제가 발생하여 급하게 문제 분석 의뢰가 들어온 것이다. 이튿날 나는 이 고객사에서 데이터를 받아 문제 분석에 들어갔고 다음과 같은 사실을 발견했다.

이 고객사는 한 달 전부터 생산량을 기존 수치보다 10퍼센트 더 올려서 공장을 가동하고 있었다. 생산량이 올라가면 그만큼 기계들 사이의 물류 이동도 늘어난다. 도시에 인구가 늘어나면 도시 내 인구 이동량도 늘어나는 것과 같은 원리다. 이동량이 증가하면 버스나 지하철 대수를 늘려 늘어난 유동량에 대응해야 하는 것처럼 늘어난 물류 수송을 위해 무인 자동차 대수도 더 늘려야 했다. 하지만 고객사는 기존 자동차 대수로 운영을 감행했다. 문제는 바로 여기서 발생했던 것이다.

하지만 공장 운영진에게도 나름대로 이유가 있었다. 공장 생산량을 올리기 전 데이터 분석 결과 무인 자동차의 30퍼센트가 작업 없이 놀고 있단 사실을 발견했다. 막대한 투자가 이뤄졌음에도 30퍼센트의 자동차가 물류 이동 없이 그저 놀고 있단 사실에 초기 투자 과잉이란 결론을 내렸다. 그래서 공장의 생산량을 10퍼센트 더 늘렸고, 물류 이동량이 늘어나도 보유한 무인 자동차로 충분히 이동량을 소화해 낼 수 있을 것이라 예상했던 것이다.

그러나 막상 생산량을 늘리자 예상치 못한 일이 발생했다. 물론 운영진의 의도대로 무인 자동차의 가동률은 기존 70퍼센트에서 거의 95퍼센트 정도로 급증했다. 즉 작업 없이 노는 무인 자동차는 5퍼센트도 채 안 된다는 의미였다. 거금을 들여 투자한 무인 자동차들이 열심히 일하니 공장 운영진으로서는 그저 반기기만 할 일이었을까? 천만에. 그 반대의 상황이 연출됐다. 이전에는 기계가 물류 이동을 요청하면 무인 자동차가 요청한 기계에 5분 이내로 도달했는데, 이제는 무인 자동차의 도달 시간이 20분이나 걸리게 되었다. 택시 회사로 치면 고객의 호출이 있어도 모든 택시들이 다른 손님을 태우고 운행 중이라 손님 호출에 바로 응답할 수 없는 상황이 발생한 것이다.

물류를 이동하는 무인 자동차들의 대응이 늦어 새로운 작업 물량을 공급 받지 못한 기계들은 작업 효율이 떨어졌고, 결국 이는 전체 시스템의 비효율로 이어졌다.

왜 이런 현상이 발생한 것일까? 전체의 30퍼센트나 놀고 있던 무인 자동차들이 생산량이 10퍼센트 늘자 가동률이 급증한 원인은 무엇일까? 이런 현상을 수학으로 해석한 것이 바로 '대기 이론'이다. 대기자 수와 대기 시간의 관계를 수학적으로 분석한 이론을 '대기 이론' 혹은 '큐잉 이론'(Queueing Theory)이라 한다. 'Queue'란 매표소나 계산대에 차례를 기다리며 늘어선 사람들을 일컫는 영국식 표현으로 큐잉 이론이라는 명칭은 여기서 비롯되었다(한국에서는 '줄'이라고 부를 수 있는 이 개념은 미국에서는 'line'으로 많이 쓰고 영국에서는 'queue'로 많이 쓴다. 대기 이론을 'Queueing' 이론이라 하는 것은 이 영국식 표현에서 비롯되었다).

:: 큐잉 이론, 경영의 든든한 지원군이 되다

상점 계산대에서 순서를 기다릴 때, 놀이동산에서 탑승 차례를 기다릴 때 등등 줄을 서서 기다리는 일은 현대인의 일상이다. 비즈니스 운영에서도 이 '기다림'은 빼놓을 수 없는 중요한 부분이다.

식당 종업원 수에 따라 식당 손님들이 음식을 기다리는 시간이 결정되고, 콜센터 직원 수에 따라 고객 대기 시간이 좌우된다. 마찬가지로 공장의 기계 대수에 따라 사이클 타임이 결정되고, 고속도로 톨게이트 수에 따라 고속도로 차량 소통이 직접적인 영향을 받는다. 이와 같이 대기 시간은 고객 서비스의 질과 직접적으로 관련된다. 바쁜 현대인들에게 무작정 기다리라고 강요하는 것은 고객 서비스를 포기하는 것과 같다.

또한 기계를 몇 대 도입할 것인지, 고속도로에 톨게이트를 몇 군데 설치할 것인지, 콜센터 직원은 몇 명이 좋은지 등등은 투자와 관계된 사항이다. 이처럼 고객 만족과 투자 결정에 직결되는 중요한 사항이므로 많은 경영학자와 수학자들이 이 기다림을 이론화하여 연구하고 분석했는데, 그 결과가 바로 큐잉 이론인 셈이다.

이 큐잉 이론은 확률을 기반으로 한 수학적 모델로, 서비스를 행하는 '서버'(server)와 서비스를 받는 '객체'라는 항목을 설정하고, 대기하는 객체의 수와 이들의 평균 대기 시간을 헤아려 서버의 작업률을 산출하는 데 사용된다. 여기서 서버는 서비스를 행하는 주체로 상점의 경우 계산대 직원, 콜센터의 경우 콜센터 직원이 된다. 그러나 서버가 반드시 사람인 것은 아니다. 대기하는 객체가 어떤 목적을 위해 기다릴 때 이 객체의 목적을 이뤄 주는 모든 것은 서버가 될 수 있다. 붐비는 커피전문점에서 사람들이 빈 테이블을 기다릴 때는 이 테이블이 서버가 된다. 즉 기다리는 사람들의 목적은 빈 테이블을 차지하기 위한 것이므로 테이블이 서버가 되는 것이다.

큐잉 이론에서는 서버의 수, 각 서버가 일을 수행하는 시간 그리고 객체의 유입량으로 대기 시간을 산출한다. 편의점에 계산대가 두 대 있고, 한 대의 계산대에서 한 손님의 계산을 처리하는 데 평균 1분이 걸리고, 1시간에 평균 30명의 손님이 들어선다면 큐잉 이론에서 서버 수는 2개고, 서버가 일을 수행하는 시간은 1분이며, 객체의 유입량은 1시간당 30명이 된다. 이 수치를 큐잉 이론에 대입해 매장의 평균 고객 수, 계산대에서 기다리는 고객 수를 계산할 수 있다. 그리고 역으로 고객의 대기 시간을 2분 내로 하려면 몇 대의 계산대가 필요한지도 계산할 수 있다.

이처럼 큐잉 이론은 고객 관리와 투자 의견에 과학적인 근거와 수치를 제공할 수 있어 다양한 산업에서 활용된다. 역사적으로 이 큐잉 이론을 전반적인 비즈니스 의사결정에 사용하고 이를 심층적으로 연구한 곳이 미국 'AT&T' 사이다. 1960년대 전화국은 사람이 송신라인과 수신라인을 수동으로 연결해야 했으므로 전화 회선 연결 직원의 수에 따라 송신자의 대기 시간이 결정되었다. AT&T사는 큐잉 이론을 통해 직원 수를 결정하고, 고객 예상 대기 시간을 산정하여 운영에 참조했다. 이후 많은 기업들이 큐잉 이론을 직원 수를 결정하거나 기계 설비 투자를 결정하는 도구로 사용했다. 큐잉 이론은 계산대 설계나 매장 설계, 놀이동산 기구 설치 등 다양한 분야에 이용된다. MBA 과정에서도 이 큐잉 이론은 필수적으로 다루는 분야다. 특히 대표적인 패스트푸드 프랜차이즈인 맥도날드와 버거킹의 큐잉 이론 적용 사례는 MBA 과정에서 가장 많이 다루는 경영 사례들 중 하나이다.[11, 12]

:: 논다고 자르면 큰일난다

큐잉 이론이 흥미로운 점은 일반적인 직관과 상반되는 분석 결과를 내놓기 때문이다. 앞에서 K씨의 경우 일하는 택시와 노는 택시의 수를 1시간마다 기록했더니 평균 70퍼센트의 택시만이 작업 중이어서 30퍼센트의 택시를 처분했다. 큐잉 이론 관점에서 작업을 수행하는 비율을 서비스율이라 한다. 택시 회사의 경우 전체 택시의 서비스율이 낮다는 것은 거리에 노는 택시들이 많다는 의미다. 거리에 노는 택시가 많으므로 승객은 바로 택시를 잡아탈 수 있다. 반대로 서비스율이 높다는 것은 많은 택시들이 일하는 중이란 의미다. 대부분의 택시들이 호출한 승객을 태우러 가거나, 승객을 태우고 목적지로 향하는 중이다. 이 경우 승객은 택시를 잡기 위해 한참을 기다려야 한다. 비슷한 예로 여러 계산대가 있는 슈퍼마켓에서 계산대 직원이 아무런 작업을 하지 않은 채 그저 대기 중이라면 이 계산대의 서비스율은 낮다. 그러므로 고객은 별 기다림 없

〈그림 5-3〉 대기 시간과 서비스율의 관계

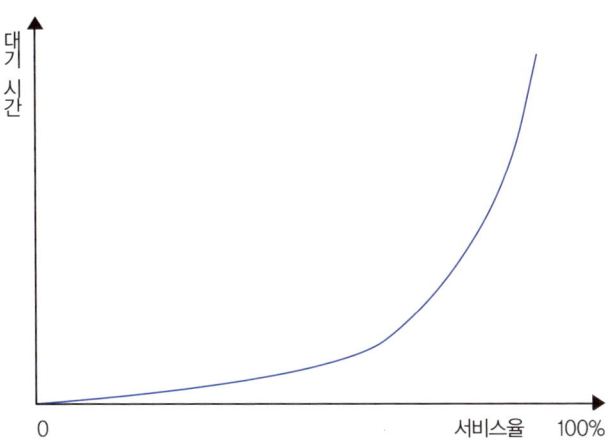

이 바로 계산대에서 물건을 계산할 수 있다. 그러나 대부분의 계산대 직원들이 쉴 새 없이 바쁘게 일하는 슈퍼마켓이라면 이 계산대의 서비스율이 높다는 의미이고, 계산대 앞에 선 고객은 길게 늘어진 줄에서 오랜 시간 기다릴 각오를 해야 한다.

이처럼 서비스율이 높으면 기다리는 대기 시간도 늘어난다. 그러나 여기서 주의해야 할 것이 있다. 직관적으로 서비스율이 10퍼센트 상승하면 기다리는 시간도 10퍼센트 상승한다는 식으로 단순히 생각할 수도 있다. 하지만 실제 결과는 이와 매우 다르다. 큐잉 이론에 따르면 서비스율이 100퍼센트에 가까워질수록 대기 시간은 무한대로 늘어난다. 예를 들어 〈그림 5-3〉과 같이 서비스율이 50퍼센트면 택시를 기다리는 손님이 5분만 기다리면 되고 60퍼센트면 7분, 70퍼센트면 10분이다. 그러나 80퍼센트면 20분, 90퍼센트면 50분으로 급격히 오르기 시작하고

100퍼센트에 가까이 도달하면 승객의 평균 대기 시간은 무한대로 급등한다.

왜 이와 같은 결과가 나올까? 바로 불규칙성 때문이다. 만일 시간당 60명의 손님이 계산대에 줄을 선다 가정하자. 그리고 간단히 한 손님당 계산대에서 계산하는 데 정확히 1분이 걸린다면 한 시간에 60명의 계산을 소화할 수 있다는 계산이 나온다. 한 시간 동안 계산대에 줄을 서는 손님이 60명이라면 계산을 모두 처리하는 것이 가능하다고 생각할 수도 있다. 하지만 한 가지 잊은 사실이 있다. 시간당 60명이 가게 계산대에 선다는 의미는 정확히 1분에 한 명씩 계산대에 선다는 의미가 아니다. 10분간 손님이 없다가 갑자기 몇 명이 함께 올 수도 있다.

극단적인 예로 59분간 손님이 아무도 없다가 갑자기 60명이 들이닥쳐 줄을 선다면 마지막 줄에 선 60번째 손님은 60분을 기다려야 한다. 그런데 산술상 시간당 평균 60명이 들어오므로 61번째 손님의 계산을 마치기 전 60명의 손님이 더 들어 올 수도 있다. 최악의 경우 이 슈퍼마켓 계산대에 120명이 줄을 서는 상황도 이론적으로는 발생할 수 있다. 그리고 이런 식의 과정이 반복되면 줄은 기하급수적으로 늘어나고 수학적으로 세상의 모든 인구가 이 슈퍼마켓 계산대 앞에 서야 한다는 결론에 이르고 만다.

결론적으로 어느 정도의 유휴 서버가 없다면 성난 고객의 언성은 각오해야 한다. 음식점을 운영하거나 슈퍼마켓을 운영할 때 직원들이 잠시 일이 없어 쉰다고 직원을 잘랐다간 큰코다칠 수 있다는 걸 명심해야 한다.

Tip '한 줄 서기'에 대한 오해

요즘 한국에서도 '한 줄 서기'가 유행이다. 다수의 계산대가 설치된 마트나 상점에서 고객들이 한 줄로 늘어서 있다가 자기 차례에 빈 계산대로 향하는 방식이다. 한 줄 서기로 인해 고객들이 비좁은 공간에서 카트를 몰고 이리 섰다 저리 섰다 하는 모습이 사라졌고, 왜 내가 선 줄은 이리 안 줄어들까 하며 짜증내는 모습도 사라졌다.

그러나 어떤 업체들은 한 줄 서기를 할 경우 줄이 길어져 고객들이 직관적으로 너무 오래 기다린다고 생각하지는 않을까 염려하여 한 줄 서기 실시를 망설이기도 한다. 만일 고객이 매장에 들어섰는데 한 줄로 길게 늘어선 광경을 보고 쇼핑을 포기할 수도 있다는 것이다.

하지만 이는 오해에서 비롯된 것으로 한 줄 서기의 실제 효과는 이런 우려와는 전혀 다르다. 줄이 길다고 대기 시간도 함께 길어지지는 않는다. 예를 들어 매장에 계산대가 10대 있고 각 계산대에 평균 5명의 고객이 대기한다 할 경우 이를 한 줄 서기로 바꾸면 한 줄에 평균 50명의 고객이 늘어서게 된다. 한 줄에 5명 서 있는 계산대 앞에 섰을 경우와 앞에 50명이 선 줄에 섰을 때 그 느낌은 꽤 차이가 크다. 하지만 50명이 늘어섰다고 10배나 더 기다려야 한다고 생각하면 오산이다.

한 줄 서기의 특징은 줄에 사람은 많지만 움직이는 속도는 계산대 숫자에 비례해 빨라진다는 것이다. 즉 줄의 진행속도가 빠르다. 결국 내 앞에 50명이 서 있어도 빠른 속도로 움직여 결국 기다리는 시간은 거의 같다. 즉 한 줄 서기에서 앞에 사람이 더 많이 늘어섰다고 기다리는 시간이 느는 것은 아니다. 그러나 많은 사람들이 직관적으로 앞에 사람이 많이 있으면 오래 기다리지 않을까 우려한다. 이런 오해를 불식시키기 위해 한 줄 서기를 시행한 업체들은 줄 옆의 여러 곳에 예상 대기 시간을 볼 수 있는 모니터를 설치해 놓기도 한다. 한편, 어떤 업체들은 긴 줄 곁에 소품 가판대를 마련하여 기다리는 동안 상품에 시선이 가도록 유도하기도 한다.

곰이 다이어트를 하면
안 되는 까닭 [13]

　　　　　　세계 최대의 컴퓨터업체인 휴렛팩커드(Hewlett-Packard, HP)의 미국 오리건 주(Oregon)에 위치한 프린터 생산 공장. 공장 총괄을 맡은 공장장, 프린터 사업부 마케팅 담당 이사, 생산기획 부장 그리고 그 외 고위급 간부들과 임원들이 모여 긴급회의를 열고 있었다. 모두들 얼굴에 긴장한 표정이 역력했다. 공장에 뭔가 심각한 문제가 발생한 것이 분명했다. 참석자들을 한 번 둘러본 공장장이 조심스레 먼저 입을 열었다.

　"이미 들어서 아시겠지만 현재 신규 프린터 생산 라인의 생산 물량이 목표치의 50퍼센트에도 채 미치지 못하고 있습니다. 라인을 가동한 지 이미 몇 주가 지나 이제 본격적으로 목표 생산량에 도달해야 하는 시점인데 목표 생산량 달성은커녕 문제의 근원조차 파악하지 못한 상황입니다. 오늘 이 자리는 이번 신규 라인의 문제가 뭔지 그리고 어떻게 문제를 해결해야 할지 함께 지혜를 모으고자 만든 자리입니다."

그러자 신상품 마케팅 이사가 다그치듯 말문을 열었다. 그의 언성과 표정에서 단단히 화가 난 것을 단번에 알 수 있었다.

"이번 신규 라인이 회사에 있어서 얼마나 중요한 것인지 모릅니까? 이 라인에서 생산될 신제품 '데스크젯'(DeskJet) 모델은 차후 세계 프린터 시장에서 우리의 입지를 확실히 다질 가장 중요한 전략 상품입니다. 이 신제품을 위해 이미 엄청난 마케팅 비용을 쏟아 부었고 현재 시장은 우리의 신제품을 목이 빠져라 기다리고 있습니다. 계획된 생산 물량을 시장에 당장 공급하지 못하면 고객이 우리 제품을 외면할 것은 뻔합니다. 게다가 경쟁사 제품은 이미 다음 달에 본격 출시를 앞두고 있습니다. 어떤 수를 써서라도 계획된 물량을 즉시 시장에 투입해야 합니다."

마케팅 이사의 날선 질책에 생산기획 부장은 화가 치밀었다. 누가 이 신규 라인이 중요한 줄 모른단 말인가? 1990년대 초 잉크젯 프린터 시장을 성공적으로 개척한 HP가 후속 작품으로 선보일 이번 신모델은 경쟁 업체들이 잉크젯 프린터 시장에 얼씬도 못하게 만들 전략 제품이라는 것은 이 회의실에 모인 사람들이라면 다 아는 사실이다. 지금 상황이 자신도 답답해 팔짝 뛰겠는데 해결책을 내놓기는커녕 질책만 하다니 무척 못마땅했다. 이때 사태를 감지한 공장장이 먼저 말을 받았다.

"지금 이 자리는 누구의 잘잘못을 가리자고 모인 자리가 아닙니다. 그리고 우리 모두 마케팅 이사님과 같은 심정입니다. 일단 문제 원인이 뭔지 찬찬히 알아 보도록 하지요. 먼저 생산기획 부장님, 이 파일럿 라인에 대해 좀 더 구체적으로 설명해 주시겠습니까?"

:: HP에서 열린 긴급회의

생산기획 부장은 머리 끝까지 치밀었던 화를 추스르고 입을 열었다.

"여러분도 아시다시피 이 파일럿 라인은 이번 잉크젯 프린터 신제품을 생산하기 위해 신설한 라인입니다. 이번 신상품이 워낙 전략적으로 중요한 제품이라 기존 생산 라인에 없는 수많은 첨단 생산 시설을 도입했습니다."

말이 끝나기도 전에 마케팅 이사가 질문을 던졌다.

"기존 생산 라인과 다른 게 구체적으로 뭔지 설명해 주시겠습니까?"

생산기획 부장이 말을 이었다.

"기존 라인과 달리 이번 라인에는 전 라인에 생산자동화 설비를 도입했습니다. 기존에도 생산자동화를 도입했지만 부분적이었고 기존 수작업을 단지 자동화 로봇으로 대체했던 것에 불과했습니다. 하지만 이번에는 생산 라인 설계부터 자동화를 염두해 두었기 때문에 진정한 의미의 자동화 라인이라 할 수 있습니다. 이 라인에서는 모든 작업이 자동화 기계에 의해 조립되고 부품 반송도 자동 장치에 의해 한 기계에서 다른 기계로 이동된다고 할 수 있지요."

말이 끝나기 무섭게 마케팅 이사가 언성을 높였다.

"그럼 자동화에 문제가 있는 게 아닌가요? 기존 라인에는 지금 문제와 같은 생산 계획의 차질은 없었잖습니까?"

생산기획 부장이 받아쳤다.

"함부로 단정 짓지 마세요, 이사님. 저도 이미 특별팀을 구성해 이 부분에 대해 조사했습니다."

생산자동화 팀장이 잽싸게 말을 받았다.

"생산자동화팀에서 자체 조사를 실시했지만 자동화 설비는 아무런 이상이 없고 이번 문제와는 무관하다는 결론을 내렸습니다. 데이터를 봐도 자동화 설비에 문제가 있어 라인 가동이 멈춘 경우는 없었습니다. 물론 라인이 가끔 멈추기도 하지만 이는 자동화 설비의 이상이 있어서가 아니라 새로 도입된 기계들에 문제가 있어 물류가 흐르지 않아 발생한 현상이었습니다."

그러자 공장장이 미간을 찌푸리며 말을 끊었다.

"새로 도입한 기계들에 이상이 있단 말인가요?"

생산기획 부장은 조금 당황하며 방어적인 설명을 이었다.

"아시다시피 이번 프린터는 우리 회사가 처음으로 시도하는 최첨단 제품입니다. 세상 어디서도 이 같은 프린터를 생산한 업체는 없습니다.

그래서 생산에 필요한 기계들도 모두 새로 설계한 기계들입니다. 아무래도 검증이 안 된 기계이다 보니 시행착오가 있게 마련입니다. 그리고 이전에도 새 기계들의 예상치 못한 고장은 늘 있어 왔습니다. 물론 이번 기계들이 조금 더 고장을 자주 일으키긴 하지만, 기존 라인의 기계들과 비교해 고장률이 단지 5퍼센트만 높을 뿐입니다. 단지 5퍼센트 높은 고장률 때문에 생산성이 계획된 것보다 50퍼센트 이상 떨어진다는 건 말이 안 됩니다. 그리고 이 5퍼센트의 고장률을 고려하더라도 각 기계들은 공장 전체 생산성을 초과할 만큼의 생산력을 가진 기계들입니다. 즉 기계 고장률은 이 사태의 원인이 아니라 생각합니다."

공장장의 질문이 이어졌다.

"그럼 자동화 문제, 기계 고장률 말고 또 문제될 게 뭐가 있지요?"

생산기획 부장은 한숨을 몰아 쉬며 곰곰이 생각하다 조심스레 말을 꺼냈다.

"기존 라인과 크게 차별화된 한 가지가 있긴 한데, 이게 생산량에 어떤 영향을 미치는지는 잘 모르겠습니다. 기존 생산 라인에서는 기계 사이의 생산 재고를 제한하지 않았습니다. 공정과 공정 사이에는 다음 공정을 위해 생산 재고를 쌓는 공간이 있습니다. 기존 라인에서는 각 공정이 다음 공정에서 작업을 할 수 있건 없건 무조건 밀어 냈습니다. 만약 다음 공정이 기계 고장으로 작업을 못해도 이전 공정들은 상관하지 않고 작업을 진행했던 거죠. 하지만 다들 교육 받으셔서 아시겠지만 이와 같은 '밀어내기 방식'은 생산 라인에 불필요한 재고만 늘려 전체 생산 효율을 저하시킵니다. 요즘 경영에서 유행하는 '린(Lean) 시스템'('린'은 '가늘다' 혹은 '날씬하다'란 의미의 영어단어 'lean'에서 따온 말로 단어의 의미처럼 생산에 군더더기가 없어 고객의 요구에 신속하고 민첩하게 대응하는 생산을 의미한다. 이 개념은 지속적인 개선과 비용절감과 함께 토요타 경영에서 추구하는 핵심 경영 철학이다)에서는 이런 불필요한 재고는 생산에서 일종의 악으로 규정하지 않습니까? 그래서 이번 생산 라인에서는 이 린 개념을 도입했습니다. 생산 재고를 애초에 없애 버린 거지요. 즉, 공정과 공정 사이에 버퍼(buffer)를 설치하지 않고 공정상에 한 기계라도 고장 나면 모든 생산 라인이 멈춰 불필요한 생산을 아예 하지 않는 방식입니다. 실제 이 방식을 도입한 결과 공장 내 생산 재고가 거의 없이 군더더기 없는 라인이 되었습니다. 계획된 생산 물량만 소화해 낸다면 이 생산 라인은 저희 회사를 포함해 전 세계에서 가장 효율적인 생산 시설이 될 것입니다. 목표 생산치에 못 미치는 게 문제지만……."

"생산 목표치의 반도 못 맞추는데 비용 절감이 뭐가 필요있어요!"

마케팅 이사가 버럭 화를 냈다. 그러나 생산기획 부장도 이번에는 지지 않았다.

"린 시스템이 어쩌고저쩌고 제일 먼저 떠들고 다닌 사람이 당신 아냐! MBA에서 배워 왔다면서 우리도 린 시스템을 도입해야 한다고 제일 먼저 나서고, 이번 라인도 이렇게 설계해야 한다고 밀어붙인 사람이 누군데 이제 와 딴소리야!"

Tip 공장 생산 라인의 생산성

자동차나 전자제품 생산과 같이 여러 조립 공정을 거쳐 상품이 완성되는 공정의 경우 여러 공정이 직렬로 연결돼 있다. 각 공정마다 한 작업이 다른 작업으로 이어지고 상품은 물 흐르듯이 각 공정을 거쳐 완성된다. 그럼 이와 같이 물 흐르듯 작업이 이뤄지는 생산 라인에서 각 기계의 생산성과 전체 공장의 생산성은 어떤 관계가 있을까?

이 관계는 파이프 라인의 지름과 이 파이프 라인을 통과해야 하는 공의 지름으로 설명할 수 있다. 예를 들어 5개의 공정으로 이뤄진 생산 라인이 있다고 가정하자. 그리고 각 공정의 기계가 하루에 작업을 소화할 수 있는 양이 100개, 80개, 90개, 60개, 150개라고 가정하자. 생산이 물 흐르듯이 여러 공정을 소화하는 것을 아래 그림과 같이 파이프 라인으로 형상화해 보자. 생산 라인의 각 공정마다 작업 소화량이 다른 것처럼 파이프의 구간마다 지름이 다른데, 만약 공이 이 파이프를 통과하려면 지름의 크기가 60cm 이하여야 한다. 파이프에 아무리 지름이 큰 구간이 있어도 공이 파이프 전체를 통과하기 위해서는 공의 지름이 파이프의 가장 작은 지름보다는 작아야 하기 때문이다.

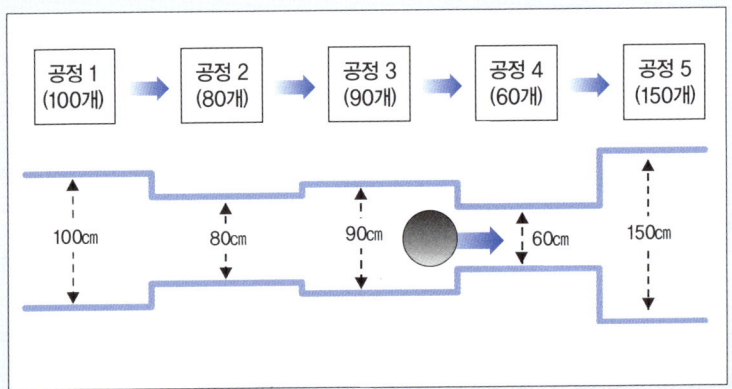

이런 원리는 공장 생산 라인에도 적용된다. 각각의 생산성이 다른 기계가 배치돼 있어도, 공장 전체 생산 라인의 생산성은 생산성이 가장 낮은 공

정의 생산성을 초과할 수 없다. 즉 다음과 같은 공식이 성립할 수 있다.

파이프라인을 통과할 수 있는 공의 지름 ≤ 파이프라인의 가장 작은 지름
생산 라인 생산성 ≤ 생산성이 가장 낮은 공정

공장장이 급하게 진화에 나섰다.

"다들 좀 진정하세요. 어차피 라인이 이렇게 설계된 건 어쩔 수 없는 것이고 생산에 도입한 린 시스템이 문제의 원인인지 아닌지도 아직 모르는 상황입니다. 부장님의 말씀을 정리하자면 이번 라인은 완전 생산 자동화를 도입한 라인이고, 기계들이 기존 기계들에 비해 약 5퍼센트 정도 기계 고장 빈도가 높습니다. 그리고 이 라인은 린 시스템을 도입해 공장의 생산 재고가 거의 없이 운영됩니다."

그런데 공장장은 갑자기 무슨 생각이 난 듯 잠시 말을 멈추었다가 다시 조심스레 입을 열었다.

"혹시 각각의 문제를 보면 문제될 게 없어도 이 작은 문제들이 서로 엉켜 큰 문제를 일으킨 게 아닐까요? 다시 말해 각각의 경우를 따로따로 보면 전혀 문제될 게 없습니다. 공장 자동화 설비는 거의 완벽하게 돌아가고 있고, 기계 고장률이 5퍼센트 더 높다는 사실 자체만으로는 생산량이 목표량의 50퍼센트에도 못 미친다는 사실을 설명하기에 부족하고, 린 시스템을 도입해서 생산 재고를 목표치로 낮춘 것이 문제의 직

접 원인으로 작용했는지도 아직은 불분명합니다. 하지만 각각의 작은 문제가 서로 동시에 일어나면 큰 문제를 촉발시킬 수도 있지 않을까요? 마치 화학 물질이 각각 반응을 일으킬 때는 그 반응이 미미해도, 함께 작용했을 땐 폭발과 같은 큰 반응을 일으키듯이요."

수십 년간 생산 현장에서 산전수전 다 겪은 공장장의 의견에 모두 어느 정도 일리가 있다는 반응을 보였다. 하지만 그 요소들 간의 관계는 복잡해서 논리적으로 설명하기 어려웠다. 그런 탓에 누구도 선뜻 나서서 공장장의 말을 받지 못했다. 침묵을 깬 건 회의 내내 조용히 뒤에서 경청만 하던 생산운영 과장이었다.

"제가 얼마 전 경영과학학회에 참석했다 만난 교수 한 분이 있는데 이 분이 공장 운영을 수학적으로 다루는 연구를 한다는 이야기를 들었습니다. 특히 기계 고장과 생산 재고 간의 관계에 대해 식견이 깊으시다고 하던데 우리 회사로 모셔 문제를 살펴봐 달라고 하면 어떨까요?"

"그 분이 누구죠?"

공장장, 생산기획 부장이 이구동성으로 질문했다.

"MIT의 스탠리 거슈윈 교수입니다."

2주 후, MIT의 스탠리 거슈윈(Stanley B. Gershwin) 교수는 자신의 박사 과정 학생인 미첼 버먼(Mitchell Berman)과 함께 HP의 오리건 공장 현장에 그 모습을 드러냈다. 그들은 단번에 이 수수께끼 같은 문제를 명확히 논리적으로 풀었다. 그 덕분에 공장은 불과 몇 달 만에 큰 추가 투자 없이 목표 생산치를 달성했다. 과연 공장의 문제는 무엇이었으며, 그들은 어떻게 그리 간단히 문제를 풀 수 있었을까?

:: **MIT의 거슈윈 교수, 공장을 돌리다**

미국 매사추세츠 주, 보스턴 시와 케임브리지를 가르는 찰스강을 건너 한 블록 북쪽으로 향하면 MIT 캠퍼스의 35호 건물이 있다. 이 건물에는 현대 제조 기술의 메카로 불리는 '제조생산성연구소'(Laboratory for Manufacturing and Productivity)가 있다. 이 연구실은 1970년대 설립 이후 현대 첨단 제조 기술을 탄생시켰고, 현재는 바이오와 나노산업을 이끌 차세대 제조 기술, 제조 산업의 새로운 경영 패러다임을 열고 있는 정보통신과 RFID 기술을 접목한 정보경영 기술을 연구하고 있다. 한국과학기술원(KAIST)의 서남표 총장도 이 연구소 소장을 역임한 바 있다. 이 연구소에 공장 운영과 경영을 수학으로 해석하는 학자가 있는데, 그가 바로 스탠리 거슈윈 교수다.

거슈윈은 하버드 대학에서 응용수학으로 박사 학위를 받고 제조 경영을 수학에 접목한 학자다. 원래 수학자인 그가 제조 경영에 관심을 가지게 된 계기는 꽤나 흥미롭다. 20세기 초 경영과학의 태동을 이끈 수학자와 물리학자들이 그들 본연의 학문에서 벗어나 경영과학이라는 새로운 학문 분야를 탄생시킨 계기는 다름 아닌 제2차 세계대전이었다. 이들이 전시 상황의 수송 관련 문제, 자원 분배 문제 그리고 작전 운영 문제를 고민하다가 발전시킨 학문이 바로 경영과학인 셈이다. 전쟁이 그들의 인생을 바꿔 놓고 새로운 학문의 선구자의 길로 인도한 것이다(제2차 세계대전 시 군 작전에 동원된 과학자들의 현대 경영에 대한 역할에 관해서

〈그림 5-4〉 MIT 제조생산성연구소 스탠리 거슈윈 교수

공장 운영에서 기계 고장이라는 변수를 제조 운영의 수학적 해석에서 적극 수용한 스탠리 거슈윈 교수는 나의 지도 교수이기도 하다.

는 제7장에서 자세히 소개한다).

하지만 거슈윈은 이와 정반대다. 경영과학의 태동을 이끈 선배 학자들의 다음 세대인 그는 베트남전 반전 시위가 한창일 당시 하버드 대학의 대학원생 신분이었다. 진보 사상의 메카인 하버드 대학과 MIT가 위치한 케임브리지 시에서 젊은 날을 보낸 그가 그 또래 젊은이들의 사상을 공유했음은 당연하다. 그의 회고에 의하면 그는 정열적으로 반전시위에 참석하거나 그의 사상을 적극적인 행동으로 옮기는 부류는 아니었다. 하지만 자신은 생명의 파괴를 초래하는 전쟁 관련 연구는 하지 않겠다는 분명한 가치 기준을 갖고 있었다. 당시 수학과 박사 학위를 받으면 군수산업이나 국가 정보 관련 기관에서 고액 연봉을 받는 연구원 자리를 쉽게 얻을 수 있었다는 사실을 생각한다면 그런 결정은 상당한 결심이 필요한 신념의 실천이었던 셈이다. 거슈윈은 졸업 후 군사 연구와 관련이 없는 민간 연구 분야를 찾다 이탈리아 자동차 회사의 생산성 연구 분야를 우연한 기회에 알게 되었고, 이후 생산성 연구는 평생의 연구 분야가 되었다.

그가 학계에서 인정받게 된 계기는 그가 발명한 생산 라인의 생산 재고와 생산성과의 관계를 수학적으로 명확히 해석하는 생산 라인의 '분할 분석 방식'(Decomposition)이 유수한 저널에 소개되면서부터다. 당시 첨단산업이었던 제조업에서 제조 운영의 수학적 해석은 거슈윈뿐만 아니라 많은 학자들의 관심 대상이었다. 하지만 그가 다른 학자들과 차별됐던 점은 공장 운영에서 기계 고장이라는 '변수', 즉 예측할 수 없는 불확실성을 수학 모델에 수용했다는 점이다. 다른 대부분의 학자들은 기계 고장과 같은 불확실한 사항의 원인으로 불성실한 관리나 나태함을 꼽으며 이런 불확실성은 일어나면 안 되는 사항으로 치부했다. 생산성을 연구하는 대부분의 학자들은 이와 같은 기계 고장 문제를 수학 모델에서 다룰 사항이 아니라 관리상의 문제로 여겼다.

하지만 현장의 공장 운영자들에게 '기계 고장'은 현실이자 공장 운영 문제의 핵심이었다. 아무리 기계 관리를 잘해도 인간이 만든 물건인 이상 고장은 불가피했다. 공장 운영이 어려운 이유도 예측하지 못한 기계 고장으로 공장 라인이 생산을 멈추거나 생산 재고가 예측할 수 없이 변하기 때문이었다. 즉 공장 운영자들에게 필요한 것은 기계 고장을 무시한 비현실적인 운영 정책이 아니라 기계 고장과 같은 현실적인 문제를 수용한 좀 더 활용 가능한 연구였다. 문제의 핵심을 파악한 거슈윈은 기계 고장이란 불확실성을 수학 모델로 끌어들였다. 그리고 공장 생산에서 생산 재고와 생산성의 상관관계를 명확히 표현할 수 있는 수학 모델을 연구하기 시작했다.

자동화된 생산 라인에서 기계와 기계 사이의 버퍼 공간을 할당하는 문제는 공장 운영상 비용과 생산 효율과 직결된 문제다. 하지만 문제의 복잡성으로 인해 단순한 직관으로 판단하기 어려운 문제이기도 하다. 1989년 그가 발표한 공장의 분할 분석 모델은 공장 기계와 기계 사이의 버퍼의 양을 얼마나 할당하고 생산 재고를 얼마나 둬야 목표 생산량을 달성할 수 있는지에 대한 답을 준다.

1996년 어느날, 거슈윈은 HP 오리건 주에 위치한 프린터 공장의 공장장으로부터 연락을 받는다.

:: 문제는 재고에 있었다

HP 오리건 프린터 생산 공장. 거슈윈과 그의 제자인 미첼 버먼은 생산 계획 담당자와 운영 책임자의 브리핑을 받는 순간 이 문제가 생산 재고의 문제임을 단번에 깨달았다. 간단한 브리핑이 끝나자 거슈윈이 질문했다.

"이 생산 라인에 처음 기대했던 생산량과 현재 실제 생산량이 각각 얼마지요?"

"이 라인은 월간 30만 대의 프린터 생산을 목표로 건설된 라인입니다. 하지만 지금은 이 목표 생산량의 반도 못 채우고 있습니다."

생산자동화 팀장이 답했다. 그러자 버먼이 물었다.

"그럼 각 기계들의 생산성은 어떻습니다? 각 기계들이 30만 대를 생산할 능력은 있나요?"

"물론입니다. 각 기계들의 생산 능력이 최소한 35만 대는 됩니다. 하지만 이번 기계들은 신규 프린터 생산을 위해 새로 설계된 기계들이라 기계 고장률이 약 5퍼센트 정도 됩니다. 즉 각 기계 생산성이 95퍼센트이지요. 그러나 기계 고장률을 감안해도 35만 대의 95퍼센트이니까, 월 33만대 이상은 생산할 수 있지요. 저희가 고장률을 문제의 원인이 아니라고 결론 내린 것도 이 때문입니다."

말이 끝나자마자 버먼이 다시 질문했다.

"프린터 한 대를 생산하기 위해 몇 가지 공정을 거쳐야 하지요?"

"정확한 수는 모델마다 조금씩 다르지만 수십 개의 공정을 거쳐야 합니다."

거슈윈이 물었다.

"그럼 각 생산 라인의 버퍼는 어떤가요?"

"이번 라인은 요즘 유행하는 린 시스템을 도입해 생산 공정, 즉 기계들 사이의 버퍼 공간을 애초에 두지 않았습니다. 아시다시피 생산 버퍼가 있으면 생산 재고만 늘잖습……."

생산기획 부장의 말이 채 끝나기도 전에 거슈윈 교수가 말을 끊었다. 그리고 거슈윈 교수와 버먼은 서로 눈빛을 교환했다. 뭔가 감을 잡았다는 뜻이었다. 그리고 버먼은 회의실에 설치된 화이트보드 앞으로 가 다음과 같은 그래프를 그렸다(〈그림 5-5〉 참조).

"이 그래프는 물건 하나를 만들기 위해 수십 개의 공정을 차례로 거쳐야 하는 생산 라인에서 기계와 기계 사이의 버퍼 공간의 크기에 따른 전체 생산률의 변화를 보여 줍니다. 버자콧(John A. Buzacott)이란 수학자의 이름을 따 '버자콧의 공식'[14]이라 하지요. 예를 들어 수십 개의 공정으로 이뤄진 생산 라인에서 각 기계들의 고장률을 고려했을 때 한 달간 100개를 생산할 수 있어도 버퍼가 하나도 없고 생산 재고가 없다면 공장 생산률은 수십 퍼센트 떨어집니다. 많은 사람들이 각각의 기계 생산률이 공장 생산률과 일치할 거라 생각하는데, 이는 명백한 오산입니다. 그리고 공장 내 생산 재고와 생산률을 별개로 생각하지만 이 또한 잘못된 생각입니다. 생산률과 생산 재고는 밀접한 관계를 가지지요.
전체 공장 생산률이 기계 생산률과 같아지려면 생산 재고가 충분히 공장 내에 있어야 합니다. 그리고 충분한 생산 재고가 있으려면 생산 재고를 저장할 수 있는 충분한 버퍼가 있어야 하지요."

버먼의 설명이었다. HP 관계자들은 놀라움을 금치 못했다. 공장장이 말을 이었다.

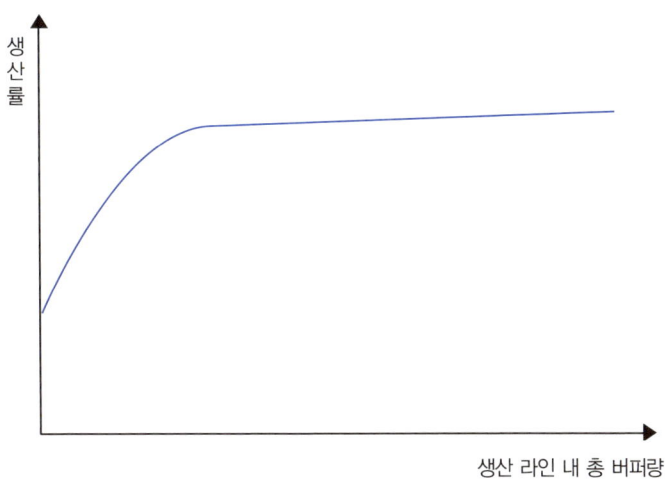

〈그림 5-5〉 생산 재고를 위한 버퍼 공간과 생산률 관계

공장 내 총 버퍼 공간이 늘어날수록 생산률은 증가한다. 특히 버퍼가 작을 경우 버퍼 공간이 조금만 더 늘어나도 생산률은 급속히 증가함을 알 수 있다. 하지만 버퍼 공간이 어느 정도 늘면 이 생산률의 증가도 미미하다. 그리고 이후에는 아무리 버퍼 공간을 늘려도 생산률은 늘지 않는다.

"원인이 이런 데 있을 줄은 상상도 못했습니다. 우리는 그저 생산 재고는 낮추면 좋다는 생각을 했었는데 생산 재고가 너무 적은 것이 이렇게 큰 문제를 일으킬 줄 몰랐네요. 그런데 문제를 해결하려면 공정 사이에 버퍼를 설치해야 하는데 이미 공장에 기계들을 다 들여놓아서 기계 사이에 버퍼 공간을 만들려면 공장 기계 배치를 전면 재조정해야 해요. 이것도 문제네요."

공장장의 우려에 동감하듯 여기저기에서 한숨 소리가 흘러나왔다.
거슈윈과 버먼이 서로 잠시 눈빛을 교환했다. 그들의 표정은 이미 해

답을 알고 있는 것처럼 보였다. 정적을 깬 건 거슈윈이었다.

"앞의 그래프를 다시 한 번 잘 살펴봅시다. 생산 라인에 버퍼가 증가할수록 생산률은 오릅니다. 하지만 여기서 두 가지 사실을 잘 생각해 볼 필요가 있습니다. 우선 버퍼가 하나도 없을 경우 버퍼를 조금만 줘도 생산률은 급격히 올라갑니다. 하지만 생산률이 어느 정도 올라가면 버퍼 공간을 늘려도 생산률 증가는 미미해집니다. 아무리 버퍼 공간이 많고 생산 재고가 많아도 공장 생산률이 각 기계의 생산률보다 높아질 수는 없기 때문이지요. 위 그래프에서 생산률이 급속히 올라가다 어느 시점부터는 거의 평행선을 그리는 이유가 이 때문이지요."

생산기획 부장이 안도의 한숨을 쉬며 물었다.

"그럼 현 HP 생산 라인의 경우 버퍼가 전혀 없기 때문에 조금의 버퍼 공간만 할당해도 생산률이 크게 오를 수 있단 의미입니까?"

"예, 맞습니다. 생산 라인 기계 배치를 전면 재조정하는 것은 현실적으로 어렵고, 그렇게 할 필요도 없습니다. 기계들의 특성을 조사해 필요한 곳에 적절히 어느 정도 버퍼를 배치하면 목표한 생산률을 달성할 것 같습니다."

버먼의 설명이었다.

"그럼 어떤 기계 사이에 얼마만큼의 버퍼를 할당해야 하지요? 공장 운영 경력이 10년이 넘은 저에게도 기계 사이 버퍼 할당은 종잡기 힘든 문제던데……."

생산자동화 팀장의 호기심 어린 질문이 이어졌다.

"앞의 그래프에서 보시다시피 버퍼 공간이 없으면 전체 생산률은 기계 생산률의 거의 반에도 못 미칩니다. 하지만 생산 재고가 올라갈수록 공장 생산률은 기계 생산률에 육박합니다. 물론 생산 재고를 무한대로 줄 필요는 없습니다. 현실적으로 불가능하고요. 하지만 이 그래프에서와 같이 버퍼 공간을 조금만 주면 생산률은 급격하게 올라 갑니다."

공장장이 물었다.

"그럼 린 시스템이 직접적인 원인이란 말씀인가요? 좀 더 자세히 설명해 주시지요."

"린 시스템 자체가 문제는 아닙니다. 린 시스템을 잘못 이해한 게 문제지요. 린 시스템은 '불필요한 생산 재고를 생산의 악'이라 규정했습니다. 불필요한 생산 재고를 악이라 규정했다고 모든 생산 재고가 필요 없다는 뜻은 아닙니다. 즉 이 말을 뒤집어보면 '필요한 생산 재고가 있다.'는 뜻으로 해석할 수 있지요. 버퍼에 있는 생산 재고는 생산 라인의 기계가 고장났을 경우 완충 역할을 합니다. 이번 신규 라인처럼 버퍼가 전혀 없으면 기계 하나가 고장 났을 때 그 다음 공정의 기계는 생산할 물건을 받지 못해 바로 멈추게 됩니다. 고장난 기계 앞 공정의 기계도 버퍼가 없다면 물건을 내보낼 데가 없어 멈출 수밖에 없습니다. 그리고 이 여파는 전체 기계로 퍼지게 되지요. 더구나 HP의 신규 라인은 모든 생산 물류가 자동화된 라인이므로 이 여파가 바로 전달되지요."

거슈윈과 버먼은 공장의 좀 더 정확한 데이터를 분석해 공장에 버퍼가 없을 경우 생산량을 산출했다. 이 생산량은 현재 공장 생산량과 거의 일치했다. 그리고 공장의 생산성을 목표 생산성으로 끌어올리기 위해 기계들 사이의 버퍼 할당을 계산했다. 거슈윈의 분할 분석 방식을 이용해 기계 사이의 최적 버퍼량을 구했고, 제시한 버퍼 할당은 바로 신규 라인에 적용되었다. 이후 신규 라인은 거슈윈과 버먼의 예측대로 목표 생산량을 거뜬히 달성할 수 있었다. 물론 이 라인의 조속한 정상 가동으로 HP는 전략 목표인 시장 장악을 이룰 수 있었다. 거슈윈과 버먼의 성공적인 프로젝트 수행으로 인한 매출 증가를 HP에서는 약 2억 8,000달러(1달러=1,000원으로 환산할 경우, 약 2천 800억 원)로 추산했다. 수학적 분석이 이룬 쾌거인 셈이다.

:: **우리 몸의 지방과 같은 재고**

세계적인 IT업체이자 세계 프린터 시장을 장악한 HP사는 1996년 신규 잉크젯 출시를 앞두고 있었다. 1990년대 초 처음 선보인 데스크젯 프린터로 시장을 개척한 HP는 이미 선점한 시장에서 후발주자와의 격차를 확실히 벌리기 위한 전략 모델을 선보이기 직전이었다. 단숨에 시장을 석권하는 게 목표였으므로 조립도 첨단 자동화 시설을 갖춘 신규 라인에서 하기로 전략을 세웠다.

이런 전략적 목표를 위해 '이클립스'(Eclipse)라고 불리는 신규 라인이 건설되었다. 이 이클립스가 기존 라인과 차별화된 점은 첨단 자동화 시설이란 점과 더불어 기존 라인과 달리 생산 재고가 거의 없는 '린' 시스템으로 생산된다는 점이었다. 당시 경영학계에서 거의 유행처럼 번지던 '토요타 생산 방식'이나 '린 시스템'을 도입한 결과였다. 린 시스템 혹은 토요타 생산 방식에서는 필요 이상의 생산 재고를 악으로 규정한다. 지속적인 혁신과 경영 개선의 목적은 결국 필요 없는 군더더기와 같은 생산 재고를 낮춰 전체 생산 효율을 높이는 데 있다.

생산 라인에서는 공정과 공정 사이 혹은 기계와 기계 사이 '버퍼'라는 공간이 있고 이 공간에 생산 재고를 쌓아 두는 게 일반적이다. 기존 생산 라인은 버퍼에 생산 재고가 넘치든 말든 밀어내기 식으로 물건을 만드는 방식이었다. 그러나 린 시스템에서는 필요 이상의 작업으로 버퍼에 생산 재고가 늘면 재고 비용만 문제가 되는 게 아니라 소비자 반응에 신속히 대처하지 못하는 문제, 품질 문제 등이 생긴다고 보았다. 1980년대 이후 미국 자동차 시장은 일본 자동차업계에 잠식되어 가고 있었는데, 미국 자동차 생산 라인의 넘쳐 나는 생산 재고는 미국 자동차업계가 갖고 있는 비효율성의 대표적인 상징처럼 인식되었다. 이와 대조적으로 생산 재고 없이 군더더기 없는 생산 시스템을 운영하는 토요타 자동차는 제조업체들의 본보기로 부각되었다.

수많은 MBA 프로그램에서 토요타의 린 시스템은 우수 경영 사례로 채택되었고 《비즈니스위크》나 《월스트리트 저널》은 이를 몰락하는 미국 제조업의 구세주로 치켜세웠다. 미국을 포함한 전 세계 경영자와 CEO들의 새로운 종교가 탄생하는 순간이었다. 재빠른 경영 컨설팅업체는 이에 뒤질세라 린 시스템의 전도사를 자처하고 나섰다. 수많은 신도들은 린 시스템이라는 새로운 구세주를 따라 생산 재고라는 악에 맞

Tip 생산 라인의 버퍼와 생산재고

린 시스템과 생산 재고의 관계를 알아보기 위해 다음과 같은 간단한 생산 라인을 살펴보자. 아래와 같이 세 대의 기계로 구성된 생산 라인이 있다. 제품은 기계 1, 기계 2, 가계 3을 차례로 거쳐 완성되는데, 각 기계들 사이에는 버퍼라는 공간이 있다. 버퍼 A는 기계 1에서 작업을 마친 제품이 다음 작업을 대기하기 위해 기다리는 공간이다. 마찬가지로 버퍼 B는 기계 2에서 작업을 마친 제품이 다음 작업을 기다리기 위해 잠시 대기하는 공간이다. 이 경우 버퍼에서 대기하는 제품의 총수와 현재 기계에 작업 중인 제품의 합이 바로 생산 재고의 양이 된다.

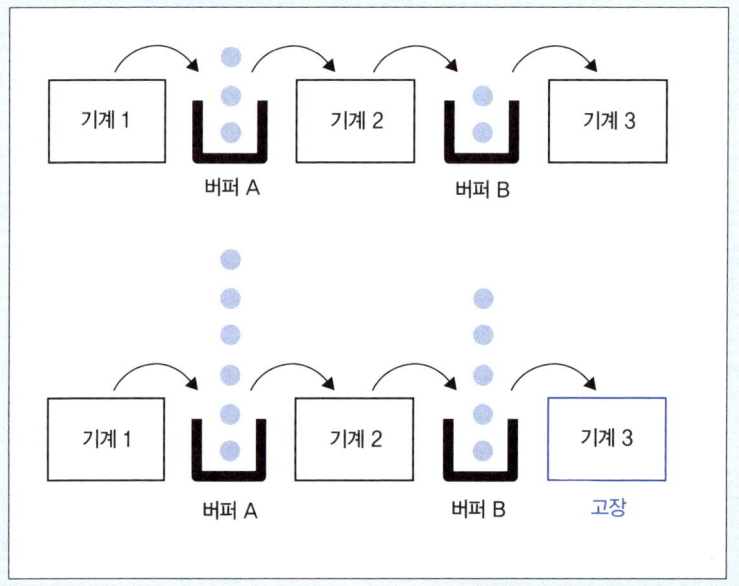

기계 고장이 전혀 없고 기계들의 생산성이 다 같다면 버퍼 내 생산 재고량은 일정량을 유지한다. 하지만 생산 라인에서 기계 고장으로 인해 물류 흐름이 막힌다면 버퍼의 재고량은 변하게 된다.

앞의 경우와 같이 기계 3이 고장을 일으켜 작업을 수행하지 못하는 경우를 생각해 보자. 이 경우 고장 나지 않은 기계 1과 기계 2가 계속 작업을 한다면 버퍼 A와 버퍼 B는 생산 재고로 넘쳐나게 된다. 그러면 기계 3이 고쳐져 생산을 다시 시작하더라도 이미 늘어난 재고는 기계 1이나 기계 2가 고장나지 않는 이상 줄어들지 않게 된다. 결국 많은 재고를 안고 가는 것인데 생산 재고가 늘면 재고 관리 비용도 더 많이 들고 소비자의 반응에 신속하게 대응하지 못하게 된다.

만일 소비자가 지금 이 생산 라인에서 만들고 있는 제품을 더 이상 원하지 않고 다른 제품을 원할 경우에도 이미 버퍼 A나 B에 쌓인 생산 재고를 폐기 처분하지 않는 이상은 이들 작업을 완료해야 다른 제품 생산이 가능하다. 결국 소비자가 원하지 않는 물건인 줄 알면서도 작업을 해야 하는 처지가 되는 것이다.

이런 단점으로 인해 버퍼의 수를 제한하거나 버퍼를 제거해 생산 재고를 줄이는 경영 방식이 소개되었다. 이것이 바로 린 시스템의 핵심이다. 이 린 시스템으로 생산 재고는 현격히 줄어들 수 있지만 한 가지 문제가 발생한다. 버퍼가 없다면 기계 고장에 전체 생산 라인이 매우 예민하게 반응한다. 만일 기계 1이 고장났을 경우 기계 1과 2 사이의 버퍼에 생산 재고가 없으면 기계 2는 고장이 나지 않았음에도 작업할 물건이 없어 작업을 멈춰야 한다. 이와 같이 버퍼가 전혀 없는 라인에서는 기계 하나가 고장을 일으키면 전체 라인이 가동을 멈춰야 하는 취약점을 안고 있다. 그러므로 신규 라인을 운영할 때와 같이 기계 고장률에 대한 정보가 없으면 어느 정도 버퍼를 두고 생산 재고를 유지하는 게 바람직하다. 정확한 정보 없이 무작정 버퍼를 제거하고 생산 재고를 낮춰버리면 생산률 하락이란 치명적인 결과를 초래할 수 있다.

서 싸우는 십자군으로 돌변한 셈이다.

하지만 무엇인가를 맹목적으로 따르다 보면 그것에 대해 논리적인 사고로 비판적 판단을 견지해야 한다는 사실을 잊는 법이다. 왜 생산 재고가 군더더기인지 논리적으로 따져보기도 전에 린 시스템의 '생산 재고는 악이다.'라는 이념은 추종자들의 머릿속에 파고들었다. 그들의 사고는 마치 콘크리트 벽처럼 굳어져서 논리적 판단이 끼어들 여지가 없었다. 과학적 분석 없이 카피를 문자 그대로 해석해 단순 적용한 수많은 린 시스템의 신도들이 범한 치명적인 오류가 있다. 토요타 자동차에서는 필요 이상의 생산 재고를 필요악으로 규정했는데 이 '필요 이상'이라는 단어를 간과한 것이다. 필요 이상의 생산 재고가 필요악이란 말을 바꿔 말하면 생산 재고가 어느 정도는 필요하단 의미다. 하지만 린 시스템과 토요타 경영의 전도자, 신자 중 어느 누구도 이 '필요 이상의'라는 말에 주의를 기울이는 이는 없었다.

HP의 생산 라인의 문제도 사실은 이 '필요 이상의 생산 재고'가 지닌 정확한 의미를 파악하지 못하고 맹목적으로 린 시스템을 도입한 결과였다. 서툰 린 시스템의 수용이 새로 도입된 자동화 시설, 간과했던 기계 고장률이라는 사안과 만나자 생산 라인의 문제는 증폭되었고 결국 최악의 상황이 벌어졌다. 그럼 린 시스템의 어떤 점이 잘못되었길래 HP는 목표 생산량의 반도 달성하지 못했을까? 그리고 MIT 거슈윈 교수는 이 문제를 어떻게 풀었을까?

재고는 우리 몸의 지방과 같다. 우리 몸에서 섭취하고 남은 에너지는 지방의 형태로 축적되고 저장된다. 그리고 만일 에너지가 필요할 때 에너지를 제공하는 기능을 한다. 그러므로 에너지를 얼마나 자주 섭취할 수 있고 얼마나 자주 사용하느냐에 따라 필요한 지방 저장량도 달라진다. 필요할 때마다 자주 섭취할 수 있다면 많은 양의 지방이 필요 없다. 반대로 에너지 섭취가 쉽지 않아 한 번 기회가 있을 때 많이 섭취해야 한다면 많은 저장 공간이 요구된다. 긴 겨울잠을 자는 곰이 지방이 필요한 것도 이 때문이다. 이처럼 몸에서 과다한 지방은 문제가 될 수 있지만 필요에 따라 없어서는 안 될 부분이기도 하다.

새로 기계를 도입할 때, 예상치 못한 기계 고장을 고려해 어느 정도의 생산 재고가 있어야 한다. 즉 기계가 정상으로 가동할 때 필요 이상 생산해 재고를 비축해 놓으면 예상치 못한 기계 고장이 있더라도 일단은 이미 비축해 놓은 재고로 운영이 가능하다. 마찬가지로 매장에서 공장이나 도매점으로부터 물건을 공급 받을 때 공급이 원활하지 않을 경우 공급받을 수 있을 때 가능한 한 많이 받아 예상치 못한 상황을 대비하는 것도 하나의 방법이다.

토요타 생산 방식과 린 시스템 개념이 경영의 화두가 된 이후 맹목적으로 재고를 죄악시 하는 풍조가 탄생했다. 문제는 정확한 분석과 비판 없이 이를 받아들여 적용한 데 있다. 앞에 HP의 경우도 재고와 신규 도입된 기계의 고장률, 자동화 시스템 도입 사이의 특수한 관계를 고려하지 않고 무조건 방법론만 베끼려다 낭패를 볼 뻔한 경우다. 사실 토요타 생산 방식이 처음 도입된 이후 성급히 이 방식을 도입했다 별 성과도 못 보고 비싼 컨설팅 비용만 낭비한 기업이 많다. 실패의 원인에는 여러가지가 있겠지만 시스템의 근본 원리를 정확히 파악하지 못하고 방법만 베낀 것이 큰 이유 중 하나일 것이다.

제**6**장

월드컵 때
불티나게 팔린 **티**셔츠

"인문학의 수학적 해석은 21세기 최대의 과업이 될 것이다."
- 〈수학이 세계를 지배할 것이다〉 《비즈니스위크》 2006년 1월 23일자

진짜보다 더
불티나게 팔린 가짜 티셔츠

　　　　　2002년 월드컵 조 예선에서 우리나라가 폴란드를 이기고 사상 처음 1승을 거두자 'Be the Reds'라고 새겨진 티셔츠 수요가 폭발했다. 하지만 실제 월드컵 기간 동안 불티나게 팔린 티셔츠로 수익을 본 업체는 소위 '짝가'를 제조하는 업체와 이를 판매하는 업체였다.[1] 오히려 정품을 생산해 대리점에서 판매하는 스포츠 브랜드업체는 그리 큰 재미를 보지 못했다. 실제로 많은 브랜드업체들은 월드컵 이후 수요가 폭락해 팔지 못한 재고로 골머리를 썩어야 했다. 도대체 왜 이런 어처구니없는 상황이 벌어졌을까?

　비록 간단한 문제 같지만 이 현상은 요즘 경영에서 유행처럼 번지는 공급사슬망 관리(Supply Chain Management, SCM)의 핵심을 설명해 줄 수 있는 케이스다. 공급사슬망 관리란 상품이 생산되고 유통되어 소비자에게까지 전달되는 전 과정을 연결시켜 운영 관리하는 것을 의미한다. '원자재 공급－제조－도매－소매－소비자'로 상품의 흐름이 고리처럼 연결되어 있고, 이들의 상관관계 또한 서로 긴밀하게 연결되어 있어 '사슬망'(chain)이란 단어가 사용된다. 붉은악마 티셔츠의 사례를 통해 공급사슬망 개념의 핵심을 파악해 보자.

:: 공급사슬망의 채찍 효과

이러한 현상의 원인을 설명하기 위해서는 공급사슬망의 '채찍 효과' (Bullwhip effect)를 우선 이해해야 한다. 세계적인 생활용품 제조업체인 'P&G'의 아기 기저귀 물류 담당 임원은 수요 변동을 분석하다 흥미로운 사실을 발견했다. 아기 기저귀라는 상품의 특성상 소비자 수요는 늘 일정한데 소매점 및 도매점 주문 수요는 들쑥날쑥했던 것이다. 그리고 이러한 주문 변동폭은 '최종 소비자―소매점―도매점―제조업체―원자재 공급업체'로 이어지는 공급사슬망에서 최종 소비자로부터 멀어질수록 더 증가하였다.[2] 공급사슬망에서 이러한 수요 변동폭이 확대되는 현상을 공급사슬망의 '채찍 효과'라 한다. 이는 채찍을 휘두를 때 손잡이 부분을 작게 흔들어도 이 파동이 끝 쪽으로 갈수록 더 커지는 현상과 유사하기 때문에 붙여진 이름이다. 이런 변동폭은 유통업체나 제조업체 모두 반길 만한 사항이 아니다. 늘 수요가 일정하면 이를 기준으로 생산이나 마케팅의 자원을 적절히 분배하여 계획하고 효율적으로 운영할 수 있지만 변동폭이 크면 계획이나 운영을 원활하게 수행하기 어렵다.

그럼 이런 채찍 효과가 생기는 이유는 무엇일까? 여러 가지 이유가 있지만 첫 번째는 수요의 왜곡이다. 소비자의 수요가 갑자기 늘면 소매점은 앞으로 수요 증가를 기대하는 심리로 기존 주문량보다 더 많은 양을 도매점에 주문하게 된다. 그럼 도매점도 같은 이유로 소매점 주문량보다 더 많은 양을 제조업체에 주문한다. 즉, 수요 예측이 공급망 위로 오를수록 점점 더 심하게 왜곡되는 현상이 발생하는 것이다. 이러한 왜곡 현상은 공급자가 시장에서 제한적일 때 더 크게 발생한다. 즉 공급자가 한정된 상황에서는 더 많은 양을 주문해야 제품을 공급받기가 수월하기 때문이다. 티셔츠를 공급하는 제조업체에서 물량이 한정돼 있으면 한꺼번에 많은 양을 주문하는 도매업체에게 우선권을 주는 건 당연하다. 결국 물건을 공급받기 위해서 업체들은 경쟁적으로 더 많은 주문을 해 공급을 보장받으려 한다. 결국 '수요의 왜곡'이 발생한다.

 채찍 효과가 일어나는 또 다른 이유는 공급사슬망에서 최종 소비자로부터 멀어질수록 대량 주문 방식을 요하기 때문이다. 예를 들면 소비자는 소매점에서 물건을 한두 개 단위로 구입하지만 소매점은 도매상에서 물건을 박스 단위로 주문한다. 그리고 다시 도매점은 공장에 트럭 단위로 주문을 한다. 이처럼 공급사슬망의 위쪽으로 올라갈수록 기본 주문 단위가 커진다. 그런데 이렇게 주문 단위가 커질수록 재고량이 증가하게 되고, 재고량 증가는 변화에 민첩하게 대응하지 못하게 하는 원인이 된다.

 채찍 효과의 또 다른 원인은 주문 발주에서 도착까지의 발주 실행 시간에 의한 시차 때문이다. 물건을 주문했다고 바로 물건이 도착하지 않는다. 주문을 처리하고 물류 이동 시간이 있기 때문이다. 그런데 문제의 원인은 각 공급사슬망 주체의 발주 실행 시간이 저마다 다르다는 데에 있다. 예를 들어 소매점이 도매점으로 주문을 했을 때 물건을 받기까지 걸리는 시간이 삼사 일 정도라면, 도매업체가 생산업체에 주문을 했을 때 물건을 받기까지는 몇 주 정도가 걸릴 수도 있다. 즉 공급사슬망 위로 갈수록 이런 물류 이동 시간이 증가하게 된다. 그리고 이처럼 발주 실행 시간이 길어지면 주문량이 많아지고, 이는 재고량 증가로 이어진다.

월드컵 티셔츠의 경우 유명 스포츠 브랜드 소매점(대리점)들은 이들과 거래하는 도매점(브랜드 본사 물류 센터)이 있고, 이 도매상과 거래하는 제조업체(제조 공장)가 있다. 월드컵 16강전에서 한국이 폴란드에게 1승을 거두자 티셔츠 수요가 폭발하기 시작했다. 이러한 수요를 실감한 대리점들은 최대한 많은 물량을 확보하기 위해 경쟁적으로 물건을 물류 본사에 주문했고 이런 경쟁 상황을 알아차린 일부 대리점들은 실제 필요한 양의 몇 배를 부풀려 주문하기도 했다. 공급 차질이 우려되면 주문한 양의 일부만 받게 된다는 것을 경험했기 때문이다. 대리점에서 주문을 받은 물류 본사도 물건 주문이 폭주하자 같은 이유로 실제 주문량 이상으로 제조업체에 주문했다.

하지만 대부분 대형 스포츠 브랜드업체의 경우 자사와 계약된 제조 공장들이 먼 지방이나 해외에 위치하고 있다. 앞에서 설명한 채찍 현상으로 소비 수요는 왜곡되고 더구나 제조 공장에서 대리점까지의 물류 이동 시간으로 인해 소비자 수요에 신속하게 대응하지 못했던 것이다. 이 결과 월드컵이 끝나고 티셔츠 수요가 폭락하자 공급사슬망의 모든 개체들은 넘치는 재고 처리로 골머리를 썩어야 했다.

반대로 소위 '짜가' 티셔츠를 판매한 영세업체들은 소매점과 도매점 그리고 제조업체의 주문과 생산이 소규모로 이뤄져 제조에서 소매까지 걸리는 시간이 매우 짧았다. 이러한 단순한 공급망으로 인해 정보 교환이 용이하고 수요 정보의 왜곡이 상대적으로 덜하다 할 수 있다. 그리고 대부분의 제조업체들이 대도시 근교에 위치해 주문을 신속하게 소화하여 소매점에 배달할 수 있다는 장점도 있었다. 이들은 붉은색 원단이 바닥나자 흰 티셔츠를 붉게 염색하는 창조적(?) 제조 방식마저 사용해 소위 '짜가' 상품을 적절한 시기에 시장에 공급할 수 있었다. 이러한 신속

Tip 공급사슬망과 재고

재고가 필요한 첫 번째 이유는 소비자가 원하는 물건을 필요할 때 제공하기 위해서다. 소비자가 물건을 구입하러 가게에 문을 열고 들어왔는데 물건이 없어서 팔지를 못한다면 이는 이익을 남길 수 있는 기회를 낭비하는 것이다. 즉 매출 기회의 상실이다. 여기에 소비자의 신뢰 또한 잃게 되어 추가 비용 손실을 초래한다.

하지만 공급사슬망에서 재고의 역할은 이런 매출 기회 제공뿐만 아니라 앞에서 간단히 설명한 것과 같이 불확실성의 완충 작용까지 수행한다. 자동차가 울퉁불퉁한 비탈길을 달리더라도 바퀴 축에 연결된 쇼크 업소버(일명 '쇼바')가 이 충격을 흡수하여 운전자가 직접 느끼지 못하게 하는 것과 같이 재고는 소비자의 수요가 오르락내리락 하더라도 이 변동이 공급사슬망 상위로 전달되지 않고 재고에서 흡수하는 역할을 맡는다.

예상치 못한 수요가 급격히 증가할 경우 최종 판매점에 재고량이 없다면 급히 물류센터에 상품을 주문할 것이고 예상치 못한 주문에 물류센터는 외주업체라도 동원하여 상품을 수송할 것이다. 만일 물류센터에도 재고가 모자라 주문 물량을 다 소화할 수 없다면 공장에 추가 주문할 것이고 예상치 못한 주문에 야간 조업 등 계획에 없던 공장 가동을 할 수도 있다. 이처럼 '소비자—판매점—물류센터—공장'으로 이어지는 공급사슬망에서 최종 소비자의 갑작스런 수요 증가가 '판매점—물류센터—공장'으로 그 불확실성이 전달된다. 그러나 반대로 판매점에 갑작스런 수요 증가를 흡수할 수 있는 충분한 재고가 있다면 판매점은 물류센터에 계획에 없던 추가 주문을 할 필요도 없고, 이 충격은 공급사슬망 아래로 전달되지 않는다.

이와 같은 충격 흡수는 공급사슬망 상위에서 하위로 흐르는 불확실성을 완화할 수 있다. 물론 그 반대로 상위의 불확실성을 하위로 전달되는 것을 막아 주는 역할도 한다. 공급 사슬망에서 상위에 위치한 공장에서 예상치 못한 기계 고장이나 파업 등으로 생산 차질이 생겼다 하자. 이 경우 납기일 내에 물건을 도매점이나 소매점에 넘기지 못할 수 있다. 도매점이나 소매점에 충분한 재고가 없다면 상품을 공장에서 인도받을 수 없어 재고는 바닥 날 것이고 이는 바로 기회비용 손실로 이어진다. 즉 공급사슬망 상위의 공장에서 발생한 불확실성이 공급사슬망 아래 도매, 소매점으로 전달되어 전체 공급사슬망의 집단 손실을 초래하는 경우다. 그러나 만일 도매점이나 소매점이 공장이 정상 가동할 때까지 시장에 공급할 수 있는 충분한 재고가 있다면 불확실성이 공장에서 다른 공급사슬망 아래로 확대되는 것을 줄이거나 피할 수 있다.

즉 공급사슬망이란 서로 연결된 고리에서 재고는 각 연결고리 사이에서 한쪽에서 발생된 불확실성의 충격을 다른 곳으로 전이되는 충격을 완화시켜주는 긍정적인 기능이 있다. 그러나 세상에 공짜는 없다. 여기에도 대가를 치러야 하는데, 바로 재고 관리 비용이다. 재고를 쌓아둘 공간이나 쌓인 재고를 손상 없이 관리하는 데는 비용이 요구된다.

하지만 많은 재고의 가장 큰 리스크는 무엇보다 상품의 가치 하락으로 인한 비용 손실이다. 유행을 타는 상품이나 계절 상품, 그리고 많은 하이테크 상품들은 유행이나 계절, 혹은 시간이 지나면 그 가치가 급격히 하락한다. 기간 내 재고를 소비하지 못한다면 그냥 비용에도 못 미치는 가격으로 처분할 리스크를 안고 있다. 이처럼 재고에는 동전의 양면과 같은 측면이 있다. 즉 공급사슬망에서 불확실성의 충격 완충이란 면도 있지만 그만큼 재고 비용이란 대가를 치러야 한다.

성으로 인해 월드컵이란 한정된 기간에 많은 마진을 남기는 브랜드업체보다 박리다매를 추구하는 영세업체들이 전체 매출 규모에서 봤을 때 더 많은 이윤을 얻었던 것이다.

:: 모토로라의 주식을 폭락시킨 유령 주문

1994년, 당시 최대의 휴대폰 제조업체였던 모토로라는 처음으로 플립형 휴대폰을 선보였다. 이 최신 모델은 당시 시장에 유행하던 휴대폰 디자인이나 기능 면에서 획기적인 제품이어서 크리스마스 시즌 최고의 인기 상품으로 선정될 정도로 압도적인 인기를 누렸다. 이런 성공에 힘입어 1994년 4분기에는 모토로라 역사상 가장 많은 주문량을 기록했다. 당연히 모토로라의 주가도 이 신모델 출시 이후 강한 상승세를 이어갔다. 하지만 이런 상승세가 1995년 들어서 주춤하더니 갑자기 10퍼센트나 폭락하고 말았다. 소비자의 선호도는 여전히 높고 외부적인 요인도 없었는데 왜 이런 주식 폭락이 있었던 것일까?

제조업체가 늘 유통업체들이 주문한 양을 바로 공급하지는 못한다. 내부적인 생산에 차질이 있는 경우도 있고, 여러 유통 업체들이 한꺼번에 주문을 할 경우 생산량이 공급량에 못 미치는 경우도 있다. 특히 새로 출시한 신제품이 예상보다 큰 인기를 누린다면 공급량 차질은 당연히 예상할 수 있는 결과다. 공장이 새 제품을 생산할 때는 생산량을 점차적으로 늘려 목표 생산량에 접근하도록 하지 한꺼번에 목표만큼 생산하지는 않는다. 신제품을 처음 생산하다 보면 예상치 못한 생산 문제나 품질 관리 문제가 늘 있을 수 있어 이러한 위험을 줄이고자 서서히 생산량을 늘려 가는 방식을 취하기 때문이다.

만일 유통업체들이 한꺼번에 많은 주문을 해 모든 주문을 처리할 수 없을 경우, 제조업체는 보편적으로 각 유통업체들의 주문량의 몇 퍼센트씩만 우선 공급하는 '할당식(ration) 공급' 방법을 취한다. 제조업체와 같은 공급자가 특정 유통업체에게는 모든 주문을 다 공급해 주고 다른 업체는 빈손으로 보내느니 좀 더 공정하게, 모든 업체를 만족시키지는 못하더라도 최소한 실망시키지는 말자는 나름대로 이유 있는 선택이라 할 수 있다.

문제는 이런 공급 방법을 유통업체가 모를 리가 없다는 것이다. 그래서 실제 예상 판매량보다 더 많은 양을 제조업체에 주문하는 소위 '유령 주문'(phantom order)을 하게 된다. 즉 제품이 100개 정도 필요하다면 이보다 더 많은 200개 혹은 300개를 주문하는 방식이다. 이런 유령 주문으로 인해 제조업체는 소비 수요를 올바로 파악하지 못하게 되고 왜곡된 정보로 정확하지 않은 생산 계획을 하게 된다.

앞에서 모토로라의 새로 출시된 모델은 유통업계로서는 크리스마스 시즌의 황금알을 낳는 거위와 같은 상품이었다. 유통업체는 크리스마스 시즌 폭등할 제품 수요를 감당하기 위해 경쟁적으로 유령 주문을 냈고, 실제 모토로라는 이 주문에 대응하기 위해 생산 시설을 늘려 시장에서 필요한 수요보다 훨씬 더 많은 양을 생산하였다. 당연히 모토로라에 원자재를 공급하는 협력업체들도 모토로라와 같이 공급을 늘렸다.

하지만 크리스마스 시즌이 끝나고 수요가 급감하자 서로 주문 경쟁을 하던 유통업체들이 이제는 주문량을 서로 취소하느라 분주해졌다. 이런 급격한 변화는 모토로라와 협력업체들에게 상당한 타격으로 작용했다. 이들 공장의 생산 가동률은 급감하였고, 공장의 창고는 주문이 취소된 재고로 가득 채워지고 말았다. 결국 모토로라의 공장 가동률과 재고 상황이 알려지자 주가는 10퍼센트 하락했다.[3]

모토로라 사례와 같은 유령 주문에 의한 업계 전체의 손실은 여러 곳에서 찾을 수 있다. 1980년대 컴퓨터업체들은 컴퓨터의 핵심 부품인 메모리 반도체의 공급 차질을 우려해 서로 과다한 유령 주문을 하였다. 반도체업체들은 이런 기회를 놓칠세라 생산 시설을 늘리면서까지 공급을 하였지만 실제 수요와 주문 수요의 차이가 현실화되자 주문 취소가 잇따랐고, 결국 유통업체는 주문 취소로 인한 위약금으로, 반도체업계는 불필요한 시설 투자로 다 같이 손해를 보는 상황이 연출되었다.

HP에서도 레이저젯(LaserJet) III를 새로 출시하자 주문이 폭등하였다. 신상품이 출시될 때 처음에는 한정된 공급량으로 모든 주문을 소화낼 수 없다는 사실을 잘 아는 유통업체들은 서로 유령 주문을 냈다. 하지만 HP가 생산 시설을 늘리자마자 유통업체들은 서로 주문량을 취소하는 일이 벌어졌다. 증설된 생산 시설로 인해 유통업체의 주문량을 대부분 소화할 수 있다는 것을 알아채자 주문을 부풀릴 이유가 없어져 버렸기 때문이다. 유통업체들은 위약금을 물고 유령 주문으로 부풀려진 주문량을 취소했다.

이런 유령 주문의 직접적인 원인은 정확한 수요 정보가 공급사슬망에서 바로 전달되지 않는 데 있다. 제조업체가 생산 계획에 필요한 수요 예측을 유통업체의 주문에 의존해야 할 경우 정확한 시장의 수요 예측은 쉽지 않다. 특히 유통업체들 간의 경쟁으로 부풀려진 유령 주문은 얼마만큼이 실제 수요인지 파악하기 힘들다. 이런 정보의 왜곡은 단지 제조업체의 생산 계획뿐만 아닌 공급사슬망 내 모든 업체들의 비효율과 부담으로 작용한다. 앞의 사례들과 같이 유통업체들은 위약금을 물며 주문을 취소해야 하고, 잘못된 정보로 인해 제조업체는 불필요한 양을 생산하고 불필요한 투자도 하게 된다. 결국 이런 정보 왜곡은 공급사슬망의 모든 업체들의 손실로 돌아가게 된다. 게다가 앞에서 설명한 채찍 효과로 인해 공급사슬망에서 소비자와 멀어질수록 그 피해는 더 커지게 된다.

이런 유령 주문의 폐해를 줄이는 방법 중의 하나는 생산과 유통에 필요한 정보를 제조업체와 유통업체가 함께 공유하여 정보의 왜곡을 사전에 차단하는 것이다. 제조업체가 유통업체의 주문으로 시장 수요를 예측하는 것보다 유통업체의 정보를 제조업체가 공유함으로써 정확한 생산 계획을 수립하는 방법이다. 그리고 제조업체도 유통업체들에게 생산량과 재고량을 공개함으로써 유통업체들의 불필요한 주문 경쟁을 막을 수 있다. 과거 유령 주문으로 인해 피해를 본 IBM, HP, 애플과 같은 컴퓨터업체들은 요즘은 컴퓨터 판매업체들과 매출 정보를 공유하여 유령 주문을 사전에 차단하고 있다.

정보통신 기술이 이끈
공급사슬망의 혁명

　　전 세계 수학자들이 주목하는 수학 문제가 하나 있다. 수학에서 '세일즈맨 문제'(Travelling Salesman Problem)라 불려지는 문제다. 문제 자체는 간단하다. 세일즈맨이 물건을 팔기 위해 몇 개의 거래처를 순회해야 한다. 여러 곳에 흩어져 있는 거래처를 순회해 돌아오는 최단 경로를 과연 어떻게 찾을 수 있을까?

　가장 간단한 방법은 모든 조합의 경로를 하나씩 비교해 가장 짧은 경로를 찾는 방법이다. 그럼 만일 거래처가 5군데라면 $5 \times 4 \times 3 \times 2 = 120$개의 경로가 있다. 경로 120개 중 최단거리를 찾는 거야 그리 어려운 문제가 아니다.

　그렇다면 만일 거래처가 30군데라면? 약 2.65×10^{32}가지의 경로가 존재한다. 그럼 이 경로들을 서로 비교해 최단 경로를 찾는 데는 얼마나 걸릴까? 오늘날 가장 빠른 슈퍼컴퓨터도 우주가 탄생한 빅뱅에서 시작해야 겨우 2010년에 연산을 마칠 수 있을 정도로 엄청난 시간이 필요하다.[4] 결론은 모든 조합을 비교하여 최단거리를 찾는 방식은 매우 비효율적일뿐더러 현실적이지 못한 방법이다. 그럼 과연 최단거리를 찾을 수 있는 현실적인 방법이 있을까? 이 질문에 대답하기 전 세일즈맨의 문제와 공급사슬망 관리에 가치에 대해 한번 생각해 보기로 하자.

:: 쾨니히스베르크의 다리와 공급사슬망

공급사슬망 관리에서 가장 중요한 문제들 중 하나가 물건의 운송 문제다. 공장이나 물류 센터에서 상품을 한 지점에서 다른 지점으로 효율적으로 운송하는 문제는 공급사슬망의 운영 비용과 직결된다. 특히 글로벌 네트워크에서 원자재와 완제품이 국가 장벽 없이 이동하고 소비되는 시대에서 효율적인 수송의 가치는 점차 증가하고 있다. 더 나아가 이런 수송 문제는 생산 거점이나 물류센터를 어디에 둬야 할지와 같은 문제와도 맞물려 있다. 운송 문제는 단순한 운영 문제에 국한되지 않고 한 회사의 전략적 의사결정과도 직결된다 할 수 있다.

운송 문제와 생산 거점, 물류센터 위치 지정 문제는 단순히 빠른 시간에 상품을 전달하는 의미 이상의 가치를 지닌다. 앞에 채찍 효과에서 설명했듯 수송의 시차로 인해 필요 이상의 재고가 공급사슬망에 존재한다. 붉은 악마 티셔츠 사례에서 보았듯 소위 '짜가' 상품을 판매했던 상인들은 시내 외곽에 위치한 소규모 공장에서 하루이틀 만에 주문한 물건을 인도받을 수 있었다. 주문에서 인도까지의 시차가 하루이틀밖에 걸리지 않아 하루이틀 분의 수요 불확실성만 감당하면 그만이었다는 의미다. 즉 수요에 민감하게 대응할 수 있어 불필요한 재고를 쌓아둘 필요가 없었다.

반면 브랜드 상품을 다루던 판매점은 공장에서 인도받는 데 일주일 이상 걸려 이 일주일 치 소비량만큼 주문을 해야 했다. 물론 일주일 정도의 소비량을 예상한다는 것은 하루이틀 치 소비량을 예측하는 것보다 더 많은 불확실성을 안고 있다. 이와 같이 상품이 인도되는 시차는 전체 재고량에 직접적인 영향을 준다.

세일즈맨의 문제와 같이 최단 경로를 찾는 문제나 최단 경로를 제공할 수 있는 위치를 찾는 문제는 공급사슬망 관리에서 자주 다루는 문제다. 하지만 앞에서 간단히 설명한 세일즈맨 문제의 복잡성을 풀기 위해서는 고도의 수학적 분석이 요구된다. 이와 같은 수송 문제의 복잡성을 좀 더 수학적으로 모델링한 첫 걸음은 수학계의 거장인 18세기 스위스 수학자 레온하르트 오일러(Leonhard Euler)가 제안한 '그래프 이론' (Graph Theory)이다. 수학사에 문외한인 사람도 어느 천재 수학자가 1부터 10까지 수를 더하는 문제를 $1+10, 2+9, 3+8, 4+7, 5+6$으로 계산해 11이 5쌍이므로 55란 답을 쉽게 암산으로 풀었단 이야기를 들어봤을 것이다. 이 천재 수학자가 바로 오일러다.

이 그래프 이론의 시작은 오일러가 제안한 '쾨니히스베르크의 다리' (Königsberg's Bridge)로 잘 알려져 있다. 철학자 칸트의 고향이자 작곡가 바그너가 살았던 도시로도 유명한 이 도시는 중세 이후 1945년 소련 연방에 흡수되기 전까지 프로이센 공국의 수도로 발트해의 산업·어업·상업의 중심지 역할을 했다(소련 연방에 흡수된 후 지금의 이름인 칼리닌그라드로 바뀠다). 쾨니히스베르크에는 도시 중심을 갈라 두 섬을 형성하는 프레겔(Pregel)강이 흐른다. 당시 오일러가 살던 시절에는 〈그림 5-7〉과 같이 프레겔강이 두 지역과 각각의 섬을 총 4개의 지역으로 나누었고, 7개의 다리가 각 지역을 연결했다.

오일러는 이 도시의 지형과 다리를 각각 보며 이 7개의 다리를 각각 딱 한 번씩만 건너 모든 다리를 다 지날 수 있는 경로가 있을까란 문제

〈그림 5-7〉 쾨니히스베르크의 다리

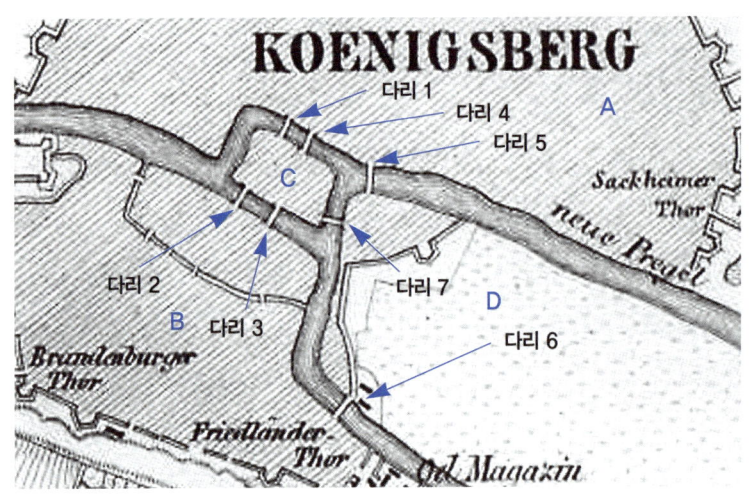

를 생각했다. 예를 들어 다리 1-다리 2-다리 3-다리 4-다리 5-다리 6의 순으로 건넜다면 나머지 남은 다리 7을 지나기 위해서는 이미 건넌 다리 중 하나를 한 번 더 건너야 가능하다. 즉 이 경로로는 각 다리를 한 번씩만 거쳐 모든 다리를 다 지나기는 불가능하다. 과연 앞에 제시된 조건을 만족시킬 경로는 존재할까? 이 문제가 바로 수학계에서 유명한 '쾨니히스베르크의 다리' 문제이다.

　이 문제를 풀기 위해 오일러가 제안한 방식은 각 지역을 점으로 표현하고 지역을 잇는 다리를 선으로 표현해 그래프를 만드는 것이었다. 수학 역사에서 그래프 이론이 탄생하는 순간이었다. 오일러의 그래프로 표현된 쾨니히스베르크의 다리와 지역은 〈그림 5-8〉과 같다. 이 그래프에서 각 선을 한 번만 거쳐 모든 선을 통과하는 경로를 찾으면 된다. 이 경로를 훗날 수학자들은 오일러의 이름을 따 '오일러의 경로'라 명했

━━ 〈그림 5-8〉 그래프로 표현한 쾨니히스베르크의 다리 문제 ━━

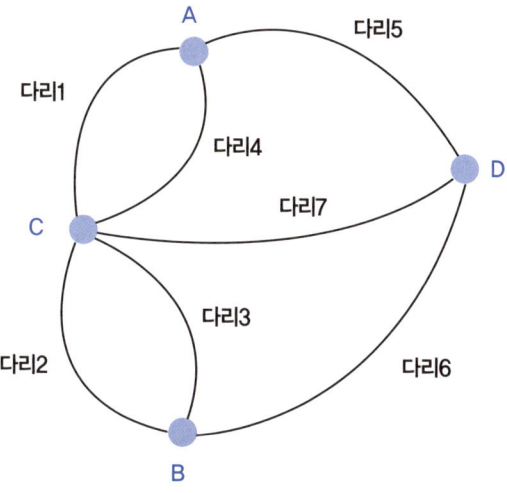

다. 그럼 각 다리를 한 번씩만 건너 모든 다리를 거칠 수 있는 경로가 존재할까? 오일러는 그래프를 통해 수학적으로 이 경로가 존재하기 위해서는 각 점을 연결한 선의 수가 짝수여야 한다는 결론을 내렸다.

쾨니히스베르크의 다리 문제를 그래프로 표현하면 각 지역을 표현하는 네 개의 점(A, B, C, D)과 각 지역을 연결하는 일곱 개의 다리를 선으로 나타낼 수 있다. 지역 A는 세 개의 다리, 다리 1, 다리 4, 다리 5와 연결되어 있다. 마찬가지로 지역 D, 지역 B도 세 개의 선으로 연결돼 있다. 그리고 지역 C를 표현한 점은 다리 1, 다리 2, 다리 3, 다리 4, 다리 7, 즉 다섯 개의 선으로 연결되어 있다. 즉 모든 점이 홀 수의 선으로 연결되어 있어 오일러의 이론에 따르면 이 문제에서 오일러의 경로는 존재하지 않는다는 결론에 도달한다.

:: 최적의 경로 찾기와 공급사슬망

쾨니히스베르크의 문제가 수학사에 길이 남은 이유는 오일러가 수학 문제를 도형화한 그래프 이론을 탄생시킨 계기를 마련했기 때문이다. 이후 아일랜드의 수학자인 윌리엄 해밀턴 경(Sir William R. Hamilton)은 그래프를 이용해 세일즈맨의 문제와 같이 각 점을 한 번씩만 거쳐 출발점으로 되돌아오는 문제를 제시했다. 수학에서는 이를 '해밀턴 경로'(Hamiltonian path)라 부른다. 이 문제에 각 점과 점을 잇는 가중치를 넣어 가장 적은 가중치를 가지는 해밀턴 경로를 찾는 것이 바로 세일즈맨의 문제다. 각 점을 세일즈맨이 순회해야 할 거래처로 표현한다면 각 점을 잇는 선은 점과 점 사이의 이동 시간이나 거리의 가중치로 표현할 수 있다. 결국 세일즈맨의 문제는 수많은 경로들에 포함된 선의 가중치의 합이 가장 적은 해밀턴 경로를 찾는 문제인 것이다.

이 문제를 정형화해 세일즈맨의 문제라 명한 것은 1960년대 프린스턴의 수학자인 하슬러 휘트니(Hassler Whitney)로 알려져 있다. 세일즈맨이 거쳐야 할 지점의 수가 늘어나면 문제의 복잡도도 기하급수로 늘어난다. 수학에서 말하는 복잡성이 증가함을 의미한다. 이 세일즈맨의 문제가 수학계에 제시된 이후 수 많은 수학자, 경영과학자, 물리학자, 컴퓨터공학자들이 경쟁적으로 더 많은 지점의 최적 경로를 찾기 위해 연구 중이다.

이 세일즈맨의 문제가 공급사슬망에 시사하는 바는 단순한 수학 문제 그 이상이다. 이 세일즈맨의 문제는 공급사슬망의 운영이나 계획 등 다양한 문제로 파생될 수 있기 때문이다. 비록 세일즈맨 문제 자체는 각 지점을 순회해 돌아오는 경로를 찾는 것이지만, 이 문제를 푸는 기법은 더 다양한 장르에 응용될 수 있다. 예를 들어 택배 회사에서 물건을 배달할 때 각 지역을 순회해서 물건을 배달한 후 출발 장소로 돌아오는 최적 경로를 찾는 문제는 세일즈맨 문제와 같다. 그런데 만일 몇몇 상품은 아침에 반드시 배달돼야 한다면 기존 세일즈맨 문제에 추가 제약조건이 부가된다. 그리고 택배 회사에서 물건을 어떻게 나눌 것인지 그리고 몇 대의 차로 하루 배달량을 소화할 것인지와 같은 계획의 문제도 세일즈맨 문제의 기술을 적용해 해결할 수 있다.

수학에서 잠자던 세일즈맨의 문제와 같은 최적화 문제가 공급사슬망에 적용되어 비즈니스 현장에 본격적으로 사용되기 시작한 것은 컴퓨터와 정보통신의 발달이 진행된 1990년대부터다. 미국의 메이저 유통업체인 시어스(Sears)는 이미 1990년대 중반 지역정보시스템(GIS)과 자체 전산망을 통합해 연간 4,200만 달러의 비용 절감을 실현했다.[5]

시어스의 물류 서비스팀은 가구와 같은 대형 소매 상품을 고객의 집까지 신속하게 배달하는 것이 조직의 목적이다. 이 서비스팀은 미 전역에 1,000대의 배달 차량을 보유해 2,000개가 넘는 종류의 상품을 연간 400백만 건 이상의 배달 서비스를 소화하는 방대한 조직이다. 시어스는 소비자 물류 배송을 더욱 신속하고 정해진 시간에 배달하기 위해 최적 배달 경로 설정 알고리즘을 개발했다. 그리고 정보통신 시스템과 지역정보 서비스 시스템을 통해 실시간으로 운영 계획을 배달 직원에게 전달했다. 만일 고객이 집에 없어 상품을 전달할 수 없을 경우 이 시스템은 새로운 배달 경로를 다시 검색해 실시간으로 배달 직원에게 전달했다. 이 시스템으로 고객에게 약속한 시간에 정확히 물건 배송이 가능했고, 효율적인 배달로 운영 시간 단축과 교통비 절감이란 직접적 효과를 볼 수 있었다. 세계적인 물류회사인 'UPS', 페덱스(Fedex)와 같은 회사는 물론이고 월마트나 코스트코(Costco)와 같은 유통업체 그리고 복잡한 공급사슬망이 기업 운영의 핵심인 Dell, HP, GE와 같은 기업들의 공급사슬망 운영은 정보통신 기술과 접목된 고도의 수학 알고리즘에 의해 진행되고 있다.

18세기 수학자 오일러는 쾨니히스베르크의 다리 문제로 그래프 이론을 처음으로 창시했다. 이후 해밀턴은 이 그래프를 통해 최적 경로를 찾는 문제를 제안했고, 20세기 들어 이 문제가 세일즈맨의 문제로 정형화되었다. 그러나 당시까지만 해도 수학자들의 지적 호기심을 자극하는 문제 이상은 아니었다. 이후 컴퓨터의 발달로 이 문제 해결에 획기적인 기반이 마련되고, 수학자와 컴퓨터공학자들은 이 문제 해결의 최대 장벽인 복잡성을 컴퓨터 기술로 해결하기 시작했다. 더 나아가 현실에 직면한 경로 운송 전략과 계획 문제를 풀기 위해 세일즈맨 문제에서 파생된 여러 다양한 문제들이 등장했다. 그리고 컴퓨터공학과 수학의 그래프 이론이 접목해 복잡성 정복에 있어서 놀랄 만한 성과를 이루었다. 더 나아가 20세기 후반 정보통신 기술이 비즈니스 혁명의 새로운 동력으로 등장했고, 이 경로 최적화 문제는 정보통신 기술과 융합해 공급사슬망의 효율을 높이는 핵심 기술로 사용되기 시작했다. 수학과 컴퓨터 과학의 만남으로 다시 정보통신 기술과 경영이 통합되어가는 역사를 한눈에 볼 수 있는 예다.

:: 공급사슬망 이론을 긴 잠에서 깨운 정보통신 기술

붉은악마 티셔츠의 경우와 모토로라 유령 주문 등 대부분의 기존 공급사슬망의 비효율성은 왜곡된 정보가 주원인이었다. 공급사슬망 아래로 갈수록 그 변곡이 심해지는 채찍 효과의 주원인은 공급사슬망의 각 객체들(소비자, 소매점, 도매점, 제조자, 원자재 생산자)이 소비자 수요 파악을 직접 시장에서 얻는 것이 아니라, 도매점은 소매점에게, 생산자는 도매점에게, 원자재 생산자는 제조자가 발주하는 주문에만 의지하기 때문이다. 결국 시장의 수요는 공급사슬망 위로 갈수록 왜곡될 수밖에 없었다. 소비자가 원하는 물건은 없어서 못 팔고, 재고 창고에는 철 지나고 유행 지난 상품만 남는 공급사슬망의 비효율이 남겨졌다. 효율적인 공급사슬망을 구현하기 위한 최우선의 과제는 각 공급사슬망 객체 간의 벽을 허물고 정보를 공유하는 것이다. 인터넷과 정보통신의 발전이 이 새로운 공급사슬망의 발전의 가장 큰 원동력이 된 이유가 바로 정보 공유를 현실화시켰기 때문이다.

현대 경영에서 공급사슬망의 운영, 정보통신 기술 그리고 경영과학 기술을 따로 분리할 수 없다. 기업의 공급사슬망의 효율적 관리를 위해서는 정보통신 기술과 경영과학 기술이 필수다. 2009년 에델만상을 수상한 미국의 HP사는 세계 170개 국에 2,000종의 레이저 프린터와 2만 종의 컴퓨터 서버와 대용량 매체를 생산 판매해 연간 135조 달러의 매출을 올리는 거대 기업이다. 이 HP에서 제공하는 대부분의 컴퓨터는 소비자 주문 제작이 가능하고, 모든 제품의 총조합 가능한 수를 다 합하면 200만 개(200개가 아닌 200만 개다!)가 넘는다. 즉 이론상으로는 200만 개의 다른 제품이 존재한다 할 수 있다.[6] HP가 생산하는 컴퓨터나 서버와 같은 첨단 제품의 제품 생명 주기는 점차 짧아지고 있고 이런 첨단 기기일수록 소비자의 수요를 가늠하기란 불가능하다. HP는 이 방대한 제품군을 전 세계 170개 국에 공급해야 한다. HP에게선 공급사슬망의 효율성은 전체 기업의 비용 관리 문제에서 한 발 더 나아가 기업 생존의 문제다. 공급사슬망의 불확실성과 복잡성에 맞선 HP의 전략은 다름 아닌 과학 기술과 발전된 정보통신 기술이다.

Tip 정보통신 기술을 통한 공급사슬망 관리

정보통신 기술이 새로운 비즈니스 운영의 가능성을 타진할 무렵인 1988년, 미국 텍사스 인스트루먼트(Texas Instrument) 사의 인공지능 연구소에 근무하던 산지브 시두(Sanjiv Sidhu)는 인생을 건 모험을 단행했다. 대기업을 박차고 나와 공장 운영 계획 솔루션을 제공하는 'i2테크놀로지'라는 소프트웨어 회사를 창립한 것이다. 그의 시도가 대단한 모험인 것은 당시 그가 매료된 공장 운영 계획 방식인 '제약 이론'(Theory of Constraint)은 그 효험이 실제 검증되지 않은 채 이론에만 머문 개념이었기 때문이다. 기업 내 가장 보수적이라 할 수 있는 공장 조직이 검증 받지 않은 이론을 공장 운영 계획에 쉽게 적용할 리 만무했다.

하지만 그가 개발한 소프트웨어는 기존 공장 계획 운영 소프트웨어와 달리 기업 내 다른 공장 및 부서들과의 전산 통합으로 정보 공유를 가능케 했고 물류 주문과 기업 내 상품 주문을 실시간 정보 공유로 효율을 높이는 기능이 있었다. 이 기능은 당시 기업의 공장 운영에 혁신적인 방식이었다. 당시에 공장은 기업이 매출을 올리건 말건 위에서 할당된 목표 생산량과 품질 기준치만 맞추면 된다는 인식이 강했다. 그러나 정보가 통합되고 공장 운영이 기업 운영과 긴밀하게 이뤄졌고, 공장은 기업 내부의 운영 속으로 들어가는 역할을 했다.

그가 설립한 i2테크놀로지의 또 다른 구세주는 바로 인터넷이었다. 그는 당시 선보인 인터넷 기술을 적극 활용해 정보를 기업 내부에서만 얻은 것이 아니라 외부 원자재 조달업체의 정보, 고객들의 정보도 공유해 진정한 의미의 공급사슬망 관리의 개념을 확립했다. i2테크놀로지는 정보통신 혁명이 공급사슬망 운영과 결합하여 기업의 직접적 비용 절감을 현실화하는 데 선구자 역할을 했다.

2009년 현재 i2테크놀로지는 SAP나 오라클 그리고 마이크로소프트와 같은 경쟁업체들과의 치열한 경쟁으로 10년 전의 위상은 더 이상 찾아볼 수 없다. 하지만 정보통신 기술과 융합한 공급사슬망 관리라는 새로운 비전을 제시한 공로는 공급사슬망 역사에 하나의 이정표로 남을 것이다.

HP 전략 기획 모델링 그룹(Strategic Planning and Modeling Group)은 신상품 개발 전 자체 개발한 '투자 수익율 복잡성 계산' 방식으로 신상품이 전체 운영과 공급사슬망에 미칠 영향까지 사전 분석하는 작업을 수행한다. 그리고 신상품이 개발된 후 '수익 적용 최적화'(Revenue Coverage Optimization, RCO)라는 분석툴을 통해 상품의 특성과 소비자 주문의 관계를 파악하여 주문 처리와 작업의 순차를 결정한다. 물론 모든 운영은 기업 내부에 깔린 정보통신 인프라 덕분에 가능하다. 이 분석툴들의 수학적 알고리즘은 수학자들로 이뤄진 HP 연구팀의 작품이다. 기업의 사활을 건 핵심 의사결정이 몇몇 관리자들에 의해 주먹구구식이 아닌 과학과 기술력으로 탄생한 과학적인 의사결정 시스템에 의해 이뤄지고 있는 것이다.

결국 HP는 방대한 제품군에 의한 복잡성과 소비자의 불확실성이 존재하는 공급사슬망의 관리를 현대 과학으로 해결하는 기업이다. HP의 해외 영업 부사장인 케시 추(Kathy Chou)가 자부심에 차서 다음과 같이 말한 이유를 되새길 필요가 있다.

"HP의 제품과 서비스의 생명이 지속적인 혁신인 것처럼, HP의 비즈니스 운영의 생명은 지속적인 혁신이라고 우리는 확신합니다. 과학경영에 기반한 작업은 HP가 시장에서 선도적인 역할을 가능하게 하는 핵심 역량입니다."[7]

제 7 장

경영학, 과학을 만나다

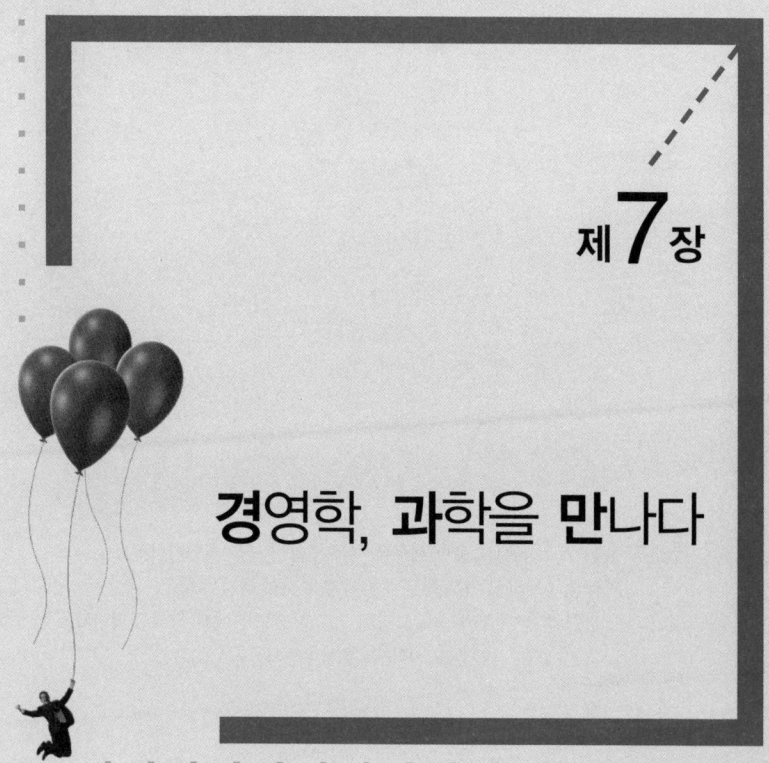

"앞으로는 상상도 못할 새로운 학문이 많이 생길 것입니다.
지금 존재하고 있는 학문 분야가 합쳐져서 생기는 학문
그리고 과학 발전 혹은 기술 혁신으로 인해 새로운 첨단 분야가 생길 것입니다."
– 서남표 카이스트 총장 취임사

현대 경영은 전쟁터에서 컸다

흔히들 치열한 비즈니스의 세계를 전쟁에 비유하곤 한다. 그리고 실제 경영 현장에서 CEO는 전장에서의 총사령관 역할을 한다. 그런 까닭에 클라우제비츠나 손자 등은 동서양을 막론하고 모든 경영자들의 가장 오래된 구루이다. 생사가 오가는 전쟁만큼 치열한 비즈니스 세계의 절박함을 잘 표현해 주는 비유는 없을 듯싶다. 여기서 한 발 더 나아가 전쟁은 실제로 비즈니스 세계에 직접적인 영향을 끼쳤다. 바로 제2차 세계대전을 전후로 전쟁 수행에 참여했던 과학도들이 경영의 세계로 진출하고, 이른바 경영과학을 주도하는 계기가 되었던 것이다.

:: 제2차 세계대전에서 이뤄진 과학과 경영의 운명적 결합

제2차 세계대전 이후 물리학계와 수학계에서 새로운 움직임이 싹트기 시작했다. 전후 재건과 함께 세계 비즈니스 중심지로 도약하던 미국에서 기업 경영을 좀 더 과학적으로 바라봐야 한다는 움직임이 바로 그것이었다. 경영에 관한 이러한 혁신을 주도한 이들은 제2차 세계대전 중 연합군의 무기 개발과 작전 운영에 직간접적으로 참여한 과학자들이었다.

제2차 세계대전 초반, 영국과 미국이 주축이 된 연합군이 유럽 전선과 태평양 전선에서 전열을 가다듬고 있을 때는 이미 유럽 전선의 대부분은 독일군의 수중에 떨어진 상태였다. 뿐만 아니라 진주만 기습으로 미군 전체 전력의 반 이상이 타격을 입은 상황이었다. 연합군이 초반의 불리한 전세를 뒤집기 위해서는 '최소의 자원으로 최대의 효과'를 낼 수 있는 효율적인 전략과 전술 운용이 최대 관건이었다.

이런 전략 전술의 효율성 극대화를 위해서는 기존 무기보다 더 강력한 무기가 필요했다. 이를 위해 미국과 영국은 민간인 과학자들과 군민 합작으로 함께 첨단 무기 개발에 박차를 가했다. 미국과 영국의 학자들은 물론 유럽에서 미국으로 망명한 유태인 학자들까지 합세해 연구 개발 프로젝트가 진행되었다. 그 결과 레이더, 미사일, 장거리 무선 장비 등이 탄생하기에 이르렀다. 이미 잘 알려진 바와 같이 맨해튼 프로젝트를 통해 원자탄이 탄생한 것도 바로 이때의 일이다.

이런 과학자들의 노력에 의해 탄생한 신무기는 전투에서 효율성을 높였으며, 특히 원자탄과 같은 전략 핵무기는 전쟁 종식에 결정적인 역할을 해냈다. 하지만 논리와 이성으로 인류 행복에 기여하겠다는 과학자들이 인류를 파괴하는 무기를 만들었다는 비난과 자책감은 전쟁 후 피할 수 없는 화살로 되돌아왔다.

하지만 제2차 세계대전 당시 적극적인 과학자들의 전쟁 참여에서 찾을 수 있는 희망적인 가치도 있었다. 바로 이를 계기로 과학이 경영과 결합하여 현대 경영학을 나왔다는 사실이다. 즉 오늘날 과학적 기업 경영의 기본적인 아이디어는 전쟁에 적극 참여했던 과학자들에게서 비롯되었던 것이다.

당시 전시 프로젝트에 참여한 과학자들은 무기 개발뿐만 아니라 수학적 분석으로 실제 작전 수행에 필요한 의사결정을 지원하는 역할도 수행했다. 미국에서 영국으로 군수 물자를 수송할 때 수송함을 독일의 잠수함으로부터 보호하기 위해서는 수송함 한 대당 몇 대의 전투함을 배치해야 하는지와 같은 전술 운영 문제에서부터 최소의 정찰기로 독일 잠수함을 가장 효과적으로 탐색할 수 있는 정찰 항로 설정 등 세부적인 작전 운영에 이르기까지 수학적 모델과 확률 통계 이론으로 작전의 의사결정에 지대한 영향을 미쳤다. 이런 과학적 의사결정이 전세에 미친 영향을 평가하는 것은 역사학자들의 몫이다.

하지만 한 가지 분명한 것은 이러한 전시 상황의 의사결정, 좀 더 구체적으로 '한치 앞도 내다볼 수 없는 불확실한 상황에서 제한된 자원을 이용해 최대의 효과를 내기 위한 의사결정'에 관해 수학자, 물리학자, 공학자들이 주목하기 시작했다는 것이다.[1] 군수 물자의 배분 문제는 기업 경영에서 한정된 인력의 배치나 자금의 할당 문제와 일맥상통하는 면이 있다. 전쟁이라는 불확실한 상황에서 신속한 의사결정을 내려야 한다는 조건도 기업을 운영하는 상황과 매우 유사하다. 학자들은 이렇듯 전쟁 당시 합리적 의사결정을 위해 고려하던 문제들을 여러모로 전후 경영 현장에 접목할 수 있다는 사실을 발견하였다. 제2차 세계대전 이후 작전 운영 연구 프로젝트를 수행했던 과학자들이 전후 학계로 돌아와 경영과 과학의 새로운 융합의 가능성에 관심을 가지기 시작한 것은 어찌 보면 당연한 일이었다.

:: **잠수함 사냥에 나선 학자들**

제2차 세계대전 이후 경영과 과학의 결합 가능성을 보여 준 대표적인 인물이 필립 모스(Philip M. Morse)다. 그가 MIT의 물리학 교수로 재직하고 있을 무렵 미국이 태평양전쟁에 개입했고, 이후 수많은 미국의 과학자들처럼 그도 무기 관련 연구를 지원하게 되었다. 모스는 당시 자신의 연구 분야인 음향학(Acoustics)을 활용하여 대잠수함 어뢰 개발 프로젝트에 참여했다. 물이나 공기의 파동을 연구하는 음향학의 원리를 이용한 장치가 바로 소리로 잠수함을 감지하는 잠수함 탐지기나 잠수함을 공격하는 어뢰 등이다. 자신의 학문적 배경이 잠수함 관련 장비 개발과 관련이 있던 터라 그는 적극적으로 군에서 요구하는 연구를 수행했다.

하지만 그에게는 동료 연구원들과 다른 또 하나의 관심사가 있었다. 그것은 바로 개발된 무기나 장비의 실전 '운영'에 관한 것이었다. 그가 작전 운영에 관심을 갖기 시작한 것은 우연히 잠수함 공격을 목격하면서부터였다.

1942년 3월, 워싱턴 DC 근교 항구로 향하는 여객선에 몸을 실은 모스는 여객선 옆을 통과하던 화물선이 독일 잠수함 'U-보트'의 공격으로 침몰하는 광경을 직접 목격한다.[2,3] 연합군에게 공포의 대상이었던 U-보트가 미국 연안을 직접 공격하는 상황에까지 이른 것이다. 모스는 이 상황을 현장에서 목격하면서 '연합군에는 과연 U-보트의 전술을 과학적으로 연구하는 사람이 있을까?'라는 의구심이 일었다.

모스의 문제의식이 '무기 개발'에서 '무기를 사용하고 운영하는 전체 작전과 전술 분석'으로까지 확대되는 순간이었다. 마치 신제품을 개발하는 연구원이 제품 개발뿐만 아니라 직접 제품의 마케팅과 세일즈 전략에 참여하겠다는 의지를 갖게 된 상황이라 할 수 있다.

모스는 자신이 연구 개발한 무기나 장비에 대해 누구보다 잘 알고 있었다. 따라서 이 노하우를 적극 이용해 전투시 가장 효과적인 사용 방안도 함께 연구해야 한다고 주장했다. 그리고 군사 작전도 작전 사령관의 경험이나 용맹에 기초한 주먹구구식 결단이 아니라 현장의 데이터를 바탕으로 한 체계적이고 과학적인 의사결정을 통해 이뤄져야 한다는 게 그의 생각이었다.

하지만 그의 관심과 주장은 전쟁이라는 특수한 상황에서 실현 가능성이 희박했다. 군에서 민간연구소나 대학에 연구를 요청하지만, 연구 개발된 무기가 어떻게 사용되는지는 기밀 사항이었으므로 군은 민간 연구원들에게 이 같은 정보를 공개하지 않았기 때문이다. 그는 학계와 군에 적극적으로 연구의 필요성을 역설했다. 하지만 그의 주장은 '보안'이라는 두터운 장벽에 부딪쳐 메아리처럼 되돌아올 뿐이었다. 물론 모스의 주장에 관심을 보이고 지지한 고위급 장성들도 있었다. 하지만 현실적으로 보안보다 더 큰 난관이 있었다. 그가 주장하던 과학적 방식을 통한 작전 연구가 현실화되기 위해서는 민간 연구원들이 직접 전투 현장을 누비며 자료를 수집하는 작업이 필요한데, 이 부분에서는 모두가 난색을 표했던 것이다.

그러나 지성이면 감천이라고 했던가. U-보트의 공세가 한창 기세를 떨칠 무렵, 모스는 그의 주장을 실현할 절호의 기회를 맞게 된다. 보스턴에 주둔한 제1함대 소속 와일더 베이커(Wilder Baker) 대령이 모스를 직접 만나 그의 주장을 듣고 현실 가능성을 타진해 보자고 연락해 온 것이다. 이 연락을 받고 모스는 기대에 부풀었다. 베이커 대령의 소속 부대는 모스를 충분히 자극할 만했다. 당시 그가 속해 있던 민간연구소는 후방의 지원 부대 관할이었다. 그러나 베이커 대령은 최전선의 작전 부대였던 것이다. 정확하게는 대서양함대 소속 '대잠수함 작전'(Anti-Submarine Warfare, ASW) 부대였다. 이 부대는 미국 동부를 공격하기 시작한 U-보트에 대응하기 위해 대서양함대의 킹 장군이 창설한 부대로, 모스가 연구한 대잠수함 어뢰와 잠수함 탐지기를 직접 전투에 사용하여 U-보트를 사냥하는 부대였다. 즉 자신의 주장을 관철시킬 수 있는 가장 이상적인 부대인 셈이었다.[4]

또한 베이커 대령 역시 단순한 호기심으로 모스의 주장을 들으려는 것이 아니었다. 그는 모스의 주장을 실현할 나름대로의 식견을 가진 인물이었다. 그는 모스를 만나기 직전 수개월간 영국에 머물며 영국 해군이 민간 과학자의 지원으로 적의 작전을 분석하고 전술 계획을 세우는 모습을 직접 목격했었다. 그때 그는 과학자가 연구소에서 군이 요청한 무기를 개발만 하는 것이 아니라 전투 현장에서 과학적인 방법으로 전술 계획을 수립하는 모습과 그 효과에 강한 인상을 받았었다.

이러한 경험을 한 베이커 대령은 이 임무를 맡을 적절한 인물을 찾기 시작했고, 결국 모스와의 만남이 이뤄진 것이다. 베이커 대령은 모스에게 과학적 방식으로 미국 대잠수함 부대의 작전 의사결정을 지원할 수 있는 대잠수함 부대 산하 민간지원단체의 설립을 의뢰했다. 몇 개월 후 모스는 미국 역사상 처음으로 체계적으로 군 작전 운영을 연구하고 지원하는 민간연구진을 출범시켰다. 이것이 바로 '대잠수함작전운영연구회'(Anti-Submarine Warfare Operations Research Group, ASWORG)다.

모스의 연구진은 여러 군 작전의 의사결정을 지원했는데, 그중 대표적인 것이 U-보트 정찰 업무의 자원 분할과 계획 업무였다. U-보트가 출몰한 곳의 데이터를 바탕으로 초계비행 지역을 확률적으로 산출했다. 그리고 이 분석 결과를 바탕으로 정찰기 한 대가 정찰 임무를 수행할 때 정찰 가능한 해상 너비를 계산한 후, 정찰기 성능과 탑재된 레이더의 성능을 고려하여 해당 지역에 필요한 정찰기 대수를 산출해 냈다.[6] 정찰기

> **Tip** 윌리엄 쇼클리의 보고서와 원폭 투하

모스 연구진의 초기 멤버 중에는 1936년에 MIT 물리학과에서 박사 학위를 받은 젊은 학자인 윌리엄 쇼클리(William Shockley)도 있었다. 전쟁 초기에는 레이더 연구에 참여하던 그는 모스와 의기 투합하여 ASWORG에 합류했다. 그리고 전쟁 종료 직전에는 군사 수뇌부의 전략적 의사결정을 지원하기도 했다.

그때 그는 국방부(당시 War Department)의 의뢰를 받아 미국이 일본의 본토로 진격할 경우 예상되는 사상자 예측 보고서를 작성하기도 했다. 이 보고서에는 일본이 항복을 하기 위해선 5백만 명에서 1천만 명 정도의 사상자가 발생해야 하고, 전세가 이 상황까지 전개된다면 연합군의 사상자는 약 170만에서 400만 명에 이를 수도 있다고 되어 있다. 이 보고서는 미국이 일본 히로시마와 나가사키에 원자폭탄 투하를 결정하는 데 결정적인 역할을 했다.[5]

전후에 그는 전쟁 전에 속해 있던 벨전화연구소로 돌아가 다시 연구에 몰두했다. 이후 동료 연구원들과 함께 트랜지스터를 발명했고, 그 공로를 인정받아 1956년 동료들과 함께 노벨 물리학상을 수상했다.

의 최대 운항 거리 및 탑재 레이더 성능을 분석하여 정찰기가 가장 높은 확률로 U-보트를 찾을 수 있는 정찰 경로를 설계한 것이다. 이 작업이 현대 군 작전에서 이용되는 데이터와 수학적 분석을 이용한 정찰 이론이 탄생한 배경이다(그가 이끈 연구진이 개발한 이론과 방법은 훗날 모스와 조지 킴벌(George E. Kimball)이 함께 지은 《Methods of Operations Research》(작전 연구의 방식)이라는 책을 통해 세상에 그 모습을 드러냈다).

하나의 이론이 제시되어도 이 이론이 논리적인 검증 작업을 거치지 않으면 진정한 이론으로 인정하지 않는 그들의 과학적 접근 방식은 작

〈그림 6-1〉 ASWORG가 기록한 U-보트 발견 횟수

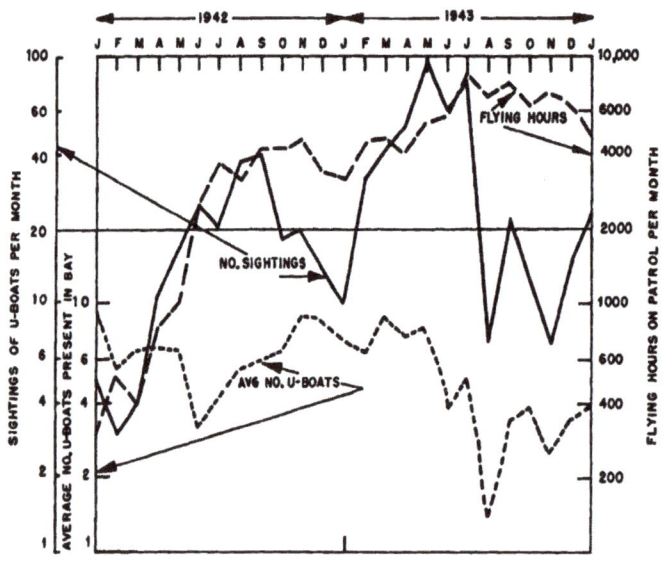

1942년~1943년, 비스케인베이 지역
출처: 《Methods of Operations Research》, Philip M. Morse, 1952

전 연구 작업에서도 예외는 아니었다. 이 정찰 이론의 검증 작업은 정찰 임무를 수행하는 비행사의 보고서에 의존해야 한다. 그런데 기존 보고서 양식은 조종사가 서술식으로 기술하는 형태여서 이를 수치화하여 정량화된 데이터를 산출하기는 불가능했다. 그래서 연구진은 검증 작업을 위해 정찰 보고서의 양식을 객관적 정량화가 가능한 형식으로 바꿨다. 사실에 기초한 데이터를 바탕으로 초기 탐색 이론을 제시하여 현장에 적용해 보고, 다시 이론을 보완하면서 마침내 정찰 이론을 완성했다.

그리고 이 이론을 통해 효과적인 정찰 운영 계획이 수립되었다. ASW 부대는 모스의 연구진이 고안한 정찰 운영 계획을 바탕으로 출격 정찰

〈그림 6-2〉 모스와 킴벌의 《작전 연구의 방식》의 부분

STRATEGICAL KINEMATICS

4.1.1 Requirements for Air Escort

The length of time which a plane can devote to convoying on each mission is therefore $T - L$. Therefore, the fraction $(T - L)/T$ is the portion of each mission which is actually spent in convoying, so that N times this fraction is the total number of hours a month a single plane can spend in actual escort of a unit in the zone in question. Therefore, the number of planes of a given type required to be kept on hand at a base in order to provide continuous escort of a

From this set of tables of force requirements, one can calculate the total number of planes required, as soon as one knows the particular plane which is to cover a given zone, and as soon as one decides what percentage of coverage each unit is to be given. For instance, if one wishes to give all convoys complete coverage, naval vessels 50 per cent coverage, and independents and tugs 10 per cent coverage; and if one is to use Liberators for the outer two zones, blimps for the next two zones and for half the coverage in the inner zone, and Kingfishers for the other

		Blimp ZP	Kingfisher OS2U	Liberator PB4Y
N, hours per plane per month		360	80	100
V, speed in knots		50	90	130
T, length of mission, hours		18	4	15
	Distance from bases			
	0–100	2 25	12 46	7 58
Number of planes required for full escort of one unit	100–200	3 00		8 49
	200–300	4 50		9 66
	300–400	9 00		11 22
	400–500			13 38

기지당 필요한 전투기의 수를 산출하는 식을 볼 수 있다.
출처 : 《Methods of Operations Research》 Philip M. Morse, 1952

기 기종과 정찰 횟수, 정찰 지역 선택 그리고 임무 수행 후 보고서 작성 방식과 평가 방식 등 운영 체계를 전반적으로 바꿨다. 그 결과 U-보트의 발견 빈도가 크게 늘어나는 가시적인 성과를 거두었다.[7]

하지만 새로운 정찰 계획의 가장 큰 수확은 단순히 U-보트를 찾아내는 정찰 임무의 효율을 올리는 것이 아니었다. 오히려 정찰 임무의 데이터를 분석해 U-보트 함대의 작전 형태를 논리적으로 파악하는 기술을 얻어내는 쾌거를 이루었다는 점이다. 한 회사의 세일즈맨들이 고객을 만나 물건을 판매하는 일만을 목표로 할 때 그 조직은 단순한 전술적 판매 조직에 불과하다. 그러나 세일즈맨들이 현장에서 고객을 대하며 물건을 판매한 시기와 장소, 고객군별로 많이 판매된 제품, 고객들의 취향 등을 기록한 세밀한 자료를 바탕으로 고객의 소비 패턴을 분석한다면, 이 조직은 판매뿐만 아니라 회사의 나아갈 바를 제시하는 전략 조직의 위상을 갖게 된다. 독일군의 U-보트가 연합군의 가장 두려운 존재였던 점을 감안하면, U-보트 작전 형태를 파악할 수 있었던 것은 연합군의 막강한 전력 상승을 의미하는 것이었다. 새로운 무기 개발과 같은 하드웨어가 아니라 운영의 묘, 즉 소프트웨어로 전력 상승을 이룬 업적이라 할 수 있다.

과학적인 방법으로 ASW 부대가 놀라운 성과를 입증하자 ASW 부대의 사령부는 보스턴에서 미 해군 본부가 있는 워싱턴 DC로 옮겨 가게 되었고, 모스의 연구진도 함께 워싱턴 DC로 입성하게 되었다. 해를 거듭하면서 군에서 ASWORG의 위상이 점차 커지자 작전 운영의 연구도 영역을 확장하게 되었다. 이는 곧 모스의 연구진이 더 많은 데이터를 관리하고 분석해야 한다는 의미였다. 효율적인 데이터 관리를 위해 당시로서는 첨단 기계였던 IBM의 데이터 처리 기계를 도입하여 데이터의 전산화 작업을 수행했다. 모스의 연구진은 현장에서 들어오는 모든 데이터를 입력하고 이것을 바탕으로 매일 작전 상황을 브리핑했다. 이것은 현대 경영의 데이터베이스를 기반으로 하는 사실 근거 운영과 요즘 화두가 되고 있는 '비즈니스 인텔리전스'(Business Intelligence, BI)의 효시라 할 수 있다.

ASWORG의 위상은 날로 높아져 대잠수함 작전뿐만 아니라 군의 물자 배치 지원, 전투 데이터 운영, 작전 관리 등 전반적인 분야를 다루게 되어 연구 조직의 명칭도 대잠수함을 뺀 '운영연구회'(Operations Research Group, ORG)로 바뀌게 된다. 그 규모도 늘어 전쟁이 끝날 무렵인

1945년에는 연구진의 규모가 거의 100명에 달했다. 전쟁이 끝난 1946년, 미 정부는 군 작전 운영에 과학을 접목시켜 '작전 운영 과학'이라는 미지의 영역을 개척한 공로를 인정해 군에서는 모스에게 민간인에게 수여하는 최고의 훈장인 '대통령 훈장'(Presidential Medal of Merit)을 수여했다.[8]

:: 새로운 경영의 탄생

제2차 세계대전 발발부터 군과 약 10년간의 밀회를 마친 모스는 1950년 다시 MIT의 교수로 돌아갔다. 그리고 그는 또 다른 도전을 시작했다. 그동안 전투 현장에서 이룩한 군 작전 운영 연구를 전쟁이나 군 운영이 아닌 기업 경영에 적용하려는 시도였다. 제2차 세계대전 이후 세계의 리더로 부상한 미국에서 세계 시장을 주도할 글로벌 기업들이 태동하는 시기에 과학적 기업 운영은 당연한 시대의 요구였다.

모스가 시도한 새로운 모험은 체계적인 교육 과정을 개설하고, 이를 통해 시대가 요구하는 전문 인력을 양성하는 것이었다. 이런 계획 아래 그는 첫 번째 작업으로 MIT에 '운영연구센터'를 설립한다. 세계 최초로 과학적 운영을 교육하고 정식 학위를 수여한 기관인 셈이다. 이 기관에서 최초의 박사학위를 받은 학생이 바로 앞에서 소개한 존 리틀이다. 그리고 미국 해군에서 기밀문서로 분류했던 ASWORG의 운영 연구 내용이 1951년 기밀 분류에서 해지되자 모스는 ASWORG의 경험을 바탕으로 과학적 운영 연구 방식에 관한 책인 《Methods of Operations Research》를 출간한다. 이 책에서 ASW 부대의 작전과 잠수함 탐색 등 제2차 세계대전 당시 실제 작전에 이용한 운영 기법의 수학적 이론을 상세하게 찾을 수 있다.

모스와 함께 당시 ASWORG에서 과학적 작전 운영을 담당했던 다른 연구진들도 새로운 학문을 창조하는 데 일조했다. ASWORG 시절 모스의 동료이자 콜럼비아 대학의 화학과 교수였던 조지 킴벌은 제2차 세계대전 후 경영 컨설팅업체인 아서디리틀(Arthur D. Little)로 자리를 옮겨 전쟁 중에 경험한 과학적 운영을 비즈니스 현장에 적극적으로 활용하기 시작했다.[9] 과학으로 경영을 재창조하는 새로운 경영 컨설팅 영역이 바로 킴벌을 통해 탄생했다. 킴벌은 아서디리틀의 부회장까지 올랐고, 그의 선구자적인 역할로 아서디리틀은 시어스(Sears)와 같은 당시 대기업의 생산성 효율화 작업을 성공적으로 수행하여 세계적인 운영 컨설팅업체로 자리매김하게 되었다.

이 외에도 다수의 ASWORG 출신 연구원들이 학계에서 과학적 운영 기법을 더욱 발전시켜 나가고 당시 수학과 경제학이 주목하던 선형계획법이나 최적화 알고리즘 그리고 그 외 인공지능 기법 등을 기업 의사결정학과 접목하면서 명실상부한 경영과학이 탄생하게 되었다. 모스와 킴벌을 비롯한 ASWORG 출신의 과학자들이 속해 있던 '미국운영연구학회'(Operations Research Society America)와 학계의 또 다른 산맥인 '경영과학연구소'(Institute of Management Science)가 합쳐져 현재의 '미국경영과학회'(Institute of Operations Research and Management Science, INFORMS)가 탄생했다.

이것이 기업 경영에서 운영과 의사결정 등 전반에 관한 사항을 고도의 과학 이론을 통해 해결하려는 경영과학 탄생의 전말이다.

> **Tip** '경영과학'의 영문과 한글 표기

'경영과학'의 공식 영어 표기는 'Operations Research and Management Science'(OR/MS)다. 앞서 언급했듯이, 모스와 함께 제2차 세계대전에서 활약했던 ASWORG 연구진은 전후에 전쟁 당시의 경험을 바탕으로 기업 경영의 여러 문제를 과학적으로 해결하려고 시도하였다. 이때 필립 모스를 필두로 하여 학자들이 중심이 된 학회가 '미국운영연구학회'(Operaions Research Society of America, ORSA)이고, 조지 킴벌을 비롯하여 컨설턴트들이 주축이 된 학회가 '경영과학연구소'(Institute of Management Science)이다. 이 두 학회가 1995년에 '미국경영과학학회'(Institute for Operations Research and Management Science, INFORMS)로 합쳐지면서 그동안 'Operations Research'와 'Management Science'라고 각각 부르던 '경영과학'의 명칭이 'Operations Research and Management Science'(OR/MS)로 통일되었다.

한국에서는 학교마다 경영과학 과목을 '운영과학' 또는 '운영공학'이라고 부르기도 하고, 초기에 이 방식이 산업계에 주로 사용된 탓에 '산업공학'(Industrial Engineering), '운영 관리', '과학 근거 경영', '수리 분석 경영' 등으로 제각기 다르게 부르고 있다.

하지만 요즘 'OR/MS'는 연구 범위에 제한을 두지 않고 학문 정립 당시에 주로 다뤘던 '운영 방식' 분야를 넘어서서 관리, 전략, 계획 등 비즈니스 전반의 의사결정에 대해 수치화된 근거를 제시하면서 여러 첨단 과학 이론·기술을 활용하여 기술적 발전을 이루어 가고 있다. 적용 범위도 군대나 비즈니스뿐만 아니라 개인의 의사결정에서부터 한 국가의 운영까지 그 폭을 넓히고 있다. 이런 기술적 성장과 광범위한 응용 분야를 고려하면 학교에서 과목을 개설할 때 그 이름을 '경영과학'으로 정하는 것이 가장 적절하지 않을까 싶다.

천재 대학원생,
경영의 난제를 풀다

　　　　　MIT의 어느 빈 강의실, 걸레와 쓰레기통을 밀며 들어선 청소부는 칠판에 남겨진 수학 문제와 마주친다. 그 문제는 그의 동공을 거쳐 시신경을 지나 두뇌의 한 부분에 입력된다. 그러자 마치 컴퓨터 프로그램처럼 순식간에 연산작용을 마친 그가 분필로 쉴 새 없이 판서를 한다. 칠판은 금세 수학 공식으로 가득 찬다. 교수가 학생들에게 풀어보라고 칠판에 남긴 까다로운 수학 문제를 이 청소부가 순식간에 풀어버린 것이다. 다음날 칠판에 남겨진 해법을 본 교수와 학생들은 이 놀라운 천재의 정체에 대해 궁금해 하고, 그 주인공이 바로 교수도 학생도 아닌 정규 교육이라곤 받지도 않은 청소부라는 사실이 밝혀지자 모두 경악한다.

　이 이야기는 영화《굿 윌 헌팅》(Good Will Hunting)의 도입부이다. 어릴 적 상처로 세상과 단절된 상자 안에 자신을 가두려는 천재 윌과, 윌의 상처를 치유하여 그 상자에서 끄집어내려는 심리학자 숀 맥과이어 교수의 이야기다. 천재 윌로 열연한 맷 데이먼이 직접 각본도 맡아(벤

애플렉과 공동으로) 1998년 아카데미 시상식에서 각본상을 수상했으며, 심리학자로 열연한 로빈 윌리암스는 남우 조연상을 수상한 이 영화는 내가 꼽는 명작 중 하나이다.

이 영화를 본 사람들이 가장 인상 깊은 장면으로 꼽는 것 중 하나가 천재 윌이 우연히 칠판에 남겨진 문제를 푸는 영화의 첫 도입부이다. 너무나 드라마틱한 장면이어서 정말 영화에나 나올 법한 이야기 같다. 하지만 이 장면은 실제 미국 대학에서 있었던 일화에서 아이디어를 얻은 것이다.[10]

:: 통계학의 2대 난제를 푼 천재 대학원생

영화의 배경이자 수학계에 전설로 전해오는 실제 이야기는 1939년 MIT가 아닌 UC 버클리 대학에서 시작된다. 헐레벌떡 통계학 수업에 늦게 들어온 한 대학원생이 가쁜 숨을 몰아 쉬며 교수님의 눈을 피해 슬그머니 자리에 앉았다. 칠판 한 구석에는 여느 때처럼 숙제 두 문제가 적혀 있었다. 수업을 마치고 문제를 노트에 옮겨 적은 이 학생은 이날부터 이 문제를 풀기 위해 고민하기 시작했다.

이번 숙제는 여느 때보다 까다로웠다. 일주일간 고민하다 나름 해법을 정리한 숙제를 들고 교수 연구실에 찾아간 학생은 숙제 제출이 늦어 죄송하다고 말하며 숙제를 놓고 방을 나섰다. 일주일간 고민한 숙제를 제출하고 나니 홀가분한 마음도 있었지만, 한편으로는 자신의 해법이 틀린 게 아닐까 하는 조바심과 연구실 책상 위의 수많은 논문들과 책들 사이에 올려놓은 숙제를 교수님이 실수로 분실하지는 않을까 하는 불안감이 교차해 마음이 그리 편치는 않았다.

그리고 6주쯤 지난 일요일 아침 8시, 누군가 큰소리로 문을 두드리는 바람에 이 학생은 잠에서 깨어났다. 일요일 아침부터 웬 난리법석인가 싶어 눈을 부비며 문을 열었는데, 그 앞에 가파른 숨을 몰아쉬며 서 있는 사람은 다름 아닌 통계학 교수였다. 그 교수는 그를 보자마자 소리쳤다.

"자네가 뭘 한 줄 아나!"

다짜고짜 고함치는 교수의 손에 자신이 제출한 숙제가 쥐어져 있다는 걸 순간적으로 감지한 학생의 머릿속에는 '혹시 내 해법이 너무 형편없어 교수님이 화가 나신 건가?' 라는 생각이 스치고 지나갔다. 그런데 잠도 덜 깬 학생을 향해 그 교수는 흥분을 감추지 못한 채 소리쳤다.

"통계학의 2대 난제를 자네가 푼 거야! 자네가 풀었다고!"

사실인즉 칠판에 적힌 문제는 숙제가 아니었다. 그것은 당시 통계학의 난제를 설명하려고 수업을 시작할 때 교수가 써 둔 것이었다. 수업에 늦게 들어와 이 사실을 몰랐던 이 학생은 단순히 이 문제가 숙제인 줄 알고 혼자 고민하며 푼 것이었다.

이 실제 에피소드는 이후 두려움 없이 긍정적인 희망을 가지면 무한한 힘을 발휘할 수 있다는 '긍정적 사고의 힘'을 보여 주는 사례로 많은 이들에게 회자되기도 했다. 이 화제의 주인공이 바로 경영의 핵심인 '한정된 자원의 분배와 계획'과 관련된 이론을 과학적으로 정립한 조지 단직(George B. Dantzig)이다.[11,12]

'선형계획법'(Linear Programming)은 한정된 자원으로 최대의 목적을 이루기 위해 자원의 효율적 배분을 계획하는 수학적 방식이다. 이 방식

Tip 선형계획법과 노벨 경제학상

자원 분배와 계획 문제의 수학적 해결책을 제공하는 선형계획법(Linear Programming)은 단직과 더불어 경제학자인 찰링 코프만스(Tjalling Koopmans, 1910~1985)와 구소련의 수학자이자 경제학자인 레오니드 칸토로비치(Leonid Kantorovich, 1912~1986) 그리고 게임이론으로 잘 알려진 수학자 존 폰 노이만(John von Neumann, 1903~1957)의 노력으로 완성되었다.

구 소련의 학자 칸토로비치는 사회주의 계획경제 아래 자원과 생산의 효율성을 극대화하기 위한 경제학적 이론을 정립하기 위해 문제에 접근했고, 단직은 제2차 세계대전 직후 자신이 몸담았던 미 국방성의 물품 조달 문제와 훈련 운영 방안을 모색하기 위해 자원 분배와 계획 문제를 연구하기 시작했다. 경제학자인 코프만스는 제2차 세계대전 당시 군수 물자 수송 문제를 계획하면서 계획의 수학적 모델을 연구했다. 미국 프린스턴 대학의 폰 노이만은 게임이론을 연구하며 최대 가치를 선택하는 방식을 찾다 계획 문제의 수학적 가치를 연구하게 됐다.

흥미로운 점은 자원의 효율적 배분과 계획이라는 문제는 수천 년 전 인류가 문명을 이룩하면서부터 고민하던 문제였는데, 제2차 세계대전을 전후로 같은 시대에 4명의 학자가 각자 서로 다른 동기로 수학적 접근을 시도해 각자의 방식으로 동일한 결론에 도달했다는 점이다. 그리고 더욱 흥미로운 점은 이 4명이 각기 접근한 방식이 사실 수학적으로는 같은 방식으로 귀결된다는 점이다.

코프만스와 칸토로비치는 선형계획법을 통한 효율적 생산 방식에 관한 연구로 1975년 노벨 경제학상을 공동 수상한다(노벨 수상자 발표 당일 단직이 경제학자가 아니라는 이유로 수상자에서 제외되자 칸토로비치는 분노했고 수상 거부까지 고려했었다). 그리고 현재까지 무려 13인의 노벨 경제학상 수상자가 선형계획법에 대한 책을 저술했다는 사실만 봐도 이 선형계획법의 학문적 무게감을 가늠해 볼 수 있다.

은 오늘날 경영 현장에서 효율적 자원 계획, 투자 최적화, 투자 분산 등 '경영 계획'과 투자 문제에서부터 비행 스케줄 운영 계획, 인력 배치, 공급사슬망 최적화 설계 등의 '현장 운영'에 이르기까지 경영에서 과학적 운영의 핵심적 역할을 한다.

선형계획법이 경영과학에서 차지하는 가치를 알아보기 위해 경영의 정의를 다시 한 번 새겨 보자.

"경영이란 한정된 자원으로 조직이 원하는 최대 목적을 달성하기 위한 의사결정이자 행동 과정이다."

이 정의에서 주목할 두 가지 키워드는 '한정된 자원'과 '최대 목적 달성'이다. 그렇다면 한정된 자원으로 최대 목적을 달성하기 위해 자원을 배분하는 작업이야말로 경영이라는 정의 아래 행해지는 의사결정과 행동의 핵심이라 할 수 있다. 만약 이 과정이 과학적인 방식으로 진행되지 못한다면 경영에 과학이란 단어를 같이 붙이는 것은 모순이다. 선형계획법의 등장은 경영이 과학으로 비상할 수 있는 날개를 제공했다. 이 선형계획법이 소개된 이후 수학, 경제학, 경영학 등 다방면에서 정수계획법(Integer Programming), 수송법(Transportation Problem), 할당법(Assignment Problem)처럼 세분화된 다양한 자원계획법과 최적화 방식(Optimization)이 선보이게 된다.

:: 수학 공식으로 번역한 자원 분배와 계획의 문제

수학자에게 수학 공식은 하나의 언어다. 문제를 정형화하여 수학 공식으로 표현하는 그 작업이야말로 문제를 수학자의 세계로 끌어들이는 첫 번째 과정이다. 그럼 자원 분배와 계획의 문제를 수식으로 번역한다면 어떻게 될까? 간단한 문제를 생각해 보자.

과일가게를 운영하는 주영이는 그날 팔고 남은 키위와 딸기로 두 가지 주스를 만들어 판다. '새콤 주스'는 키위 4개와 딸기 2개가 필요하고 '달콤 주스'는 키위 2개와 딸기 6개가 필요하다. 새콤 주스 한 잔을 팔면 500원이 남고 달콤 주스 한 잔을 팔면 400원이 남는다. 어느 날 주영이에게 키위 30개, 딸기 40개가 남았다면 최대 이익을 위해서는 각각 몇 개의 주스를 만들어야 할까?

간단한 문제이지만 선형계획법을 적용해 볼 수 있는 매우 전형적인 문제이자 경영 현장에서 늘 고민스러운 유형의 문제다. 이 문제에서 주영이가 결정해야 할 사항은 새콤 주스와 달콤 주스의 개수다. 새콤 주스 수를 x라 하고 달콤 주스 수를 y라 가정하자. 의사결정을 통해 이 개수를 정해야 하므로 x와 y를 '의사결정 변수'(Decision variable)라 한다. 이 값을 구하는 게 선형계획법의 목적이다.

그렇다면 이 문제에서 의사결정의 궁극적인 목적은 최대 이익을 낼 수 있는 x와 y 값을 찾는 것이다. 새콤 주스 한 개당 이익이 500원이고 달콤 주스의 개당 이익은 400원이다. 따라서 총 이익은 $500x+400y$가 된다. 예를 들어 새콤 주스를 10개 만들고 달콤 주스를 10개 만들면 총이익은 9,000원이다. 최대 영업 이익이 목적이므로 총이익 함수, 즉 $500x+400y$를 '목적 함수'(Objective function)라 한다.

이익 최대화를 위해서는 가능한 한 많은 주스를 만들면 된다. 하지만 자원의 한계를 고려해야 한다. 주영이가 가진 키위와 딸기가 각각 30개와 40개라는 한정된 자원이므로, 이 한도 내에서 임의로 주스를 만들어야 한다. 그럼 이러한 조건을 어떻게 수식으로 표현할까?

〈표 6-1〉 새콤 주스와 달콤 주스 제조에 필요한 과일 양과 개당 이익

	키위	딸기	개당 이익
새콤 주스 한잔에 필요한 과일	4	2	500원
달콤 주스 한잔에 필요한 과일	2	6	400원
사용 가능한 과일의 총수량	30	40	

주영이가 x만큼의 새콤 주스를 만들면 새콤 주스에는 4개의 키위가 사용되므로 $4x$의 키위를 새콤 주스에 사용하게 된다. 마찬가지로 y만큼의 달콤 주스를 만들면 달콤 주스 하나에는 2개의 키위가 사용된다. 따라서 $2y$개수의 키위가 달콤 주스에 사용된다. 즉 사용된 키위의 총개수는 $4x+2y$로 표현할 수 있다. 그런데 주영이가 가진 키위의 총수량은 30개이므로 $4x+2y \leq 30$이 되어야 한다. 같은 방식으로 딸기의 사용 개수는 모두 $2x+6y$이고, 사용 가능한 딸기가 40개 있음으로 $2x+6y \leq 40$으로 표현할 수 있다. 이와 같이 한정된 자원을 수학적으로 표현한 수식을 '제약 조건'(Constraint)이라 한다.

마지막으로 수학적으로 의사결정 변수 x와 y는 주스 개수다. 따라서 0보다 큰 값을 가져야 한다. 의사결정 변수, 목적 함수, 제한 조건을 정리하면 아래와 같은 전형적인 선형계획법의 수식이 된다.

$$\begin{aligned} &\text{최대화} \quad 500x+400y \\ &\text{제약 조건} \quad 4x+2y \leq 30 \\ &\qquad\qquad\quad 2x+6y \leq 40 \\ &\qquad\qquad\quad x \geq 0,\ y \geq 0 \end{aligned}$$

문장으로 서술된 주영이의 과일가게 문제를 수식으로 정리한 것이다.[13] 결국 제약 조건을 만족하면서 목적 함수를 최대로 충족시킬 수 있는 의사결정 변수를 찾으면 계획의 문제는 해결된다. 이 의사결정 변수를 어떻게 찾는가를 알아보기 전에 이 수식이 표현되는 과정을 한번 생각해 보자. 단순한 문제를 수식으로 표현했지만, 이 수학적 번역, 즉 수식의 정형화를 하기까지 인간은 수세기를 고민해야 했다.

제한된 자원의 활용 계획이란 문제는 인류가 좀 더 효율적인 목적 달성을 고민하기 시작한 이후 끊임없이 제기된 문제다. 단직이 선형계획법 개발에 기여한 공로는 두 가지다. 하나는 선형계획법에서 '최대한 목적을 이루기 위해서'라는 목적 함수의 개념을 도입한 것과 두 번째는 수식으로 표현된 문제의 답을 구하는 풀이 방식을 개발한 것이다. 그럼 그의 첫 번째 업적인 목적 함수 개념 도입이란 무엇을 의미하는가? 과일가게 문제에서 목적 함수는 최대 이윤을 내는 것으로 목적 자체가 매우 명확하다.

하지만 한 발짝 물러나 과일가게 주인인 주영이가 남은 과일로 '최적화'한다고 했을 때는 수많은 의미를 내포하고 있다. 남은 과일을 최대한다 사용하는 것이 최대의 목적일 수 있고, 이윤이 아닌 매출액의 최대화를 목적으로 할 수도 있다. 또한 남은 과일로 이윤을 남기되 자신이 가장 행복한 선택을 한다는 다소 추상적인 의미도 생각할 수 있다. 결국 최적화할 수 있는 여러 선택 중에서 주영이는 최대의 이윤 추구를 택한 것이다.

이처럼 '최적화'한다는 다소 추상적이고 포괄적인 개념에서 주영이는 '최대 이윤 추구'라는 매우 구체적인 목적을 선택했다. 우리가 일상생활에서 이야기하는 최적화한다는 말 자체는 암묵적으로 수많은 의미

Tip 자원 분배와 계획 문제를 향한 인류의 도전

제한된 자원의 활용 계획이란 문제는 인류가 좀 더 효율적인 목적 달성을 고민하기 시작한 이후 끊임없이 제기된 문제다. 선사 시대 인간이 집단 사냥을 할 때 몇 명이 사냥에 참가하고 이 중 몇 명이 사냥감을 몰고 또 몇 명이 사냥감을 잡느냐란 문제처럼, 제한된 자원을 배분하고 계획하는 문제는 인간 역사와 함께 시작되었던 것이다. 그리고 문명이 발달하면서 인간은 더욱 복잡한 의사결정을 요구받아 왔다. 결국 인류의 역사는 더 나은 자원 분배 계획을 위한 시행착오와 실행의 끊임없는 반복이었던 셈이다.

인류는 자원 활용 계획에 관한 문제 자체를 늘 인식해 오고 있었지만 이 문제를 수학적으로 접근해 논리적으로 풀겠다는 발상은 19세기가 되어서야 프랑스의 수학자이자 물리학자인 푸리에(Joseph Fourier)에 의해 처음으로 제기되었다. 푸리에는 수학과 물리학에 수많은 업적을 남겼으며, 특히 그의 이름을 딴 '푸리에 급수'(Fourier Series)는 현대 수학과 공학 교재에서 빠지지 않고 소개되는 수학적 해석 기법이다.

푸리에는 1826년 작성된 미발표 논문에서 제한된 자원을 부등식으로 표현하였다.[14] 앞의 과일가게 문제에서는 키위와 딸기라는 한계 조건이 부등식으로 표현되었다. 정해진 인력의 배분, 한정된 자금의 활용, 생산 작업 할당 등 정해진 자원의 한계를 표현하기 위해 부등식은 반드시 필요한 수학적 언어다. 그런데 비록 푸리에가 1826년에 처음으로 인류가 고민해 왔던 자원 분배와 계획의 문제에 대해 수학을 통한 정형화를 시도했지만 학계나 사회에서 그리 큰 주목은 받지 못했다. 그 이유는 푸리에는 '제한된 자원'을 수학적으로 표현했지만 '최대 활용'이라는 목적에 대해서는 수학적 연결고리를 제시하지 못했기 때문이다.

를 담고 있다. 하지만 문제가 추상적이고 포괄적이면 수학적 정형화는 어려워진다. 이 개념을 파악한 단직은 자원 분배와 계획의 문제를 풀기 위해서는 이 최적화란 개념을 우리가 일상생활에서 사용하는 개념보다 매우 구체적으로 표현해야 한다는 발상을 했다. 이 생각은 인류가 수세기 동안 고민하던 최적화 문제에 종지부를 찍는 데 크게 기여했다. 이 목적 함수의 개념이 명확해진 이후 과일가게 문제처럼 목적 함수, 제한 조건 그리고 의사결정 변수로 이뤄진 선형계획법이 그 구체적인 모습을 갖추게 되었다.

:: 볼트와 너트 주문 계획을 짜려면 알고리즘이 필요해

박사 과정을 마친 단직은 국방성에서 수학 고문(Mathematical Advisor)이라는 직함으로 새로운 도전을 시작한다. 단직의 업무는 미 공군의 지원 물자 배분과 교육의 '프로그래밍' 작업이었다.[15] 여기서 프로그래밍이란 작업의 순서를 사전 계획 아래 순차적으로 진행한다는 군사용어다. 미 공군에서는 비행기에 들어가는 볼트 하나, 너트 하나의 구매와 같은 세부적인 사항도 사전 계획에 의해 주문하고 관리한다. 또한 교육 업무도 교육 시간을 시·분 단위로 나누고, 훈련생에게 딱 맞는 교관을 배정하는 철두철미한 프로그래밍에 의해 진행되었다.

문제는 이런 엄청나게 치밀한 계획과 배분 작업에는 수많은 인력과 노력이 필요한 데다 시시각각 변하는 상황에 맞춰 계획이 그때 그때 신속하게 계산되어야 한다는 점이었다. 단직의 업무는 이 프로그래밍 업무를 신속히 계산할 수 있는 수학적 방식을 개발하는 것이었다. 이 문제를 해결하기 위해 단직은 목적 함수를 도입하여 인류가 오랫동안 고민해 온 문제 해결의 실마리를 제공하는 위대한 족적을 남겼다. 하지만 정말 중요한 것은 수식으로 표현된 문제의 풀이 방식을 찾는 것이었다.

수학에서는 문제 풀이 방식을 알고리즘(Algorithm)이라 한다. 자원 분배와 계획이란 문제의 속성상 알고리즘을 제시하지 못하면 이제까지 단직이 해결한 분배 문제의 정형화와 목적 함수 개발도 한낱 수식 해석에 불과하다. 문제를 해석해 복잡한 수식으로 표현했지만 이 수식의 답을 계산해 내지 못한다면 무슨 소용이 있겠는가. 그리고 단직은 이 문제를 고민하던 다른 경제학자나 수학자와 달리 미 공군에서 매우 현실적인 문제를 풀어야 할 임무를 수행하던 상황이어서 학문적 해석이나 가치 입증보다는 당면한 문제 해결, 즉 주어진 예산에서 비행기 부품인 볼트와 너트를 언제 얼마나 주문해야 하는지와 같은 현실적인 문제의 답을 찾는 게 목적이었다. 따라서 이 알고리즘 개발은 그의 임무 중에서도 핵심적인 것이었다.

그리고 배분 할당 문제의 알고리즘 개발이 중요한 이유 중 하나는 문제의 스케일 때문이었다. 단순한 문제라도 수천 개, 수만 개의 수식이 성립됐기 때문에 알고리즘 개발 없이 이 복잡한 문제를 푸는 것은 거의 불가능했다. 사실 엄밀하게 말하면 풀이가 완전히 불가능한 것은 아니다. 한 가지 확실한 방법은 제약 조건을 만족하는 모든 변수를 대입해 목적 함수를 만족하는 방식을 찾는 것이다. 그렇다면 이 방식이 얼마나 무모한 것인지 그리고 문제의 스케일이 얼마나 큰지를 가늠해 보기 위해 아래 문제를 생각해 보자.

70명의 군인이 있고 70개의 보직이 있다. 그렇다면 70명의 군인을 각각 다른 70개의 보직에 배치하는 가능한 총 조합은 70!이다. 이 70!은 10^{100}보다 더 큰 수다. 모든 가능한 조합을 일일이 비교해 최적의 조합을 찾는다는 건 현대 컴퓨터로도 거의 불가능한 작업이다. 이처럼 효율적인 알고리즘 없이 가능한 모든 변수를 다 대입하여 답을 찾는 방식으로는 절대 이 문제의 답을 찾을 수 없다.

단직이 고안한 알고리즘은 기하학에서 착안한 것이었다. 기하학은 고

〈그림 6-3〉 주영이네 과일가게의 제약 조건을 형상화한 도형

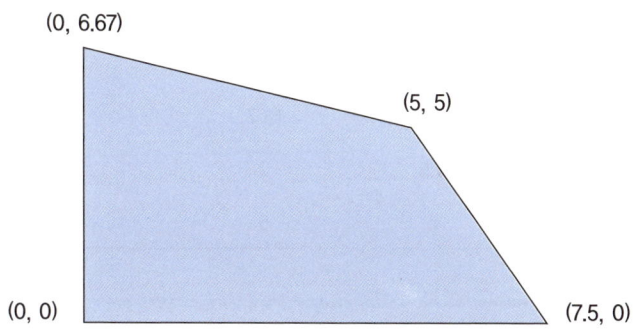

등학교 시절 그에게 잠재된 천부적인 수학 능력을 일깨워 준 학문이었다. 배분 문제의 제한 조건을 기하학적으로 표현하면 꼭짓점을 가지는 다차원 도형이 되는데, 이때 목적 함수를 만족시키는 답은 바로 이들 꼭짓점 값 중에 하나라는 사실을 발견했다. 이 발견의 의미는 제한 조건을 만족시키는 모든 답을 찾을 필요 없이 이 꼭짓점에 해당하는 값만 서로 비교하면 목적을 만족시키는 최적값을 찾을 수 있다는 설명이었다. 이것이 바로 단직이 선형계획법의 풀이법으로 제시한 '심플렉스'(Simplex) 방식의 핵심이다.

단직은 어떤 목적 함수라도 목적 함수의 최적 조건을 만족하는 답은 이 도형의 꼭짓점 중에 하나라는 사실을 발견했다. 이제 다시 주영이네 과일가게 문제로 돌아가 보자. 한정된 자원의 제약 조건을 도형으로 나타내면 〈그림 6-3〉의 사각형 도형으로 형상화할 수 있다.

심플렉스 방식에 의하면 도형 내 수많은 좌표들 중 이 네 개의 좌표들

〈표 6-2〉 각 좌표값당 목적 함수의 값

꼭짓점 좌표	새콤 주스 (x)	달콤 주스 (y)	목적 함수 값 ($500x + 400y$)
(0, 0)	0	0	0
(0, 6.67)	0	6.67	2666.7
(7.5, 0)	7.5	0	3750
(5, 5)	5	5	4500

만 비교하면 답을 찾을 수 있다. 과일가게 문제에서 목적 함수는 최대 이윤, 즉 $500x+400y$ 가 최대인 x, y 값이다. 〈표 6-2〉는 각 좌표값당 목적 함수의 값을 나타내고 있다. 이 네 개 꼭짓점을 비교했을 때 꼭짓점이 (5, 5), 즉 새콤 주스 5개와 달콤 주스 5개의 이윤이 4,500원이면 다른 꼭짓점과 비교했을 때 가장 큰 이윤이 남는다. 이 값이 문제의 답이다.

이처럼 제한 조건을 만족시키는 수많은 조합들이 있지만 모든 조합을 다 비교할 필요 없이 이 조합들 중 꼭짓점을 이루는 조합만 찾아 비교하면 답을 찾을 수 있다.

:: 대부분의 산업에서 응용되는 선형계획법

선형계획법은 거의 대부분의 산업에서 다양하게 응용된다. 제조 부분에서는 생산 계획 수립에 사용할 수 있다. 즉 공장에 기계들은 한정되어 있고, 그 기계들은 여러 가지 제품을 만들 수 있다. 이때 각 제품의 마진이나 이윤이 다를 경우 각각의 제품을 얼마나 생산할 것인가와 같은 생산 계획 수립에 적용할 수 있다.

Tip   심플렉스 방식으로 풀어 본 주영이네 과일가게 문제

앞의 과일가게 문제로 돌아가 이 문제 풀이 방식을 심플렉스로 설명하면 어떻게 될까?

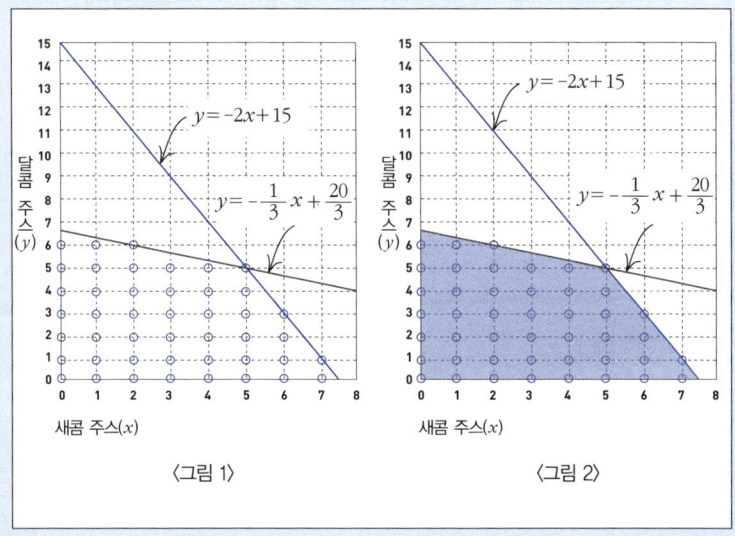

〈그림 1〉   〈그림 2〉

주영이네 과일가게에서 이날 남은 과일이 키위 30개, 딸기 40개이므로 주스 개수는 이 한정된 자원 내에서 선택돼야 한다. 만일 새콤 주스 4개와 달콤 주스 3개를 만들 때 이 조건을 만족할까?

새콤 주스 4개면 키위 16개와 딸기 8개가 필요하고, 달콤 주스 4개면 키위 8개와 딸기 24개가 필요하다. 따라서 키위가 총24개, 딸기가 총 32개가 필요하다. 이 수는 한정된 자원, 즉 키위 30개와 딸기 40개의 조건을 만족시키는 수다.

같은 방식으로 새콤 주스 6개, 달콤 주스 2개도 제한 조건을 만족시킨다. 반면 새콤 주스 7개 달콤 주스 2개면 키위가 총 32개가 필요하므로 제한된 키위 수를 초과해 제한 조건을 만족시키지 못한다.

이런 방식으로 제한 조건을 만족시키는 모든 정수의 조합을 그래프의 점으로 나타내면(새콤 주스를 x좌표에 달콤 주스를 y좌표에) 위 〈그림 1〉과 같이 총 45개의 조합을 찾을 수 있다(〈그림 1〉에서 좌표에 동그라미로 표시된 부분). 그렇다면 각 조합마다 이익을 계산해 최대 이익을 가져주는 조합이 결국 문제의 답이 된다.

하지만 만일 주스 개수가 정수만이 아닌 소수점도 가능하다면 문제는 더 복잡해진다. 새콤 주스 4.5개에 달콤 주스 5.5개 하는 식으로 소수점 아래까지 고려한다면 제한 조건을 만족하는 조합은 수천, 수만 개가 된다.

이 경우 모든 조합을 다 비교해 최대 이윤을 보장하는 답을 찾는 것은 불가능하다. 하지만 이 제한 조건의 흥미로운 점은 제한 조건을 만족하는 부분은 위 〈그림2〉와 같이 도형으로 표현이 된다는 점이다. 문제의 제한 조건인

$$4x+2y \leq 30,$$
$$2x+6y \leq 40,$$
$$x \geq 0, y \geq 0$$

을 좌표에 표현하면 〈그림 2〉와 같은 사각형 도형이 된다. 이 도형 내의 좌표 즉 x값과 y값은 앞의 제한 조건을 만족하는 값이다.

이 경우 기계는 한정된 자원, 즉 앞의 예에서 한정된 키위와 딸기 개수라고 할 수 있고, 생산할 제품은 새콤 주스와 달콤 주스에 비교할 수 있다. 또한 제조업에서 생산 설비 투자 계획 수립에 이 선형계획법을 사용할 수 있다. 한정된 자금으로 최대의 생산량을 얻기 위해서는 어떤 기계를 사용해야 하는지와 같은 계획이나 반대로 최소의 자금으로 정해진 물량을 생산하기 위해 필요한 기계 대수를 계산하는 데 사용된다. 앞의 경우는 정해진 자금으로 최대한의 산출을 낼 수 있는 방식을 찾는 것이

〈표 6-3〉 산업별 선형계획법의 다양한 응용

선형계획법의 응용

제조
- 한정된 투자 금액으로 최대한 많은 생산량을 낼 수 있는 설비 투자 의사결정
- 제한된 설비로 최대의 이윤을 내기 위해 어떤 물건을 언제 생산할 것인지 생산 계획 결정
- 최소 비용으로 목표 생산량을 달성하기 위한 업무 및 인력 할당

항공
- 승무원의 업무 시간, 휴식 시간과 비행 노선을 고려한 승무원 스케줄 결정
- 한정된 비행기, 승무원, 파일럿으로 최대 인원을 수송할 수 있는 노선 계획
- 한정된 투자 비용으로 최대 목표 운송을 실현할 수 있는 비행기 구매 투자 계획

세일즈 마케팅
- 정해진 광고 시간대에 최대 이윤을 낼 수 있는 광고 설정
- 최소의 비용으로 전 지역을 커버할 수 있는 지점망 배치 계획
- 한정된 영업 사원으로 최대 매출 달성하기 위한 영업사원 작업 할당

공공 부문
- 한정된 소방 인력과 차량으로 최대한 많은 지역을 커버할 수 있는 소방 시설 배치 계획
- 정해진 경찰 인력의 효율적 업무 배치

고, 뒤의 경우는 목표 산출을 이끌어 낼 수 있는 최소의 투자 금액을 찾는 것이다. BMW사의 경우 전 세계에 흩어진 자사의 생산 공장에서 어떤 모델을 생산해야 하는지와 같은 문제를 이 선형계획법을 이용해 결정한다.[16] 자동차산업 특성상 생산된 상품을 옮기는 비용이 만만치 않으며, 특히 각 나라별 관세 문제로 인해 생산 계획은 사업의 성패가 달린 사항이다. 선형계획법을 이용하면 이 복잡한 문제를 풀고 과학적인 생산 전략을 수립할 수 있다.

공공 부문에서도 선형계획법의 응용을 자주 접할 수 있다. 소방서 위치나 경찰의 순찰 인력 배치처럼 모든 지역을 다 소화하되 중복 투자를 막기 위해 최소한의 인력이나 자원을 배치하는 계획을 마련할 때 사용된다.[17] 이 경우 제약 조건은 모든 지역을 다 소화해야 하는 조건이고, 목적 함수는 최소한의 인력이나 자원 배치가 된다. 선형계획법이 적용되는 다양한 응용 분야가 있지만 그 핵심은 과일가게 주스 문제와 그 맥락을 같이한다. 〈표 6-3〉은 산업별 선형계획법의 응용 사례를 보여 주고 있다.

사회주의 국가에도
노벨 경제학상 수상자가 있을까?

칼 마르크스가 사회주의의 이론적 기반을 마련했다면 레닌은 이 철학을 볼셰비키 혁명을 통해 실제 국가 통치 이념으로 실행에 옮긴 인물이다. 칼 마르크스가 철학자이자 사상가라면 레닌은 혁명가이자 정치가라 할 수 있다. 그런데 나는 가끔씩 '만약 레닌이 수학자였다면 역사의 흐름을 바꿔 놓은 거대한 혁명을 과연 시도했을까?'라는 조금 황당한 상상을 하곤 한다.

사회주의 경제 체제의 핵심은 '계획경제'다. 자본주의에서는 가격에 의해 수요와 소비가 조절되고, 이를 바탕으로 어떤 가격으로 얼마만큼 물건을 생산할지가 결정된다. 즉 분산화된 자율 결정에 의해 생산 물량 조절이 이루어지고 경제가 운영된다. 반면 사회주의 체제에서는 모든 경제 활동이 사전 계획에 의해 이뤄지는 중앙집중식 계획경제다. 전 국민에게 필요한 모든 물건은 계획에 의해 생산되고 또한 소비된다. 요즘 같은 세상에도 작은 중소기업의 생산 계획 하나 짜는 것도 만만찮다. 혁명이 일어났던 1917년 당시는 단직의 선형계획법과 같은 수학적 계획

이론도 존재하지 않았고, 지금처럼 고성능 컴퓨터도 존재하지 않았던 시절이었다. 그러한 현실에서 전 국민이 먹고 입고 자는 데 사용해야 할 모든 물자의 생산을 계획에 의해 운영하겠다던 레닌의 야심찬 포부는 수학자의 눈에는 현실을 외면한 무모한 야망으로 비칠 뿐이다.

:: 레닌이 수학 지식이 있었다면 혁명을 일으켰을까?

실제로 1917년 10월 혁명의 전야에 볼셰비키 군대가 상트페테르부르크로 진격하기 몇 시간 전에 레닌은 "혁명의 목적은 정권 쟁취에 있다. 그 이후에 어떻게 할 것인지는 그때 가서 판단하기로 한다."라는 글을 편지에 남겼다.[18] 이처럼 그 또한 사회주의를 정치적 이념으로 삼는다는 밑그림만 있었을 뿐 사회주의 경제 운영에 대한 구체적인 계획은 가지고 있지 않았다고 추측할 수 있다. 만일 레닌이 수학자거나 혹은 수학에 대해 조금이라도 지식이 있었다면 그 무모한 모험을 과연 실행에 옮겼을까 하는 의문을 품는 이유가 바로 이 때문이다.

혁명 이후 인류 역사상 처음으로 시도된 계획경제에서 소련이 어느 누구보다 그리고 인류 역사의 어느 때보다 더 절실하게 과학적이고 체계적인 계획 방법에 목말라했다는 것은 어렵지 않게 추측해 볼 수 있다. '필요는 발명의 어머니'란 말처럼 경제 운영과 계획에 대한 체계적인 계획법이 다름 아닌 소련의 한 학자에 의해 가장 먼저 제시된 것은 당연한 결과였다고 볼 수 있다. 레오니드 칸토로비치(Leonid Kantorovich)는 최초로 경제 운영에서의 자원 분배와 계획을 이론화한 구소련의 수학자이자 경제학자다. 스탈린의 피의 숙청이 끝날 무렵인 1939년 칸토로비치는 〈생산 계획과 조직화의 수학적 방법〉(The Mathematical Method of Production Planning and Organization)이란 논문으로 계획의 수학적 방

Tip 자유 진영 대 공산 진영의 학문 경쟁과 칸토로비치

칸토로비치가 선형계획법을 발표한 1939년은 단직이 선형계획법을 발표했던 1947년보다 8년 앞선 시점이다. 제2차 세계대전 이후 세계를 둘로 나눈 이념 갈등으로 인해 미국과 서유럽을 중심으로 한 자유주의 국가들과 소련을 중심으로 한 공산주의 국가들 간의 학문적 교류는 단절된 상태였다. 단직과 칸토로비치는 서로 상대방의 연구에 대해서 전혀 알지 못한 채 각자의 방법으로 자원 분배의 문제를 고민했다.

칸토로비치의 업적은 그가 처음 발표한 1937년에서 거의 20여 년이 지난 1956년에야 자유주의 진영에 알려지게 되었다. 제2차 세계대전 당시 군수 물자 수송 문제를 연구하며 계획법을 연구했던 코프만스는 우연한 기회로 소련의 칸토로비치라는 학자의 연구를 알게 되었고, 이후 칸토로비치가 제안한 계획경제 아래 생산 효율을 올리기 위한 계획법이 자유주의 진영에 알려진 선형계획법과 거의 동일하다는 놀라운 사실을 발견했다.

그런데 코프만스는 칸토로비치의 연구에서 더욱 놀랄 만한 사실을 발견했다. 코프만스는 칸토로비치의 계획법 연구에서 등장하는 '순환 승수' (Revoling Multiplier)라는 변수에 주목했다. 이는 서구의 선형계획법에는 등장하지 않는 새로운 변수였다. 코프만스는 이 새로운 변수를 이해하기 위해 고민한 끝에 결국 그것이 서구 자본주의에서의 '가격'을 의미한다는 사실을 발견했다. 칸토로비치는 가격이란 개념 자체를 부정했던 사회주의 경제에서 경제활동을 설명하기 위해서 가격은 필수 불가결한 요소임을 간접적으로 증명한 셈이다.

아이러니하게도 그의 계획법 연구는 사회주의 계획경제의 요구에 의해 시작이 되었지만, 결국 자본주의 가격 개념을 재해석함으로써 가격의 새로운 가치를 발견하게 하는 학문적 계기를 마련했다. 역사상 사회주의 체제에서 최초로 그리고 유일하게 노벨 경제학상을 받은 학자가 탄생한 이유가 여기에 있다.

법을 제시했다.

　주어진 자원으로 최대 생산량을 얻기 위해서는 자원을 최대한 효과적으로 활용해야 한다. 앞에서 예로 들었던 주영이네 과일가게에서 주영이는 하루 동안 팔다 남은 키위와 딸기라는 자원으로 주스를 만들어 판다. 만일 새콤 주스나 달콤 주스의 개수 선정이 최적화되지 못하면 키위나 딸기의 자원을 최대로 활용하지 못하게 되고, 이는 이 자원을 이용해 최대의 이윤을 추구할 수 있는 기회를 놓친다는 의미로 해석할 수 있다. 이것이 바로 경제학에서 말하는 '기회비용'이다.

　칸토로비치의 경우 이 기회비용이란 개념을 이용해 최적화된 자원 분배 방식을 찾았지만 사회주의에서는 '가격'이라는 개념을 사용하지 않아 이를 대체할 다른 단어가 필요했다. 더구나 당시는 피의 숙청으로 악명을 떨친 스탈린 치하였던 터라 자본주의의 핵심 개념인 가격은 학계에서도 사용해선 안 될 용어였다. 그래서 칸토로비치는 가격이라는 용어 대신 수학적으로 '순환 승수'란 새로운 용어를 만들어 사용했던 것이다.[19] 그렇다면 과연 가격과 기회비용은 선형계획법에서 어떤 의미를 가질까? 다시 주영이네 과일가게로 돌아가 보자.

　앞에서 주영이는 남은 키위와 딸기로 새콤주스와 달콤 주스를 만들어 각각 500원과 400원의 이익을 남긴다. 어느 날 앞에 문제와 같이 키위가 30개, 딸기가 40개 남아 주스를 만들려 할 때(아직 만들지는 않았음) 과일을 좋아하는 이원이가 와서 남은 키위와 딸기를 다 사겠다고 했다. 평소 키위는 하나당 200원, 딸기는 하나당 40원에 파는 주영이는 이미 하루 지나 신선도가 떨어지는 과일을 그냥 제값에 팔기가 미안해서 반값에 가져가라고 했다. 주영이는 남은 30개의 키위와 40개의 딸기를 반값인 개당 100원과 20원에 팔아 총 3,800원을 받았다. 그런데 물건을 팔고 보니 좀 손해봤다는 생각이 들었다. 만일 새콤 주스와 달콤 주스를 각각 5개씩 만들어서 팔았다면 같은 자원을 이용해 총 4,500원을 벌 수 있었는데 같은 자원을 3,800원에 팔아 버려 손해를 본 셈이다. 즉 자원을 이용해 벌 수 있는 기회비용을 낭비한 것이다.

다음 날 주영이네 과일가게에는 전날과 같이 키위 30개, 딸기 40개가 남았다. 그래서 이 남은 과일로 주스를 만들려고 했는데, 그때 이원이가 들어와 다시 남은 키위와 딸기를 다 사겠다고 했다. 전날 싸게 팔아 손해를 봤던 주영이는 이번에는 어제보다는 더 비싼 가격을 부르려 하다 혹시 가격을 너무 올리면 사지 않을까 봐 조바심이 들었다. 그래서 이원이에게 얼마면 사겠냐고 먼저 물었다. 이원이가 과일의 가치를 얼마로 제시하는 것이 가장 합리적일까?

이원이가 고려해야 할 사항은 두 가지다. 첫 번째는 가격을 최대한 낮게 불러야 한다. 물건을 사는 사람 입장에서 자신의 주머니에서 나가는 돈을 최소화해야 하는 것은 당연한 논리다. 하지만 너무 낮게 부르면 주영이가 거절할지도 모른다. 주영이는 이원이에게 과일을 팔지 않아도 주스를 만들어 이윤을 낼 수 있기 때문이다. 이원이는 최소한 주영이가 주스를 팔아 남길 수 있는 수익만큼은 과일값을 쳐주어야 한다.

그래서 이원이는 다음과 같은 식을 세웠다. 이원이가 결정해야 할 것은 키위의 가격 'a'와 딸기의 가격 'b'다. 의사결정 변수인 셈이다. 그리고 남은 키위가 30개, 딸기가 40개이므로 이원이가 지불해야 할 총가격은 $30a+40b$가 된다. 이원이는 이 총가격을 최소화해야 한다. 이것이 바로 목적 함수가 된다. 한 가지 더 고려할 사항은 주영이는 4개의 키위와 2개의 딸기로 새콤 주스를 만들어 500원의 이익을 남길 수 있다는 것이다. 만일 주영이가 4개의 키위와 2개의 딸기로 새콤 주스를 만들어 판다면 4a+2b의 수익을 올릴 수 있다. 최소한 새콤 주스로 얻을 수 있는 수익만큼 과일의 가격을 쳐주지 않으면 주영이로서는 굳이 이원이에게 과일을 팔 이유가 없다. 즉 4a+2b≥500이 되어야 한다. 마찬가지로 달콤 주스를 만들 때 사용하는 2개의 키위와 6개의 딸기의 가격 2a+6b는 이것으로 달콤 주스를 만들어 팔면 거둘 수 있는 수익보다 더 크거나 같지 않으면 안 된다. 즉 2a+6b≥400이 된다. 정리하면 다음과 같은 식이 된다.

최소화   30a+40b
제약 조건   4a+2b≥500
          2a+6b≥400

이 최소화 문제를 풀면 값은 a=110, b=30이 나온다. 즉, 주영이가 손해 보지 않고 팔 수 있는 한도에서 이원이가 지불할 최소 가격은 키위 하나당 110원, 딸기 하나당 30원이란 결론이다. 이원이가 이 가격으로 키위 30개와 딸기 40개를 산다면 총 4,500원을 지불해야 한다. 이 가격은 주영이가 이원이에게 과일을 팔지 않고 주스를 만들었을 때 남길 수 있는 최대 이윤과 일치한다. 놀라운 것은 소비자(이원이)가 비용을 최소화할 수 있는 가격과 공급자(주영이)가 이윤을 최대화할 수 있는 값이 동일하다는 사실이다.

칸토로비치는 이 가격을 '순환 승수'라는 이름으로 명명해 공급자의 순환 승수와 수요자의 순환 승수가 같을 경우 서로의 이익을 최대화할 수 있는 공급 물량과 가치 설정이 이뤄진다는 사실을 발견했다. 결국 가격이란 제도에서 소비자와 공급자가 각자의 최대 이익을 실현하기 위해

〈표 6-4〉 역대 노벨 경제학 수상자들의 선형계획법 관련 저술[20]

연도	수상자	선형계획법에 관한 저술
1969	랑나르 프리슈 (Ragnar Frisch)	〈선형계획법의 원리〉(Principles of linear programming with particular reference to the double gradient form of the logarithmic potential network.)
1970	폴 새뮤얼슨 (Paul A. Samuelson)	《선형계획법과 경제 분석》(Linear Programming and Economic Analysis, 솔로, 새뮤얼슨 공저)
1972	케네스 애로 (Kenneth J. Arrow)	《선형 및 비선형계획법의 연구》(Studies in Linear and Nonlinear Programming)
1973	바실리 레온티예프 (Wassily Leontief)	《미 경제의 구조》(Structure of the American Economy)
1975	레오니드 칸토로비치 (Leonid V. Kantorovich)	《생산 조정과 계획의 수학적 방식》(Mathematical Methods for Organizing and Planning Production)
1975	찰링 코프만스 (Tjalling C. Koopmans)	《생산과 배분의 활동 분석》(Activity Analysis of Production and Allocation)
1978	허버트 사이먼 (Herbert A. Simon)	〈생산과 고용에 대한 선형 의사결정법의 전개〉(Derivation of a linear decision rule for production and employment, 사이먼, 모딜리아니 공저)
1982	조지 스티글러 (George J. Stigler)	〈자급자족 경제의 비용〉(The cost of subsistence)
1985	프랑코 모딜리아니 (Franco Modigliani)	〈생산과 고용에 선형 의사결정법의 전개〉(Derivation of a linear decision rule for production and employment, 사이먼, 모딜리아니 공저)
1987	로버트 솔로 (Robert M. Solow)	《선형계획법과 경제 분석》(Linear Programming and Economic Analysis, 솔로, 새뮤얼슨 공저)
1990	해리 마코위츠 (Harry M. Markowitz)	〈역행렬 제거법과 선형계획법의 응용〉(The elimination form of the inverse and its application in linear programming)
1990	머턴 밀러 (Merton H. Miller)	〈재정 예산과 비용의 선형계획법 응용〉(An application of linear programming to financial budgeting and the costing of funds)
1990	윌리엄 샤프 (William Sharpe)	〈뮤추얼 펀드 포트폴리오 선택을 위한 선형계획법 알고리즘〉(A linear programming algorithm for mutual fund portfolio selection.)

적정선의 가격에서 공급 물량이 정해지는 자본주의 시장경제의 본질을 설명할 수 있는 수학적 근거가 마련되었다.

이 결론은 선형계획을 연구했던 모든 이들, 즉 단직과 코프만스, 칸토로비치, 폰 노이만이 처음 이 연구를 시작했을 때 전혀 기대하지 못했던 놀라운 결과였다. 계획과 자원 분배에서 출발한 문제가 경제학의 가격 개념을 새로운 시각으로 해석할 수 있는 기회를 제공한 셈이다. 이로 인해 선형계획법이 완성된 이후 수많은 경제학자들이 이 선형계획법을 이용해 경제 분석을 시도했고, 이 분야에서 수많은 노벨 경제학상 수상자들이 배출되었다. 현재까지 13명이 넘는 노벨 경제학자가 선형계획법에 관한 저서를 남긴 것을 보면 선형계획법이 그만큼 큰 경제학적 가치를 지니고 있다는 걸 알 수 있다.

:: 허리를 졸라매기 전 살펴야 할 것들

내가 지금 몸담고 있는 회사에 입사해 처음 시작한 업무는 기획실 내 생산 투자 관련 업무였다. 서너 달이 멀다 하고 새로운 제품이 출시되는 상황에 맞추어 신제품 생산에 필요한 생산 투자도 늘 지속적으로 이뤄져야 했다. 반도체 생산에 필요한 장비는 대당 가격이 수억 원에서 많게는 수백억 원대에 이른다. 이런 환경에서 필요한 생산 장비 도입 결정이 신속하고도 정확하게 이뤄져야 하는 것은 두 말할 나위도 없다. 최소한의 투자 비용으로 목표 생산량을 달성할 수 있는 장비 선정이 신속히 이뤄져야 했다.

반도체 생산 투자의 문제는 반도체 공정의 특성상 수백 개의 의사결정 변수를 가진다. 제한 조건식도 족히 수백 개가 된다. 하지만 이 정도 문제 규모는 일반 PC로 선형계획법의 심플렉스 알고리즘을 이용해 단

시간에 답을 산출할 수 있다. 선형계획법이 개발되기 전에는 이 정도 규모의 문제는 수십 명이 수십 일에 걸쳐 풀어야 최적에 가까운 답을 낼 수 있었고, 제시한 답이 최적의 답인지를 확신할 길도 없었다. 선형계획법이 개발된 이후에도 오늘날처럼 고성능 컴퓨터가 존재하지 않았을 때는 이 정도 규모의 문제는 수십 명의 수학자가 일주일 내내 계산기로 하나하나 계산해야 겨우 답을 산출할 수 있었다. 약 반세기 만에 놀라운 발전이 이루어진 것이 아닐 수 없다.

나는 선형계획법을 통해 장비를 선정하고 구매 의견 보고서를 작성했다. 입사 1년차 신입사원으로 생산 투자 계획 업무를 맡아 수십 대의 장비 구매를 결정했는데, 이를 액수로 따지면 족히 수백억 원대에 이른다. 이런 대규모 투자 결정을 회사 신입사원이 내릴 수 있었던 것은 선형계획법에 대한 이해가 전제되었기 때문이다. 왜 이 시점에서 이 장비를 구매해야 하는지, 혹은 왜 이 장비 대신 다른 장비를 구매해야 한다는 의견을 제출했는지와 같은 구체적인 투자 의견은 모두 선형계획법에 대한 이해에서 비롯된 것이었다. 물론 투자 결정시 결제를 책임진 최종 의사결정자를 어렵지 않게 설득할 수 있었던 것도 같은 이유에서다.

경영 환경에서 계획과 자원 분배 문제를 수학적으로 정형화하여 최적의 의사결정을 내리기 위해서는 계획법에 대한 명확한 이해가 선행되어야 한다. 계획법을 통해 최적의 의사결정을 내리는 방식은 단순한 일회성 교육이 아니라 심도 있는 교육과 훈련이 필요한 분야다. 경영학 석사 과정(MBA)의 경영과학 과목에서 선형계획법을 정규 커리큘럼으로 두는 이유도 최적화에 대한 명확한 개념 파악과 수학적 알고리즘에 대한 심도 있는 이해를 가지고 있어야 실제 경영 현장에서 효과적으로 이를 응용해 최적의 의사결정을 할 수 있기 때문이다.

그리고 과학적인 자원 분배와 계획을 수립하는 데 있어서 중요한 또 한 가지는 조직 내 의사결정에 관계되는 모든 변수들을 데이터베이스화하여 관리하고 데이터의 지속적인 검증이 이루어져야 한다. 앞의 과일가게 문제에서도 각 과일당 이익과 하루 동안 남은 과일 개수를 정확히 파악하고 있다는 전제 아래 주스 생산 계획이 이뤄졌다. 만일 공장의 생산 계획을 마련하려는데 공장 기계당 생산량이나 기계 대당 가격 등의 데이터가 없거나 데이터가 정확하지 않다면, 계획법을 통한 신속하고 정교한 의사결정을 기대하기는 힘들다. '쓰레기가 들어오면 쓰레기만 나온다.' (Garbage-in, garbage-out.)라는 말이 있다. 아무리 고성능 컴퓨터와 정확한 계획 문제의 수식화를 이루어낸다 하더라도 계획 문제의 기본값이 되는 데이터가 바르지 않으면 그 값은 의사결정에 도움이 되지 않는 쓰레기에 불과할 뿐이다.

요즘 소프트웨어와 컴퓨터의 발달로 웬만한 자원 분배나 계획의 문제 풀이는 데스크탑 컴퓨터로도 처리할 수 있다. 요즘 거의 대부분 비즈니스 현장에 이용되는 엑셀과 같은 스프레드시트에는 이 최적화 기능이 있어 소규모의 계획 문제의 경우 쉽고 신속하게 답을 얻을 수 있다. 그러나 항공사의 비행기, 승무원 스케줄 조정이나 공장의 기계 생산 계획과 같이 다소 복잡한 계획 문제에는 좀 더 전문화된 소프트웨어가 필요하다. 대부분의 비즈니스 시스템통합(System Integration, SI)업체나 비즈니스 인텔리전스 솔루션에서 자원 분배 계획법에 필요한 소프트웨어와 시스템을 제공한다. 또한 시중에는 기업의 계획과 자원 최적화 문제만 전문적으로 지원하는 소프트웨어도 다수 있다.

하지만 사용자가 계획법에 대해 명확히 이해하고 있지 않다면 아무리 우수한 소프트웨어라도 무용지물이다. 이와 함께 기업의 최고 의사결정자가 과학적 의사결정에 대한 확고한 믿음과 이를 위한 전사적인 비즈니스 운영을 지원하지 않으면 아무리 비싼 소프트웨어를 도입해도 얼마 가지 않아 애물단지로 전락한다. 최고 성능의 전투기를 도입해도 이 전투기를 완벽하게 조정할 조종사가 없으면 전투력 향상에 아무 도움도 되지 못하고, 설사 유능한 조종사가 있어도 그 능력을 최대로 발휘하도록 전략과 환경을 마련해 주지 못한다면 자원 낭비가 되는 것과 같은 이치다.

기업은 경제 환경이 어려워지면 '비상 경영'이라는 미명 아래 허리 졸라매기에 들어간다. 아쉽게도 많은 기업들은 비상 경영의 첫 번째 희생물로 직원 복지를 지목한다. 1997년 외환위기 때나 2008년에 엄습한 이른바 서브프라임 모기지(비우량 주택담보대출) 사태 때도 많은 기업들이 비용 절감을 위해 가장 먼저 실시한 일은 직원 건강 검진 횟수 제한이나 의료보험료 보조금 인하, 사내 교육 폐지, 구내 직원 편의시설 폐지 등 단기간에 직접 매출로 이어지지 않는 직원 복지와 관계되는 것이었다. 그러나 기업들은 직원들에게 고통 분담을 호소하기 전에 먼저 자원의 배분이 과학적으로 이뤄지고 있는지 꼭 한 번 살펴보아야 한다. 올바른 계산 하나가 수백 명의 직원이 사용하는 구내 식당과 사내 교육을 폐지하지 않아도 될 방법을 제시해 줄 수도 있다. 이것이 바로 과학의 힘이다.

:: IBM은 세계 최대의 비즈니스 컨설팅 회사다?

글로벌 기업 IBM의 변천 과정은 선형계획법이 개발된 이후 경영과 과학의 만남이 본격화되고 현대 경영이 탄생한 일련의 흐름을 잘 보여 준다. 당시 개발된 디지털 컴퓨터의 최초 응용 분야 중 하나가 미국 공군의 군수 물자 조달과 훈련 계획 문제였다. 어떤 부품을 언제 얼마만큼 교체하고 주문해야 최대한 저렴한 비용으로 구매할 수 있는지와 같은 계획 문제는 수백 혹은 수천 개의 의사결정 변수를 가진 매우 복잡한 문제다. 하지만 최적의 계획을 계산하는 것에 성공하면 연간 수백만 달러를 절약할 수 있기에 계산할 만한 가치가 있는 문제였다. 미국 공군은 1940년대 초 IBM이 개발한 컴퓨터의 시조격인 연산기기를 이용하여 이 최소 비용을 실현할 수 있는 조달 구매 방법을 계산했다. 컴퓨터를 통한 의사결정의 새로운 장을 연 것이다.

단직을 비롯한 여러 학자들의 노력으로 컴퓨터를 통해 신속한 연산 작업을 수행하는 계획법의 실효성이 입증되었다. 그 결과 군수 물자 분야뿐만 아니라 타 산업의 비즈니스 현장에서도 컴퓨터를 통한 계획법이 활용되기 시작했다. 수요는 공급을 창출하여 학계는 최적화 이론과 의사결정 이론의 급속한 발전을 이루어냈고, IBM을 포함한 여러 컴퓨터 하드웨어업체들은 좀 더 복잡한 문제를 더욱 신속하게 계산할 수 있는 컴퓨터를 시장에 선보였다.

이후 1990년대 '정보기술 혁명'을 거쳐 컴퓨터를 통한 최적화나 의사결정이 비즈니스의 핵심역량으로 자리매김하자 IBM은 IT컨설팅을 내세워 본격적으로 서비스업에 뛰어든다. 하드웨어를 공급하던 제조업에서 서비스업으로 영역을 확장해 통합 솔루션이란 전략으로 시장을 공략했다. '새로운 IBM'이란 기치를 내걸고 오늘날의 IBM의 기반을 다졌던 루이스 거스너(Louis V. Gerstner) 회장의 진두지휘 아래 IBM이 새로운 시장의 강자로 부상하던 때가 바로 이때다. 1990년대, 새로운 IBM의 도전은 일단 성공이었다.

당시만 해도 정보통신 기술은 경영 환경에서 업무 처리의 효율성만 높여주는 일종의 부가 업무의 역할만 하던 시절이었다. 하지만 일단 IT 인프라가 갖춰지자 많은 기업들은 이제 IT인프라를 더욱 적극적으로 활용해 비즈니스 환경에서 의사결정을 지원하는 시스템을 제공해 줄 것을 요구했다. 기업들은 단순한 사내 데이터 공유 시스템이나 자동 결제 시스템으로 작업의 효율을 높이는 데서 한 걸음 더 나아가 좀 더 적극적으로 축적된 데이터를 활용하고 분석해 더 나은 의사결정을 내릴 수 있는 방안과 수학적 최적화를 통해 최적의 의사결정을 내릴 수 있는 방법을 원했다. 1940년대 미국 국방성에서 최초로 컴퓨터를 통한 인간의 의사결정의 가능성을 연 이후 50년 만에 수학과 컴퓨터 기술이 일반 기업 경영의 의사결정에 본격적으로 관여하기 시작했다.

이후 IBM은 2002년 당시 최대의 회계법인 중 하나이자 비즈니스 컨설팅업체인 프라이스워터하우스쿠퍼스(PricewaterhouseCoopers, PwC)를 인수해 본격적인 비즈니스 컨설팅업체로 다시 한 번 변화를 시도했다. 그리고 당시 IBM의 매출에 큰 부분을 차지하던 일반 소비자용 PC 사업을 과감히 처분하는 대신 핵심 역량을 최첨단 슈퍼 컴퓨터 개발과 대용량 서버 사업에 집중했다. 사업 개편 후 IBM 사는 비즈니스 컨설팅업체임과 동시에 또 한편으로는 세계에서 가장 빠른 컴퓨터를 제조하는 회사로 탈바꿈했다. IBM은 사업 개편 후 자사의 컨설팅 서비스가 단순한 IT컨설팅이란 선입관을 깨는 데 주력했다. 고객이 자사의 컨설팅 업무를 통해 IT 역량만 강화하는 것이 아니라 모든 비즈니스 내에서 계획, 관리, 전략, 운영에 이르는 다방면의 과학적 비즈니스 환경을 창조하는 게 목적이었기 때문이다.

IBM의 비즈니스와 과학의 접목을 향한 새로운 도전은 현재 진행형이다. 2008년 여름 미국의 IBM은 비즈니스에 활용되는 선형계획과 최적화 소프트웨어를 개발, 판매, 서비스하는 ILOG 사를 전격 인수했다. 프랑스 수학박사들과 현직 MIT 교수와 학자들로 구성된 ILOG는 그 규모는 작지만 현존하는 업체들 중 최고의 비즈니스 기반 선형계획 솔루션과 최적화 솔루션을 가진 업체다. 세상에서 가장 우수한 슈퍼 컴퓨터를 제공하는 업체이자 세계 최대의 비즈니스 컨설팅업체 중에 하나인 IBM이 선형계획 전문 소프트웨어업체를 인수했다는 사실은 현대 비즈니스에서 과학의 위치를 알려주는 하나의 사건이다. 그리고 2009년 현재 IBM은 '비즈니스 과학과 최적화 서비스'(IBM Business Analytics & Optimization Service)라는 새로운 조직을 준비 중이다.[21] 4,000명의 비즈니스 컨설턴트로 이뤄질 이 조직은 고객사의 데이터 분석을 통한 최적의 의사결정을 지원할 시스템 구축과 컨설팅이 주 업무다.

단직과 당대 경제학자, 수학자들의 노력으로 선형계획법이 완성된 후 의사결정의 최적화라는 새로운 수학 분야가 탄생했다. 그리고 때마침 컴퓨터가 등장해 '수학-경영-컴퓨터 기술'의 융합이 가속화되었고 경영이 과학이 되는 경영과학이 탄생했다.

이런 역사적 흐름과 미래에 대한 새로운 시대적 비전은 IBM의 지난 행보를 통해 더욱 분명히 파악할 수 있다. 2009년 IBM은 새로운 브랜드 광고를 내놓았다. "수학은 세상을 바꾼다."라는 주제의 이 광고는 마치 공익광고처럼 수학의 중요성을 알리는 것처럼 포장돼 있지만, 사실 그 안에는 경영은 수학이자 과학이란 강력한 메시지가 숨어 있다.[22] 이와 함께 최첨단 컴퓨터를 만들고 유수한 수학자를 보유한 IBM만이 현대 비즈니스에서 다른 경쟁 기업을 물리치고 성공할 수 있는 회사란 이미지를 시청자의 뇌리에 강하게 심어 준다. "이게 바로 현대 경영이다."라는 메시지와 함께.

제8장

우주선이 경영학 속으로

"재고 관리 시스템을 갖춰 놨기 때문에 제품을 살 때 무리하지 않습니다.
재고량을 보고 구입량을 결정하죠.
설사 재고가 남더라도 적절한 시점에 적절하게 팔면 마진을 남길 수 있습니다.
흔히 유통을 사고파는 것으로 여깁니다.
이는 틀린 말입니다. 유통은 과학이자 시스템입니다."

− 장성덕(오케이 아웃도어닷컴 대표)

21세기 기업의 두뇌, 비즈니스 인텔리전스

1998년 1월 미국 플로리다에 위치한 미국항공우주국(NASA) 케네디우주센터에서 우주왕복선 인디버(Endeavour)호의 발사 장면을 직접 목격한 적이 있다. 당시 나는 대학원생으로 품질 향상에 관한 연구를 진행 중이었고, 당시 공동 연구를 추진하던 미국항공우주국 케네디우주센터의 초청으로 직접 우주왕복선의 발사 장면을 내 눈으로 지켜보는 영광을 누릴 수 있었다.

이 거대하고 육중한(실제로 보면 정말 크다) 비행선이 엄청난 빛을 발하며 아주 서서히 발사대를 떠나 솟아오르는 장면을 볼 때는 온몸에 소름이 돋는 듯한 전율마저 느꼈다. 그리고 발사 직전 거대한 빛이 어둠을 가르며(밤에 발사했었다) 천지를 눈부시게 만드는 것 또한 평생 잊을 수 없는 장관이었다.

:: **우주왕복선의 컨트롤 센터**

우주왕복선의 발사 장면만큼 당시 날 흥분시킨 것은 우주왕복선의 모든 부분을 제어하는 컨트롤 센터였다. 수만 개의 부품으로 이뤄진 우주왕복선의 모든 부분은 센서에 의해 데이터가 실시간으로 모니터링되고 있었다. 이 수많은 정보를 모든 사람이 일일이 눈을 부릅뜨고 하루 종일 지켜 보는 건 불가능하다. 작은 파이프 하나하나의 기압, 온도와 전선들의 전압, 전류가 측정되고 이 수치들은 시스템에 의해 자동으로 정상 범위 내에서 작동하는지 여부가 판별되고 있었다.

만일 정상 수치를 벗어나면 자동 시스템은 경고 신호를 보내고, 문제의 원인이 될 모든 부품들의 정밀 모니터링에 들어간다. 전면의 초대형 스크린에는 문제가 될 소지가 있는 모든 부분이 붉은색으로 표시되고 자동으로 담당팀과 엔지니어들을 호출해 문제 분석 작업을 지시한다. 첫 번째 문제 분석팀에서 큰 문제가 아니라 단순 오류라 판단되면 미션을 진행하고, 만일 심각한 문제로 판명되면 미션을 중단할 경우와 진행할 경우의 시나리오를 분석해 내놓는다.

이 경우 아직 일어나지 않았지만 일어날 수 있는 상황을 검토할 때 확률을 통한 분석이 이뤄진다. 그리고 가장 최적의 의사결정을 위해 최적화 알고리즘이 가상 시나리오를 도출해 낸다. 이후 분석 결과는 자동으로 미션 최고 의사결정 기구에 통보된다. 최고 의사결정 기구는 이 분석 결과를 바탕으로 최종 의사결정을 내린다. 거대한 우주왕복선의 모든 부분을 미세하게 관찰하고 이를 통해 정확하고 신속한 의사결정을 내리기 위한 시스템이 완비된 것이다.

:: 우주왕복선 운영의 기술이 비즈니스 현장으로

그때로부터 10년이 더 지난 지금 난 글로벌 반도체 기업에서 근무하고 있다. 물론 지금 업무가 당시 내가 연구하던 우주왕복선과 직접적인 관련은 없다. 하지만 기업의 운영에 직접 간여하고 있노라면 가끔 이 기업의 운영이 마치 거대한 우주왕복선의 미션과 흡사하다는 느낌을 받곤 한다.

　기업에서는 운영 전반이 실시간으로 모니터링되어 데이터베이스에 저장된다. 지금 현재 재고가 얼마인지, 오늘 이 시각 현재 판매 실적이 어떠한지, 공장의 원자재는 얼마나 남아 있는지 등 기업 운영에 필요한 모든 데이터를 모니터하는 것은 마치 우주왕복선의 수많은 부품들의 현 상태를 모니터하여 상태가 정상인지, 문제가 있는지를 파악하는 것과 매우 흡사하다. 그리고 만일 재고가 너무 많거나 매출이 갑자기 떨어지거나 혹은 공장에서 생산되는 제품의 품질 검사 불합격 비율이 증가하거나 하는 등 데이터 분석 시스템에서 통계 수치상 이상 신호가 발생하면 문제 분석과 원인 규명에 들어가는 모습도 비슷하다.

　이처럼 기업 운영의 대부분을 데이터에 의존하다 보니 기업의 운영이 마치 데이터 분석을 통해 의사결정을 하는 우주왕복선의 컨트롤 센터와 별 다를 바 없다고 느껴지는 것이다. 그러면 현대 경영에서 데이터를 통한 비즈니스 운영이 어떻게 진행되고 있는지 좀 더 구체적으로 살펴보자.

:: 기업의 전 상황을 모니터링하라

미국 워싱턴 DC 인근 지역 한국의 S전자 직영 매장에서 지금 막 신형 세탁기 한 대가 판매됐다고 가정하자. 고객이 신용카드로 결제를 하여 구매가 완료되는 순간, 판매 정보는 실시간으로 바로 한국의 운영 본사의 데이터베이스에 입력된다. 전 세계 판매망에서 판매 대수가 변할 때마다 본사 비즈니스 운영팀 내 한 벽면을 차지하고 있는 대형 스크린의 상황 보드에는 전 세계에 흩어진 판매망의 지역별 판매 대수와 재고 현황을 알리는 지표와 그래프가 바로 업데이트된다. 이번 판매로 보드에서 미 동부지역의 해당 모델 판매량 그래프는 한 칸 올라갔고, 대신 재고 그래프는 한 칸 내려갔다.

판매 대수가 변할 때마다 수요 예측 시스템은 업데이트된 정보로 시뮬레이션과 통계 분석을 하여 미래 수요 예측을 실시한다. 수요 예측 결과가 나오자 재고 관리 시스템이 가동되어 매장 내 재고가 충분한지 여부를 자동으로 판단한다. 이번 판매 직후의 수요 예측 결과, 이 매장에 방금 판매된 모델 재고가 충분하지 않다는 분석 결과가 나왔고, 단기 수요를 소화하기 위해서는 이 모델 10대가 더 매장에 비치되어야 한다는 계산이 나왔다.

이 재고 분석 결과는 바로 매장에 전송되고, 이와 함께 이 매장 인근 지역에 위치한 물류 창고들에 이 모델의 재고량이 각각 얼마나 있는지가 파악된다. 검색 결과 매장에서 반경 300km내 위치한 물류 창고들 중 뉴욕, 필라델피아, 북부 버지니아에 위치한 물류 창고 세 곳에서 이 모델 재고가 있다. 이 세 곳 중 어느 물류 창고에서 매장으로 세탁기를 배송할지는 배송업체 스케줄과 연동해 결정된다. 물류업체는 배송 직원의 스케줄을 S사 운영팀과 공유하고 있다. 수학의 경로 찾기 알고리즘과 배송 직원의 스케줄에 맞춘 최적화 알고리즘을 이용한 물류 의사결정 시스템이 가동된다. 물류 분석 결과 최대한 빨리 배송이 이뤄질 수 있는 뉴욕의 물류 창고가 선택된다. 배송 신청이 바로 배송업체에 전산으로 통보되고 배송 직원의 배송 단말기에는 새로운 물류 반송 작업이 업데이트된다. 이 일련의 모든 과정은 미국 직영점의 소비자가 매장을 나서기 전에 완료된다.

판매 정보, 물류 창고 재고 현황은 하루에 한 번씩 중국에 위치한 위탁 제조업체의 공장에도 자동으로 전송된다. 전 세계 물류 창고와 소매점의 세탁기 모델별 보유량 자료가 모이면 본사 운영팀은 이를 분석해 수요량을 예측한 결과를 내놓고, 이를 바탕으로 공장에서는 모델별로 다음날의 생산 계획 시스템이 자동으로 수립된다. 이 생산 계획은 현재의 생산 가동률과 재고 소진율 수치를 바탕으로 해 선형계획법으로 계산된 결과다. 그리고 물론 이 생산 계획 자료는 세탁기 부품업체에도 공유되어 부품업체들도 생산에 차질이 없도록 부품을 조달할 수 있다.

이 이야기는 대표적인 선두 기업들의 실제 운영 방식을 바탕으로 구성해 본 것이다. 앞의 이야기에서 가전업체인 S전자 본사, 직영 판매점, 물류업체, 중국의 위탁 제조업체 간에는 정보가 실시간으로 전산망을 통해 공유된다. 판매점의 매출 현황과 현재 재고 상황, 중국 위탁 제조업체의 공장 생산 계획 그리고 물류업체의 물류 스케줄 정보가 가전업체 데이터베이스에 저장되고 판매 운영 계획 등 비즈니스 운영의 컨트롤 타워 역할을 하는 S전자 운영팀은 이 데이터를 바탕으로 수요 예측, 재고 관리, 생산 관리, 물류 관리 등의 각 부문을 최적화시키기 위한 분석을 실시한다.

재고 관리 시스템 부문에서는 현재 재고 상황과 앞으로 예상되는 판매 현황으로 최적의 재고량을 산출한다. 생산 관리 부문에서는 현재 생산 가동률과 납기일을 바탕으로 최대한 신속히 주문을 처리할 수 있는 작업 할당량을 결정한다. 그리고 물류 관리 부문에서는 트럭 대수와 배송 물건의 배송 위치 등을 고려해 최소의 비용으로 목표한 배송 시간을 달성할 수 있는 배송 계획을 수립한다. 최적 재고 산출, 생산 계획 수립 그리고 배송 경로 결정은 수학에서 다루는 최적화 문제의 다양한 응용 형태다.

  실제 삼성전자는 철저한 생산 계획과 전략적 공급사슬망으로 소비자가 원하는 상품을 제때 정확히 제공해 업계 최고의 자리에 등극했다. 지난 해 추수감사절 다음 날 미국 최대 성수기인 '블랙 프라이데이'[1]에 월마트에서 근 한 달치 판매량의 LCD TV가 단 며칠 사이에 판매되었지만 상품의 품절이나 생산 차질 등의 혼란은 빚어지지 않았다. 이는 전 세계의 생산 현장을 한눈에 파악할 수 있는 과학적인 공급사슬망에 의해 가능했던 것이다. 전 세계에 흩어진 재고를 파악해 상품의 이동을 원활하고 신속히 처리했기 때문이다. 물류 이동과 더불어 생산 시설의 민첩성도 최고 수준이다. 삼성전자의 가전 생산 시설은 3일 단위로 정해지는 '3일 확정제'를 통해 급변하는 수요에 신속하게 대응할 수 있는 생산 능력을 갖추고 있다. 더 나아가 일부 사업장에서는 '1일 확정제'를 추진중이다. 재고는 줄이고 필요한 양을 바로바로 신속히 공급하는 초스피드 경영에 도전하는 것이다. 단순히 물건만 잘 만드는 것을 넘어서서 전략, 생산, 운영이 과학과 어우러지는 첨단 경영이 빛을 발한 사례라 할 수 있다.[2]

:: 기업의 두뇌, 비즈니스 인텔리전스

정보통신의 발달과 의사결정 시스템의 발달로 오늘날 기업 경영에서 의사결정의 데이터 의존도는 급속도로 증가하고 있다. 이 의사결정은 단순한 수치 분석에서부터 복잡한 알고리즘을 이용한 예측까지 다양한 방식에 적용되고 응용 분야도 공급사슬망 관리, 고객관계관리를 통한 고객 관리, 가격 결정과 전략적 의사결정 등 기업 전반에 폭넓게 적용되고 있다.

10년 전 우주왕복선 통제에서만 볼 수 있었던 데이터에 기반한 과학적 의사결정 기법에 의한 운영이 이젠 기업 운영 전반의 기본 의사결정 프로세스에 이용되고 있다. 이것이 바로 기업의 두뇌, '비즈니스 인텔리전스'(Business Intelligence, BI)다.

비즈니스 인텔리전스의 기반은 데이터를 통합하고 일원화한 '데이터 웨어하우스'(data warehouse)다. 흩어지고 관리되지 않으면 아무런 의미 없는 휴지조각 같은 것이지만, 모아지고 통합된 형태로 관리되면 돈이 되는 것이 데이터이다. 이 데이터를 표준화하고 통합적으로 관리하는 것이 데이터 웨어하우스의 목적이다.

전 세계에 흩어진 제조 시설에서 생산되는 제품의 현재 제조 상태와 재고 현황 그리고 물류 이동은 실시간으로 데이터 웨어하우스의 데이터베이스에 저장되어 모니터링이 가능하다. 물론 정확한 상황 판단과 의사결정을 위해서는 회사 내부의 데이터만으로는 부족하다. 원자재를 조달받는 협력 업체들의 원자재 재고 상황도 실시간으로 다운받고, 판매 업체에 납품된 상품의 현재 판매 상황이나 주문 상황도 늘 실시간으로 공유된다. 물론 모든 경제 지표나 경쟁사의 상황도 데이터 분석업체의 자료를 통해 회사 데이터베이스에 즉각 입력된다. 이처럼 비즈니스 운영에 필요한 모든 데이터들은 회사의 데이터 웨어하우스에 표준화된 형태로 조직적으로 저장되고 관리된다.

데이터 웨어하우스에 모여 일원화된 데이터는 비즈니스 운영이나 전략적 의사결정에 기본 근거를 제공한다. 모든 운영의 기본이 이들 데이터가 되는 셈이다. '생산 계획'이나 '재고 운영안'과 같은 운영 계획을 세울 때는 이들 데이터를 근거로 수학의 최적화 이론을 통해 최대의 산출을 낼 수 있는 세부적인 운영 계획이 수립된다. 공장에서 어떤 기계가 어떤 공정을 수행해야 하는지 운영 계획이 수학적 알고리즘에 의해 실시간으로 계산되어 작업자나 자동화 시스템에 할당된다. 공급사슬망에서 어떤 물건이 어느 시점에 어떤 경로로 운송될 것인지도 이들 실시간 데이터를 바탕으로 최적 운송 알고리즘에 의해 분석되어 배정된다. 비즈니스 인텔리전스 시스템 내에 데이터를 근거로 최적의 의사결정을 지원하는 시스템을 '비즈니스 정보 분석'(Business Analytics)이라 한다.

만일 계획된 작업이 이뤄지지 않거나 목표량을 달성하지 못할 경우 '리스크 관리'(Risk Management) 시스템이 자동으로 감지해 돌발 사태로 인한 파급효과를 분석한 리포트가 자동으로 작성된다. 이 경우 계획된 작업이나 운영이 이뤄지지 못한 원인 분석이 가동되고, 이와 함께 가상 시나리오 분석을 통해 파급효과가 계산된다. 예를 들면 "지금 현재 기계 고장으로 인해 예상 목표치 생산에 2퍼센트 못 미치는 경우 재고가 몇 퍼센트 줄 것이고, 이로 인해 소비자에게 인도되는 시간이 몇 시간 지연될 것이다."라는 식의 매우 구체적인 수치가 확률 분석을 통해 이뤄지는 것이다.

그리고 소비자 데이터와 판매 데이터 그리고 외부에서 제공된 시장 데이터를 근거로 소비자군이 세부적으로 나눠지고 이를 통해 각각의 소비자에게 차별화된 광고 전략이 수행된다. 소비자 하나하나의 개성과 취향이 수치화되고 예측 알고리즘을 통해 특정 소비자가 무엇을 원할지를 예측하여 이 소비자에 맞는 물건을 마케팅하는 방식이다. 외과 수술처럼 매우 정교하게 정곡을 찌르는 마케팅이라 할 수 있다. 비즈니스 인텔리전스 내에서 고객 데이터를 분석하고 고객을 분류하는 작업은 'e-CRM'(Electronic Customer Relationship Management)으로 가능하다.

전략적 의사결정도 마찬가지다. 현재 기업의 역량이 모든 수치화된 데이터와 전략 분석 기법으로 분석되고, 이와 함께 외부 경제 지표 분석으로 투자나 인수합병과 같은 전략적 의사결정이 이뤄진다. 과거처럼 최고 의사결정자의 감이나 경험에 의한 결정이 아닌 정교한 수치와 수학적 알고리즘을 통한 분석을 이용한 투자다.

비즈니스 인텔리전스는 제2차 세계대전 이후 이론가들에 의해 발전된 경영과학이 이론의 한계를 벗어나 경영 현장에 그 날개를 펼치게 만든 도구이다. 아마존닷컴, 넷플릭스, 월마트, 구글 등이 단시간에 기존 기업 경쟁 구도에 지각 변동을 일으키며 업계의 선두로 도약하게 된 비결은 비즈니스 인텔리전스의 도입에 있어서 성공적으로 경쟁 우위를 확보한 결과다.

하지만 이 비즈니스 인텔리전스는 여전히 진화 중이다. 기업은 지속적으로 진화 중인 비즈니스 인텔리전스를 좀 더 신속히 이해하고 이를 경쟁 우위로 전환해야만 미래의 존립을 기대할 수 있다. 이것이 바로 비즈니스 인텔리전스를 성공적으로 도입한 기업들이 전하는 메시지다. 세계적 경영학자인 토머스 데이븐포트(Thomas H. Davenport) 교수는 《분석 기법에 의한 경쟁》(Competing on Analytics)을 비롯한 그의 저서에서 이러한 내용을 전한다.

:: 비즈니스 인텔리전스와 프로세스 혁신

비즈니스 인텔리전스를 단순히 기업의 정보 시스템이나 새로운 개념의 비즈니스 방법론이라 생각할 수 있다. 만일 1980년대나 1990년대 초반이라면 이러한 인식은 그리 틀린 게 아니다. 당시는 데이터를 모으고 이를 손쉽게 검색하고 또 문서 작성이나 결제 등 수동으로 진행해 온 업무를 자동화한 시스템에 불과했다. 즉 기업의 운영이나 프로세스의 틀은

Tip 토머스 데이븐포트

비즈니스 인텔리전스를 통해 기업의 경쟁적 우위를 창출하기 위해서는 기업 구성원들의 과학 경영에 대한 확고한 마인드가 필요하다. 이는 미국 뱁슨 대학(Babson College)의 토머스 데이븐포트(Thomas H. Davenport) 교수가 자신의 저서인 《프로세스 혁신》(Process Innovation)과 《분석 기법에 의한 경쟁》(Competing on Analytics)에서 역설한 내용이다. 비즈니스 인텔리전스는 단순한 IT가 아닌 모든 기업 활동의 근본인 두뇌이므로 이를 갖추기 위해서는 분석적 마인드와 업무 프로세스의 혁신이 필수라고 주장한다.

그는 하버드 대학에서 사회학 박사를 받은 후 'CSC Index'란 IT 회사에서 비즈니스와 IT의 접목에 대한 새로운 시각을 경험한다. 그리고 맥킨지와 언스트앤영(Ernst & Young)의 컨설턴트를 거치며 당시 IT솔루션의 문제점과 이를 해결할 방법에 대해 연구했다. 그 결과가 《프로세스 혁신》이다.

이 '프로세스 혁신'이라는 개념이 등장하기 전까지도 기업의 IT인프라를 가치로 연결하는 방식에 대해 많은 기업들이 시행착오를 경험하고 있는 상황이었다. IT투자로 기업의 업무 효율성을 기대했지만 막대한 인프라 투자 대비에 비해 그 실효성은 미미했다. 이유는 IT가 '수동으로 하던 업무를 자동화시키는 단순한 자동화'라는 개념의 오류 때문이었다. 데이븐포트는 IT는 기존의 비효율적인 프로세스를 자동화를 통해 효율화시키는 장치가 아니라고 주장한다. 이 프로세스 혁신에서 IT는 기업 업무의 새로운 패러다임이다. IT가 경쟁적 우위가 되기 위해서는 낡은 프로세스를 버리고 IT를 기반으로 비즈니스 운영과 프로세스의 혁신을 이뤄야 한다는 것이다.

그리고 그는 2006년 출간한 《분석 기법에 의한 경쟁》에서는 기업 마인드의 중요성을 역설한다. 비즈니스 인텔리전스를 극대화하기 위해서는 기업은 분석적 기법으로 무장해야 한다는 의견이다. 그가 정의한 분석적 기법이란 사실을 기반으로 한 자료, 통계, 수학적 모델을 통한 의사결정을 의미한다. 과학 경영이 추구하는 기업 경영 방식과 일맥상통한다.

큰 변함이 없었고, 단지 이 비즈니스 인텔리전스를 통해 업무 효율을 높이는 게 목적이었기 때문이다.

하지만 이제 정보통신 혁명을 거쳐 진화된 비즈니스 인텔리전스를 단순한 정보 시스템이라 치부하는 것은 마치 노트북 컴퓨터를 향상된 전자계산기로 여기는 것과 같다. 컴퓨터가 단순한 계산기가 아니라 세상의 정보를 이어주는 정보 단말기인 것처럼, 비즈니스 인텔리전스도 단순히 수동 업무를 자동화한 시스템이 아니라 기업 운영의 총체적 정보 관리와 이를 통해 사실을 근거로 한 더 나은 의사결정을 지원하는 비즈니스의 운영을 담당하는 두뇌와 같다.

비즈니스 인텔리전스의 구성 요소인 데이터 관리와 분석 그리고 과학적 의사결정 등을 마치 대규모 IT 인프라 투자가 가능한 대기업의 전유물로 여길 수 있다. 그러나 비즈니스 인텔리전스의 개념만 명확히 이해하면 비싼 인프라를 들이지 않고 일반적인 상용 프로그램으로도 소규모의 비즈니스 인텔리전스의 구현이 가능하다. 그리고 무엇보다 가장 중요한 것은 시스템이 아니라 기업 구성원의 마인드다. 비즈니스 인텔리전스의 핵심은 데이터를 통한 분석과 과학적인 의사결정이다. 그리고 이런 마인드를 지원할 기업의 '비즈니스 운영 방식', 즉 '비즈니스 프로세스'다.

그럼 이 비즈니스 인텔리전스를 좀 더 쉽게 이해하기 위해 이를 가계 운영에 대입해 보자. 전통적인 방식의 집안 살림 관리는 하루의 모든 지출을 꼼꼼히 가계부에 기록하여 월말 지출을 항목별로 지난 달과 비교하여 집안의 수입 지출 규모를 파악하고 다음 달 예산 계획을 짜는 것이다. 하지만 이런 전통적인 방법은 매번 영수증을 챙기고 수작업으로 하나하나 지출을 기록하는 정성이 없으면 불가능하다. 또한 신용카드가 보편화된 요즘 매달 카드값 관리를 전통적인 가계부 방식으로 관리하는 것도 그리 쉬운 작업이 아니다. 또한 '월간 지출 계획'이나 '연간 지출 계획' 등을 짤 때 어느 지출 항목을 더 아껴야 하는지 분석하는 것이 어려웠고 장기 지출 계획을 짜는 것도 거의 불가능했다. 그저 다음 달은 경조사비가 더 나갈 것 같으니까 저축을 좀 줄이고 새로 장만할 옷 구입을 미루는 정도의 계획만 할 뿐이었다. 이 방식에서는 집안의 구성원들이 다 같이 지출할 때마다 영수증은 꼭 챙긴다는 하나의 비즈니스 프로세스를 따라야 하고, 누군가는 이 영수증을 매일 모아 하나하나 수작업하는 수고를 마다하지 않아야 한다.

그런데 어느 날 집에 컴퓨터를 들여놓았다고 해보자. 컴퓨터에 있는 전자 가계부를 이용하면 예전처럼 하나하나 계산기를 두드려 하루 지출과 월간 지출을 계산하던 수고를 더 이상 하지 않아도 된다. 전자 가계부의 지출 항목에 품목과 지출 가격만 키보드로 입력하면 하루 지출액이 자동으로 계산되기 때문이다. 이 전자 가계부 덕에 하루 1시간은 투자해야 했던 가계부 정리 작업이 30분으로 줄었다. 일종의 '생산성 향상'이다. 그리고 '연간 지출 보고서'와 같은 장기 지출 기록 보고서 서식이 있어 장부형 가계부로 하기 어려웠던 관리도 가능해졌고, 항목별 그래프 기능도 있어 지출 사항을 한눈에 쉽게 파악할 수 있게 됐다. 하지만 여전히 영수증을 챙긴다는 비즈니스 프로세스는 변함없다. 즉 대부분의 비즈니스 프로세스와 운영 방식은 그대로인 것이다.

좀 더 발전해 인터넷과 전자 상거래가 발전한 시대를 살펴보자. 이제 웹 기반 가계부를 이용한다. 전자 상거래의 발달과 신용카드 사용의 보편화로 자녀 용돈과 같은 몇가지 경우를 제외하고는 대부분의 지출을 카드로 한다. 그리고 웹 기반 가계부 관리 시스템(은행과 직접 연결된 웹

페이지)을 통해 은행과 신용카드 회사와 연결되어 자동으로 모든 지출 내역을 내려받을 수 있다. 지출 내역을 일일이 항목별로 나눌 필요도 없다. 은행과 신용카드 회사 등 금융권의 통합된 정보 표준화로 각 지출이 자동으로 항목별 분류가 가능하기 때문이다. 즉 영화표를 결재했다면 '레저-문화' 지출 항목으로 바로 정리된다. 물론 항목별 사용 내역은 그래프로도 표시되고 만일 지출 내역이 계획 금액을 넘을 것 같으면 미리 알려주는 알림 기능이 있어 효율적인 가계 운영이 가능하다. 예를 들어 교통비로 이달 20만 원을 책정했는데 이달 말이 가까워지기 전에 이미 20만 원에 육박하게 되면 자동으로 사용자에게 '교통비 항목이 초과될 것으로 예상되니 아끼라' 는 내용의 이메일이 온다.

이 웹 기반 가계부는 가계부가 한 가정에만 머무는 소프트웨어가 아닌 가정과 은행, 신용카드 회사를 이어주는 정보의 다리 역할을 한다. 앞의 전자 가계부와는 차원이 다른 수준이다. 그리고 미약하지만 단순히 기록을 남기고 보고서 작성을 편하게 하는 기능에서 한 걸음 더 나아가 계획 알림 기능으로 실제 의사결정에 어느 정도 도움을 준다. 또한 더 큰 발전은 앞에서처럼 영수증을 챙기는 프로세스가 더 이상 필요없다는 점이다. 그리고 가계부를 맡아 정리하고 보고해야 할 업무를 맡은 사람도 필요없다. 그저 가족의 누구나 웹으로 로그인해 집안의 자금 상황을 명확히 파악할 수 있다. 즉 정보가 공유된다.

기술이 더욱 발전해 이제 지능형 가계부가 등장한다. 앞에서 살핀 웹 가계부의 기능은 물론이고 자체 의사결정 기능까지 있다. 지능형 가계부는 단순히 수입 지출을 기록하고 관리하는 기능에서 한 걸음 나아가 집안의 지출을 효율화하고 최적의 지출 결정을 내릴 수 있는 기능이 있다. 예를 들어 연간 저축 목표를 정하면 이 목표를 달성하기 위해 과거 지출 내역을 통계화하고 분석하여 절약 가능한 항목에서 월별로 얼마만큼 절약하면 좋을지 계획을 세워준다. 작년까지 500만 원을 저축했는데 올해부터는 700만 원 저축을 목표로 잡았다면 지난 년도 통계 분석으로 1월에는 교통비에서 7만 원, 의류비에서 5만 원을 절약하고 2월에는 외식비에서 3만 원 아끼라는 식으로 구체적으로 방향을 제시한다. 또한 고가 물건을 구입할 때 신용카드의 포인트와 연 이자율을 고려해 어떤 신용카드로 몇 개월 할부를 해야 최대한 포인트를 쌓는 동시에 내 수입에 맞는 구매 계획을 세울 수 있는지 알려준다. 이제 모든 지출 계획은 지능형 가계부의 몫이다. 가족 구성원들도 대규모 지출에 앞서 지능형 가계부에서 계획을 먼저 수립하고 이에 따라 구매 방식을 바꾼다.

이처럼 장부형 가계부, 전자 가계부, 웹 가계부 그리고 지능형 가계부로 발전한 가계부의 변천사를 살펴봤다. 장부형 가계부에서 전자 가계부로의 진화는 1980년대 퍼스널 컴퓨터의 발달로 기업 운영에 자동화가 도입된 것과 비교될 수 있다. 기업 운영에서 수작업으로 이뤄지던 단순 기록 작업이 컴퓨터의 도입으로 사라지게 되었다. 그러나 기업의 전체의 운영 틀에는 별 변함이 없었다. 그리고 전자 가계부에서 웹 가계부로의 진화는 1990년대 인터넷 혁명과 정보통신의 발달로 기업 간 정보 공유가 본격화되고 인터넷을 통해 새로운 유통 채널이 탄생했던 흐름과 맞물려 있다. 기업 간의 정보 공유는 예전에는 상상도 할 수 없을 정도의 운영 효율을 가져왔다.

이런 새로운 정보화의 혁명으로 인터넷과 컴퓨터는 단순히 수작업을 자동으로 해주는 시스템에서 기업 전반의 혁신을 가능케 하는 존재가 되었다. 가정에서 가계부 정리의 업무량이 현격히 줄어든 것처럼 기업 내 과거 총무부라는, 기업의 전체 살림을 도맡아오던 부서의 업무가 급격히 줄어들어 기업 내 위상도 점차 사라지게 되었다. 반면 기업 내 정보 부서장이라는 지위의 중요성은 날로 커져, 기업의 최고경영자 CEO의 위치와 맞먹는 '최고정보관리책임자'(Chief Information Officer, CIO)란 직책이 탄생했다. 기업 내 정보 부서의 역할이 기업의 역량을 대표하게 된 것이다. 그리고 기업 운영의 전반적인 조직 구조를 이 새로운 방식에 맞게 혁신하지 못한 기업은 낙오하게 되었다.

현재 21세기의 기업 구조는 가계부가 웹 기반 가계부에서 지능형 가계부로 진화하는 것처럼 '지능형 기업 운영'이란 새로운 진화를 맞이하고 있다. 지난 10년간의 경영 방식의 혁명이 데이터를 통합하고 데이터를 효율적으로 관리하는 패러다임이었다면, 이제 수학을 이용한 고도로 발달한 의사결정 분석력으로 최적의 의사결정을 내리는 것이 기업의 승부처로 변모하고 있다. 비즈니스 인텔리전스의 개념을 도입하고, 이를 십분 활용한 의사결정은 기업의 핵심역량이 되었다.

기업의 두뇌를 십분 활용하기 위해서는 이 두뇌가 데이터를 분석하고 판단하는 의사결정 과정을 명확히 이해하여, 이를 적극 활용할 수 있는 기술과 이해력이 필요하다. 과거 연구 개발 분야에만 한정됐던 수학자, 물리학자, 컴퓨터 공학자들이 글로벌 기업에서는 연구실을 벗어나 이제는 경영 현장을 누비는 이유가 바로 이 때문이다. 비즈니스 인텔리전스의 선도적인 기업들을 거론할 때 빼놓을 수 없는 기업들의 CEO들 중 수학자나 컴퓨터 공학자를 쉽게 찾을 수 있는 것도 같은 이유다.

불과 10년 만에 미국 최대 영화 콘텐츠 대여 기업으로 성장한 넷플릭스의 창업자이자 CEO인 리드 해스팅스 주니어(Reed Hastings Jr.)는 스탠포드 공대 컴퓨터 공학 석사이고 한때 수학 교사로 일한 경력이 있다. 넷플릭스가 단숨에 거대 영화 DVD 대여 기업으로 부상할 수 있었던 것은 수학 알고리즘을 통해 고객 개개인에 맞는 영화 추천 서비스를 제공했기 때문이었다. 라스베가스의 MGM 카지노와 대형 리조트를 소유한 미국 최대의 엔터테인먼트 그룹 하라 엔터테인먼트(Harrah's Entertainment)의 과학적 고객 관리도 수학 알고리즘을 이용한 것으로 유명하다. 이 그룹의 CEO인 개리 러브맨(Gary Loveman)은 MIT 경제학 박사다(MIT의 경제학과는 수리 경제학, 즉 수학을 기반으로 한 경제학으로 유명하다). 또한 고객 하나하나에게 맞춤 상품을 추천하는 것으로 유명한 아마존닷컴의 제프 베조스(Jeffrey Preston Bezos) 사장은 프린스턴 대학에서 수학과 컴퓨터 공학을 전공했다.[3]

물론 비즈니스 인텔리전스를 극대화하기 위해 기업의 리더가 수학이나 컴퓨터 관련 전공일 필요는 없다. 하지만 비즈니스 인텔리전스와 경영과학이 연 새로운 경영의 패러다임에서 리더의 수학적 통찰력과 과학적인 의사결정 이해력은 필수 조건이다. 이젠 비즈니스 인텔리전스를 통한 과학적 경영은 기업들의 새로운 경쟁 방식이다. 기업의 두뇌를 이해하고 이를 십분 활용함과 동시에 새로운 경영 환경에 맞게 기업의 구조를 혁신하고 프로세스를 진화시키는 것이 앞으로 기업이 생존할 수 있는 길이다.

펀드를 만들 때는
패닉, 공포, 탐욕을 챙겨라?

1998년 9월 뉴욕 월스트리트 전체에 비상이 걸렸다. '월스트리트의 진공청소기'라 불리며 전 세계 자본 시장의 돈을 빨아들인다던 헤지펀드사 롱텀캐피털매니지먼트(Long-Term Capital Management, LTCM)가 도산위기에 몰린 것이다. 그 자산 잠식 규모만 해도 1조 달러에 이르는 천문학적 규모다. 그러나 이 거대 헤지펀드사의 도산이 더 충격적이었던 건 자산 규모뿐만 아닌 이 헤지펀드를 탄생시킨 세 명의 드림팀 때문이었다. 이 롱텀캐피털매니지먼트는 현대 금융계에서 퀀트의 세계를 연 노벨 경제학상 수상자 마이런 숄스(Myron S. Scholes), 로버트 머튼(Robert C. Merton)과 함께 월스트리트의 마이더스의 손이라 불리던 전설적인 트레이더 존 메리웨더(John Meriwether)가 1994년 공동 설립한 투자사다.

:: 서브프라임 모기지 사태의 주범으로 지목된 퀀트들

월스트리트는 이들을 금융 역사상 최고의 드림팀이라 불렀고, 이들은 자신들의 명성에 걸맞게 설립 3년 만에 수익률 400퍼센트란 경이적인 투자 수익률을 기록하며 투자자들의 기대에 부응했다.[4] 세계적인 투자회사들은 서로 이 롱텀캐피털매니지먼트에 돈다발을 들고 와 투자자로 간택되기를 바랐다. 이렇게 두 명의 천재와 전설적인 트레이더의 만남은 전 세계 돈의 흐름을 바꿔 놓았지만, 그들이 어떤 방식으로 어떻게 투자를 하는지는 공개하지 않았다. 초대형 금융사들은 보통 뉴욕 맨해튼의 월스트리트에 위치하고 있지만, 그들이 선택한 곳은 맨해튼에서 1시간 떨어진 코네티컷 주에 위치한 그리니치라는 한적한 곳이었다. 드림팀은 철통 보안 속에 극비의 수학 공식으로 세상의 돈을 빨아들이고 있었던 것이다. 그들은 이곳에서 노벨상을 수상한 수학의 천재들답게 고도의 통계와 수학 이론을 이용해 '컨버전스 트레이딩'(Convergence Trading)이라는 방식을 개발했다. 이 컨버전스 트레이딩은 전 세계 금융 시장에서 수익을 챙길 수 있는 찰나는 놓치지 않고 거둬들이는, 이론상으로는 돈을 잃을 수 없는 투자 모델이었다.

그러나 그들의 공식에 빠진 것이 하나 있었다. 바로 시장의 두려움과 패닉이었다. 금융시장의 주체는 사람이다. 사고 팔기를 거듭하는 금융시장의 주체인 사람이 늘 이성적으로 판단하고 행동할 것이라는 보장은 없다. 아니 오히려 비이성적이고 비상식적인 행동을 할 수 있는 것이 사람이다. 하지만 이 공식에 사람의 감성은 어디에서도 찾을 수 없었다. 1998년 8월 17일 러시아가 모라토리엄(대외지불유예)을 전격 선언하는 사상 초유의 사태가 발생하자 시장은 극도의 두려움과 패닉 상태에 빠져들었다. 하지만 롱텀캐피털매니지먼트의 천재들이 고안한 수학 공식은 이런 두려움과 패닉과는 무관하게 작동하였고, 결국 이 헤지펀드를 순식간에 파산의 나락으로 빠뜨리는 결과를 낳았다.

이들 두 천재들의 공식이 '시장의 두려움과 패닉'을 간과한 결과라면 2008년 세계를 강타한 서브프라임 모기지 사태는 퀀트들이 수학으로 주택 담보부 증권이란 상품을 고안할 때 '인간의 탐욕'을 빼놓은 결과다.

"집을 마련할 초기 자본이 없으십니까? 신용 등급이 낮아 집을 못 사십니까? 저희 은행을 찾아오십시오. 저희가 모두 해결해 드립니다."

서브프라임 모기지 사태가 터지기 직전만 해도 수많은 주택 담보 대출 은행들이 위와 같은 문구로 부동산 시장에서 소외당했던 계층을 유혹했었다. 자본도 없고 신용 등급도 낮은 사람은 대출 위험 부담이 크기 때문에 대출 금리도 높게 적용돼야 정상이다. 하지만 이들에게 낮은 금리로 싸게 주택 담보 대출을 해줄 수 있는 방법이 고안되었다. 이게 바로 서브프라임 모기지다.

모기지란 집을 담보로 한 장기 대출로 일반적으로 신용 등급이 높은 주택 구입자에게는 '프라임 모기지', 다음 등급은 '알트A 모기지'가 적용된다. 이들보다 더 신용 등급이 낮은 주택 구입자들을 위한 모기지가 바로 '서브프라임 모기지'다. 그런데 애초에 어떻게 이런 저금리로 신용 등급이 낮은 이들에게 주택 대출을 해주는 서브프라임 모기지가 실시될 수 있었을까? 바로 금융공학 때문이다.

퀀트들은 주택 담보 대출을 묶어 채권화한 파생상품을 만든 다음 이를 금융상품으로 시장에 내놓는 획기적인 방법을 고안한 것이다. 저소득층과 신용 등급이 낮은 주택 구입자들을 위한 담보 대출이므로 위험성은 있다. 하지만 전국의 서브프라임 담보 대출을 함께 모으면 위험을 분산할 수 있으므로 금리도 낮출 수 있다는 발상에서 출발한 것이다. 전국의 주택 시세가 한꺼번에 폭락하지 않는 이상 큰 위험은 없을 터였다. 게다가 미국 역사에 전 지역의 주택 시세가 한순간에 폭락한 경우는 드물었다. 따라서 확률상 위험 부담은 그리 크지 않았다. 최소한 '이론'상으로는 그랬다는 것이다.

서브프라임 모기지와 이를 채권화한 파생상품은 저소득층에게는 자기 집을 마련할 수 있는 기회를, 그리고 자본 시장에서는 새로운 투자 상품을 제공하는 완벽한 조화를 이룬 퀀트들의 작품이었다. 그러나 이 서브프라임 모기지가 시장에 소개되자 예측하지 못한 결과가 나타났다. 낮은 이자율의 서브프라임 모기지는 원래 저소득층을 대상으로 한 대출이었다. 하지만 이 저금리는 주택 투기의 실탄으로 남용되었다.

2001년 전체 부동산 대출에서 불과 5% 미만이던 서브프라임 모기지는 집값 상승이 극에 달하던 2005년에는 20%에 이르는 기형적인 상황에 이르렀다.[5] 전 국민은 투기 열풍에 뒤쳐질세라 너 나 할 것 없이 저금리 주택 담보로 집을 구입했고, 주택 가격은 천정부지로 올랐다. 땡전 한 푼 없이도 서브프라임 모기지로 집을 구입해 1~2년 동안 소유하다가 팔아서 평생 만져 보지 못한 거액을 손에 쥐어 본 사람들은 생업을 포기하고 전문 부동산 투기꾼으로 탈바꿈했다.

문제는 이성적 기능을 마비시킨 '탐욕'이었다. 많은 이들이 월 수입의 몇 배가 넘는 월 납입금도 마다하지 않고 마구잡이로 집을 구입하기 시작했다. 결국 저소득층에게 주택 마련의 기회를 제공해 시장의 안정을 도모하기 위하여 고안된 서브프라임 모기지는 인간의 탐욕에 사로잡히는 순간 걷잡을 수 없는 무서운 폭탄으로 변질된 것이다.

2005년 서브프라임 모기지 대출로 매매된 집이 정점을 이룬 해에서 2년 후, 대부분 서브프라임 모기지의 초기 저이자 만기가 돌아온 2007년에 급기야 이 폭탄은 터지고 말았다. 주택 가격 상승으로 한 때 꿈의 신도시를 이루던 대도시 근교는 은행에 차압당한 집들이 폭탄의 파편처럼 흩어져 있었다. 그리고 서브프라임 모기지를 기반으로 한 채권과 증권은 휴지조각이 되었고, 이는 굴지의 투자 은행 리먼 브라더스가 쓰러지고 그 여파가 실물 경제로까지 번지는 사태를 초래했다.

서브프라임 모기지의 공식에는 '탐욕'이라는 간과할 수 없는 본성이 들어설 여지는 없었다. 하지만 결과적으로 탐욕으로 얼룩진 인간의 자화상을 발견했다는 의미만 남긴 채 서브프라임 모기지는 역사 속에서 사라졌다. 이 금융사태가 발생하고 나서 마녀사냥의 1순위로 떠오른 것이 바로 퀀트들과 금융 공학이다. 그렇다면 이 두 금융사태의 주범은 정말 퀀트들이 전가의 보도처럼 휘두른 수학 공식일까?

현대 금융은 과학에 의해 움직인다. 아이비리그 출신의 수학자, 물리학자들이 가장 밀집되어 있는 곳이 바로 월스트리트다. 그만큼 금융업체의 운영과 의사결정 등은 고도의 수학과 발전된 IT 시스템에 의지하기 때문이다. 하지만 이렇게 과학화된 운영 시스템에 대한 의존은 단지 금융권만의 이야기가 아니다. 앞에서 살펴봤듯이 항공사의 좌석 가격 결정, 유통사의 재고 산출 그리고 카드사나 소매업체들의 고객 관리 등 대부분의 운영이 자동화된 시스템에 의존하고 있다. 이 시스템이 어떤 원리로 작동하는지, 어떤 수학 이론에 근거를 둔 건지 그리고 수학 이론에 내재된 가정은 무엇인지를 명확하게 알지 못하면 자칫 곳곳에서 큰 문제가 일어날 수 있다.

:: 의도가 훌륭하더라도 가정이 정확해야 한다

퀀트들이 고안한 수학적 모델이나 비즈니스 운영에 사용되는 수학 모델이나 할 것 없이, 수학을 이용한 모든 모델에는 가정이 있다. 롱텀캐피털매니지먼트의 투자 모델에는 러시아와 같은 대형 국가가 모라토리엄을 선언할 가능성은 거의 없다는 가정이 있었고, 서브프라임 모기지 사태도 자신의 월 소득을 훨씬 초과하는 월 납입금을 내고 집을 구입하는 비이성적인 사람은 거의 없다는 가정을 전제로 고안되었다. 그러나 이런 수학적 모델의 가정과 현실의 간극은 너무 컸다. 러시아는 모라토리엄을 선언해 시장의 패닉을 가져왔고, 사람들은 자신의 월 수입보다 훨씬 많은 월 납입금을 내더라도 집을 몇 채씩 구입하는 탐욕과 어리석음을 적나라하게 드러냈다. 두 모델의 가정은 현실에서는 한낱 희망사항에 불과한 것이었다.

수학을 이용한 모델이 아무리 정확하고 견고하더라도 모델이 전제로 하는 가정이 틀렸다면 그것은 무용지물로 전락하고 만다. 물론 수학 모델을 만드는 이들은 누구보다도 이 가정의 중요성을 잘 알고 있고, 가정이 무너졌을 경우의 파장 또한 잘 알고 있다. 그러나 이들 또한 사람인지라 늘 완벽한 가정을 세우지는 못한다.

수학과 과학은 사용하기에 따라 인류를 파멸시키는 원자폭탄과 같은 무시무시한 무기를 창조할 수 있다. 하지만 다른 한편으로는 사람을 살리고 그들의 삶을 윤택하게 만드는 도구로도 활용할 수 있다. 중요한 것은 어떻게 사용하느냐다. 롱텀캐피털매니지먼트 사태나 서브프라임 모기지 사태도 퀀트들이 고안한 투자 방식이나 금융 상품 그 자체에는 문제가 없었다. 연방준비제도이사회의 전 의장이었던 앨런 그린스펀(Alan Greenspan)은 한때 서브프라임 모기지를 저소득층의 주택 마련을 실현한 현대 과학의 찬란한 유산이라 칭송하기도 했었다[6]. 또한 1980년대 이후 퀀트들이 고안한 금융 상품으로 투자 위험 대비 수익률 비율이 명확해졌고 금융시장 전체에 저금리를 통한 투자 효용 증대를 실현하는 긍정적인 역할을 했었다. 그러나 규제가 안 되고 방치된 상품과 방법이 잘못된 손에 잡히는 순간, 이는 파멸을 초래할 수 있는 무기로 변했던 것이다.

:: 기업과 점보제트기의 공통점

2000년대 초반 필자가 박사 과정에 있을 때였다. 한국 항공사에 근무하는 한 대학원 후배에게서 연락을 받았다. 사람을 급히 구하는데 혹시 찾아 줄 수 없냐는 것이었다. 그리고 상황이 급해서 그러니 당장 사람이 없으면 내가 직접 컨설팅을 해 줄 수 없냐는 거의 강압에 가까운 부탁이었다. 이 항공사에서 어떤 문제 때문에 어떤 사람이 필요한지 들어나 보자는 심산으로 약속을 잡았다. 며칠 후 그 항공사의 임원 한 분과 만나 이야기를 나눴는데 그 사안이 꽤나 흥미로웠다.

당시 이 항공사는 국내와 아시아의 시장을 넘어 세계적인 항공사로 도약하기 위해 다방면으로 조직과 운영의 업그레이드를 진행하던 중이었다. 그리고 이 노력의 일환으로 당시 외국 선두 업체들에서 사용하는 '통합 운영 시스템'을 도입했었다. 이 통합 운영 시스템은 수많은 고객의 데이터를 바탕으로 수요 예측, 운임 산정, 발권, 운항 스케줄 설정 등 항공 운영 전반을 수행하는 방대한 시스템이었다. 그런데 문제는 이 시스템이 어떤 방식으로 의사결정을 내리는지 명확히 이해할 수 있는 전문가가 없다는 것이었다.

항공 운항 시스템은 복잡한 수학 모델을 바탕으로 가격을 산정하고 최적화 알고리즘을 통해 운항 계획을 산출한다. 그런데 항공사 내에 이 시스템의 복잡한 연산 과정을 이해할 수 있는 인력과 조직이 없다 보니 이 시스템이 산출하는 운영 계획을 얼마나 신뢰해야 할지 알 수 없는 난처한 상황에 이른 것이다. 예를 들어 시스템에서는 인천-워싱턴 DC 간 최적 항공요금을 11월 10일에는 180만 원으로 산정하고, 그 다음날인 11월 11일에는 155만으로 산정하기도 한다. 그런데 왜 하루 사이에 항공요금을 낮췄는지, 어떤 데이터를 기반으로 이와 같은 결정을 내렸는지 등에 대해 정확히 파악할 수 없다면, 이 시스템에 의지해 운영을 책임져야 하는 담당자로서는 난감할 수밖에 없다.

물론 이 시스템을 설계하고 판매한 회사는 고객사의 운영진을 위한 교육을 실시했다. 하지만 단지 운영 시스템을 어떻게 가동하는지와 같은 표면적인 교육일 뿐 실제 어떤 수학 모델과 알고리즘의 세부 사항에 대한 심도 있는 교육은 이뤄지지 않았다. 그리고 설사 이와 같은 교육을 실시했더라도 이를 이해할 수 있는 전문가가 없으니 교육의 실효성이 있을 리 만무한 상황이었다.

이 항공사는 이 시스템을 완벽히 이해하고 경영진의 신뢰성을 확보하기 전까지 잠시 가동을 중지한 상황이었다. 수십억 원이 넘는 시스템이 그냥 놀고 있었다. 결국 이 항공사에서 원하는 인물은 통합 운영 시스템의 의사결정 구조를 이해할 수 있는 전문가이면서 동시에 이 복잡한 수식을 일반 경영진들에게 설명할 수 있는 의사소통 능력을 가지고, 이를 바탕으로 기획 운영과 전략의 틀을 짤 수 있는 경영 능력이 있는 사람이었다.

IT 시스템의 발달과 경영의 과학화가 급속히 이뤄지고 있는 요즘, 복잡한 수학적 모델과 고도의 알고리즘으로 운영의 의사결정을 자동화하는 시스템을 도입하는 기업들이 늘고 있다. 그러나 이와 같은 시스템이 어떤 방식으로 의사결정을 내리고, 어떤 수학 모델로 의사결정을 내리는지, 수학에 사용된 데이터는 무엇이고, 수학의 가정은 무엇인지 등에 대한 명확한 이해가 선행되지 않는다면, 이 시스템은 신뢰를 얻지 못하게 된다. 결국 비싼 투자비를 쏟아 붓고도 사용 못하는 골칫거리가 될 수도 있고 혹은 시스템이 내린 잘못된 판단을 검증 없이 수용하다 큰 낭패를 볼 수 있다.

앞서 보았던 금융 사태의 교훈은 현대의 과학적 기업 운영에 많은 점을 시사한다. 아무리 선진 기업에서 사용하는 시스템이라도 혹은 믿을 만한 컨설팅업체나 IT 솔루션업체에서 제공한 시스템이라도 그 시스템이 어떤 방식으로 운영되는지를 꿰뚫어보고 이 시스템이 내린 결정의 신뢰도를 전체 조직과 공유하지 않으면 그 시스템은 기업의 생존을 위협하는 폭탄으로 전락할 수 있다. 월마트처럼 최첨단 공급사슬망 시스템에 의해 운영되는 기업, HP처럼 전 세계 공급망 데이터에 의존해 기업을 운영하는 기업들이 수학과 컴퓨터 공학 박사들을 찾는 게 바로 이와 같은 이유다. 많은 MBA 스쿨에서 수치 분석과 까다로운 수학 과목을 교과 과정에 넣는 것도 같은 이유다.

자동화된 의사결정 시스템은 자동차가 아니다. 자동차의 경우 운전자가 자동차의 작동 원리와 엔진의 원리를 알 필요가 없다. 그저 운전법만 알고 신호 체계만 알면 된다. 하지만 기업의 자동 운영 시스템은 자동차 운전이 아닌 일종의 점보제트기의 자동 항법 시스템이다. 자동 항법 시스템은 기후가 안정되고 운항 조건에 큰 이변이 없을 경우 자동으로 조종사를 대신해 비행기를 운행해 주는 장치다. 그러나 비행기 운항에 늘 이상적인 기후와 조건을 기대할 수는 없다. 갑작스런 기후 변화와 예상치 못한 상황이 닥치면 조종사는 재빨리 판단을 내려 직접 기수를 잡아야 한다. 자동 항법 시스템이 있어도 숙련된 조종사가 필요한 이유가 바로 이것이다. 또한 어떤 때 자동 항법 장치에 의존할지 어떤 상황에 자신이 직접 기수를 잡아야 할지를 판단하는 건 조종사의 몫이다. 이를 위해 조종사들은 자동 항법 시스템이 어떤 원리로 작동되는지 세부 사항을 교육받는다.

    기업 운영에 책임을 진 수학자나 컴퓨터 공학자와 같은 이들이 맡은 주임무가 바로 그런 것이다. 기업이 의지하고 있는 시스템이 기업 상황에 맞게 운용되고 있는지 그리고 기업의 운영과 조직은 이에 맞게 짜여 있는지를 면밀하게 검토하고 보완하는 게 그들의 임무다.

| 에필로그 |

현대 경영은 과학이다

"아니, 네가 왜 기획실에서 일을 해?"

몇 년 전 한국을 방문했을 때, 고향 선배가 내 명함을 받자마자 던진 질문이다. 하긴 학부 때부터 공학을 전공했고, 박사과정 논문도 상당한 양의 수학 분석을 다뤘으니 이 질문이 그리 생뚱맞은 질문은 아닌 셈이다. 특히 경영을 감성이나 경험의 영역으로 여기는 국내 정서에서, 기업 경영의 핵심 부서인 기획실에 공학 박사가 있다고 하면 일반인들은 한 번쯤 물음표를 던질 것이다.

우리나라에서는 경영학이 '문과' 학문으로 분류되어 있다. 경영학과가 처음 우리나라 대학에서 독립된 학과로 개설되었을 때부터 지금까지 경영학과를 지원하는 입시생은 문과 계열 학생들이었다. 그러다 보니 으레 경영학을 인문학이나 사회과학처럼 사람과 사람의 관계만을 다루는 학문이나 수치화하기 어려운 부분을 다루는 학문으로 여기는 경향이 강하다. 이로 인해 경영에는 수학적 논리나 산술적 분석 능력보다는 사람을 다루는 능력이 더 필요하다는 일반적인 인식을 가지고 있다. 아쉽게도 이런 일반인들의 정서와 현대 경영 사이에는 상당한 간극이 존재한다.

18세기 산업화가 시작되고 상업이 발달하면서 개인이 아닌 조직이 부를 창조하는 제도가 발달하기 시작했다. 조직이 부를 창출해야 하는 새로운 상황 아래, 조직을 이끌기 위해서는 개인의 역량을 조직의 역량으로 규합하는 능력이 무엇보다 필요했다. 따라서 '사람을 다루는 기술'이 경영의 최대 덕목으로 여겨졌다. 물론 오늘날에도 이렇게 사람과 함께 일하고 조직을 지휘하는 능력은 여전히 기업 경영의 핵심 덕목이라는 점은 의심할 여지가 없다. 더불어 조직이 존재하는 한 경영의 가장 중요한 역할로 남을 것이다.

하지만 20세기 후반 정보 혁명을 거치면서 기업 경영에서 요구되는 또 하나의 능력이 탄생했다. 그것이 바로 데이터를 기반으로 한 논리적 의사결정과 수치화된 모델을 바탕으로 한 분석 능력이다.

이런 능력의 요구사항은 20년 전과 지금의 공장 운영 상황을 비교해 보면 잘 알 수 있다. 20년 전, 자동차나 반도체 공장과 같은 당시의 최첨단 생산 시설을 갖춘 공장에서도 현재 기계가 어떤 작업을 하고, 재고 상황이 어떤지 등의 세부적인 상황을 실시간으로 정확히 파악하기란 쉽지 않았다. 그리고 당시에는 작업자의 수작업에 많은 부분을 의지하였으므로 공장 작업자의 숙련도에 따라 제품 품질이 좌우되기도 했다. 공장 내의 운영 상황을 객관적으로 판단할 수 있는 수치화된 근거가 부족하다 보니 공장의 단위 기간당 운영비나 생산량과 같은 결과에만 기초하여 내부 운영 상황을 추측할 수밖에 없었다. 결론적으로 이런 환경에서 운영은 다소 주먹구구식이었고, 공장을 운영하는 경영자의 필수 능력은 구성원을 휘어잡아 조직적으로 일사 분란하게 행동하도록 하는 카리스마적 리더십이 최고로 인정받았었다.

하지만 2010년 현재, 자동차나 반도체 공장의 모습은 사뭇 다르다. 공장 내 수많은 기계들이 현재 어떤 작업을 하는지, 공장 내 재고 현황은 어떤지 등 현 상황 정보를 실시간으로 모니터할 수 있다. 뿐만 아니라 이 모든 정보는 데이터 서버에 저장된다. 불과 10년 전만 하더라도 정보가 없어 정확한 판단을 내리지 못했는데, 지금은 데이터가 너무 많다 보니 이 데이터를 근거로 어떻게 판단을 내려야 할지 고민하는 시대로 바뀌었다. 공장 자동화로 사람이 직접 작업하는 공정은 줄고, 공장 내 작업자는 단순 노동에서 현재 공정을 개선하는 방법을 찾는 등 창의성을 요구하는 작업으로 바뀌어 가고 있다. 물론 이런 개선 작업도 데이터를 바탕으로 문제가 어디에 있는지 논리적으로 파악하고 분석하는 기술이 요구되기 시작했다.

데이터가 부족했던 옛날에는 투입 대비 산출이 불분명했다. 하지만 이제는 충분한 데이터를 바탕으로 어떤 부분에 자원을 활용해야 최적의 운영을 할 수 있는지 논리적 산출이 가능한 환경이 조성되었다. 이러한 상황은 공장뿐만 아니라 대부분의 기업 운영에서도 현실화되어 가고 있다. 1990년대 후반 정보통신 혁명을 기반으로 국내 웬만한 기업은 전사적 자원관리(Enterprise Resource Planning, ERP) 시스템을 도입하여 기업의 회계, 영업 등 기업 운영에 필요한 경영 정보를 전사적으로 공유할 수 있는 환경이 조성됐다. 시간별 자금 흐름, 수금액, 결제 대기 금액 등 회계 정보를 비롯해 현재 재고, 인력 수급 상황, 제품 단가 등 기업 운영에 필요한 데이터는 실시간으로 언제든지 쉽게 열람이 가능해졌다.

이러한 상황에서 이제 기업의 고민은 이런 시스템을 바탕으로 어떻게 효과적인 의사결정과 경영 판단을 하느냐 하는 것이 되었다. 이런 경영의 새로운 요구사항에 부응하듯, 기존 우주왕복선이나 첨단 산업의 전유물로만 여기던 수학 이론과 기술이 경영학과 융합을 시작하여 새로운 경영의 패러다임을 창조해 내고 있다.

현대 경영에는 사람과 감성의 영역인 인문적 요소와 분석과 계산이 필요한 과학적 요소 이 두 가지 요소가 존재한다. 이 둘은 현대 경영을 지지하는 두 개의 주춧돌로 어느 하나라도 간과할 수 없다. 어쩌면 우리는 이 두 개의 주춧돌 중 하나에만 너무 의지해 온 것은 아닐까 생각한다. 이제까지 우리 경제를 견인하고 국가 경제를 이끈 기업의 힘이 이 첫 번째 주춧돌이었다면, 앞으로 다가오는 새로운 시대에 초글로벌 기업으로 성장하기 위해서는 두 번째 주춧돌인 과학에 무게를 실어줄 때가 아닐까 한다.

"네가 왜 기획실에서 일해?"

수년 전 고향 선배가 내게 던진 질문이다. 이 책은 이 짧은 질문에 대한 매우 긴 답이다.

2010년 2월
미국 버지니아에서

| 책에 담은 감사의 마음 |

책을 쓴다는 아주 막연한 꿈을 구체적인 실천으로 옮기도록 이끌어 준 분이 한 분 계시다. MIT 기계공학과 학장을 맡으셨고, 2010년 현재 카이스트의 총장으로 계신 서남표 교수님이시다. 많은 학자들이 대중적인 책을 통해 얻을 수 있는 대중적 인지도와 논문 발표를 통해 얻을 수 있는 학문적 성취도를 저울 위에 올려놓고 득실을 따지게 된다. 나 또한 이 고민에 자유롭지 못했다.

하지만 2년 전 대중적인 책을 쓰기로 결정한 건 수년 전 서남표 교수님이 수업 중에 던진 말 한마디 때문이었다.

"진정한 공학자의 평가는 사회적 영향력으로 평가되어야 한다."

학계의 관행이 되어버린 스팩 쌓기용 논문 편수 늘리기는 무의미하고, 대신 연구가 사회에 얼마나 기여할 수 있는지로 평가받아야 한다는 요지의 말씀이었다. 물론 나의 부족한 이 책 한 권이 한국 사회에 영향을 미치기를 바라는 것은 굉장한 오만이다. 하지만 아직까지 경영에 대한 과학적 접근이 시작 단계에 있는 한국 기업이나 일반인들에게 경영과학의 작은 씨앗을 뿌리는 마음으로 이 책을 쓰게 되었다.

졸업 후 학계가 아닌 산업 현장을 선택했다는 메일을 서남표 교수님께 보냈을 때 "사회가 필요로 하는 사람이 돼라."는 격려의 답신을 받았다. 어쩌면 이 책은 그 분이 보내 주신 격려 메일에 대한 회신이다.

학위 후 산업 현장으로 나아갈 뜻을 가지고 여러 회사에 입사 면접을 할 당시 흔치 않은 제안을 해온 기업이 있었다. 대부분의 기업은 박사 학위를 소지한 사원을 연구원으로 발령하는데, 이 기업은 입사와 함께 현장 밑바닥에서부터 경험을 쌓고 자신의 커리어를 만들어 보라고 제안해 왔다. 남이 만들어낸 문제를 고민하기보다 직접 현장을 경험하고, 이를 통해 내 자신이 직접 문제를 파악하여 그 문제를 풀어보라는 의미였다. 바로 몇 개월 후 나는 이 기업의 직원으로 새로운 삶을 시작하게 되었다. 이 기업이 현재 내가 몸 담고 있는 마이크론 테크놀로지(Micron Technology Inc.)다.

공장 현장에서 물건 나르는 잡무부터 시작하여 공장 기획 업무, 투자 설비 산정 업무 등 현장 운영 업무를 거치고, 이후 본사 전략실에서 신규 투자 업무를 진행했다. 그리고 현재는 본사 운영 기획실(Business Operations and Planning)에서 공급사슬망 업무와 공장 운영 IT 시스템 전략 부분을 맡고 있다. 마이크론 테크놀로지에서 현장 작업 업무에서부터, 공장 운영, 구매 및 회계, 투자, 마케팅 분석, 전략 기획, IT 등 경영에 전반적인 실무를 경험할 수 있었다.

되돌아보면 이 기간은 학교에서 배운 이론을 실제 경영 환경에서 어떻게 사용하고 접목할 수 있는지 몸소 체험하는, 너무나 소중하고 값진 경험이었다. 이런 현장 경험이 없었더라면 이 책은 세상에 나오지 못했을 것이다. 경영의 'ㄱ'자도 모르는 나에게 다양한 실무 경험을 가능하게 해준 회사에 심심한 감사의 뜻을 전한다.

현대 경영학의 핵심은 과학적 문제 접근과 분석이다. 경험을 바탕으로 현상의 본질을 꿸 줄 아는 이는 많다. 하지만 이를 구체적으로 수치화하여 분석하는 능력을 키우기 위해서는 교육과 동시에 훈련이 필요하다. 학교나 현장이 아닌 공간에서 나를 교육시키고 훈련시켜 주신 분에게 감사의 인사를 드리지 않을 수 없다. 그분은 바로 이 책 제5장에 등장하는 스탠리 거슈윈(Stanley B. Gershwin) 교수다.

거슈윈 교수는 박사 과정 지도 교수로서 논문 지도와 지식의 전달자 역할과 함께 세상을 수학의 시각으로 보는 감각을 나에게 가르쳐 주신 분이다. 경영학은 넓은 의미에서 현실 세계에서 내가 원하는 목표를 효율적으로 실행하기 위한 의사결정과 행동 방식이다. 이 목표를 달성하기 위해서는 현실에서 만나는 다양한 현상의 본질을 수리적으로 해석할 수 있는 능력이 반드시 필요하다. 아쉽게도 MBA 과정이나 일반 경영학 교과과정에서는 이런 감각은 길러 주지 않는다. 학습의 영역이 아니기 때문이다. 박사 과정 당시 거슈윈 교수와 함께한 점심 식사 시간은 이 감각을 훈련 받는 특별 과외 시간이었다.

학교 캠퍼스 근처 노천카페에서 샌드위치를 먹으며 지나가는 행인의 행동이나 이동량을 헤아리며 이곳 상권의 가치를 예측해 보고, 버스를 기다리는 사람 수를 바탕으로 버스가 올 시간을 예측하여 버스회사의 운영 정책에 대해 토론하고, 샌드위치 가게 손님 수와 테이블 수를 보고 그 가게의 매출액에 대해 서로 내기를 하는 등 그와의 점심 시간은 늘 유쾌하고 재미있는 현장 학습이었다. 우리는 이것을 '냅킨 토론'(napkin discussion)이라 불렀다. 샌드위치 가게 냅킨에 수식을 적고 노트를 했기 때문이다.

당시 냅킨 토론에서 배운 이 감각은 졸업 후 현장의 문제를 이론으로 이어주는 징검다리 역할을 했다. 이 책에서 소개된 몇몇 사례는 그 당시 샌드위치 가게에서 나눈 냅킨 토론에서 아이디어를 얻은 것이다. 물론 이 책을 기획할 때도 거슈원 교수님은 함께 고민하고 진지한 의견도 제시해 주셨다. 이 책이 한국어로 출판되어 전체 내용을 전해드리지 못하는 게 아쉬울 따름이다. 다시 한 번 거슈원 교수님께 감사드린다.

책을 쓰면서 가장 까다로웠던 후반부를 한 자 한 자 예리한 시선으로 점검하여 날카로운 비판을 서슴없이 날려 주었던 후배가 하나 있다. 그의 노력으로 이 책이 더 나은 책으로 거듭날 수 있었다. 그는 현재 맥킨지 코리아에서 컨설턴트로 있는 학교 후배 김치원이다. 같이 학교에 있을 때부터 내가 저지르는 작은 실수가 큰 사고가 되지 않도록 도와준 그의 능력(?)이 또 한 번 이 책에서 빛을 발했다. 후배 치원에게 다시 한 번 감사의 말을 전한다.

그리고 이 책을 다름 아닌 '비즈니스북스'와 함께 만들 수 있었던 것은 나에게는 큰 행운이라 생각한다. 처음 기획안을 들고 찾아갔을 때부터 이 책이 나오는 순간까지 많은 장애물이 있었다. 미국과 한국이란 지역적 장애는 인터넷과 화상통화로 넘었고, 2년이라는 긴 시간 동안 글을 썼다 지우는 힘들었던 순간은 서로에 대한 신뢰와 격려로 훌쩍 뛰어

넘을 수 있었다. 이 고된 작업을 한결같이 유쾌하게 즐길 수 있었던 것은 비즈니스북스의 모든 분들의 넓은 아량과 지혜 그리고 노하우가 있었기에 가능했다. 이 책으로 시작된 인연이 계속 이어졌으면 하는 바람이다.

끝으로 이 책의 집필과 출판의 전 과정에서 가장 큰 도움을 주었던 분들에게 감사를 전하고 싶다.

현업에 종사하는 직장인이 짬을 내 부업이나 또 다른 일을 한다는 것은 삶을 함께한 가족들의 희생 없이는 불가능하다는 것을 이번 작업을 통해 절실히 깨달았다. 원고를 집필한답시고 남편과 아빠로서 마땅히 해야 할 역할에 충실하지 못했다. 그런 남편과 아빠를 응원해 준 아내 유진과 딸 이원에게는 고맙단 말보다 미안하단 말이 먼저 앞선다. 이 세상 누구보다 아내에게 인정받고 싶었기에 긴긴 원고 작업을 끝낼 수 있었다는 말을 아내 유진에게 전하고 싶다.

누구보다도 내가 세상에서 가장 존경하는 아버지와 사랑이 무엇인지를 가르쳐주신 어머니, 이 두 분께 이 책을 바친다.

| 주석 |

들어가며 **일상을 지배하는 강력한 힘, 경영학**

1. "Massachusetts Institute of Technology, Presidents's Report", MIT, 1956
2. 《Library Effectiveness: A system Approach》, Philip M. Morse, MIT Press, 1968

제1장 **같은 항공권도 가격이 천차만별인 까닭**

1. 《The Future of Pricing: How Airline Ticket Pricing Has Inspired a Revolution》, E. Andrew Boyd, Palgrave Macmillan TM., 2007
2. "올해 유통업계 3色 쇼핑 트렌드 풀어보니", 《동아일보》, 2009년 12월 4일
3. "Sharp Tools for Discriminatory Pricing", 《BusinessWeek》, 2003.7.31
4. "Web sites change prices based on customers' habits", 《CNN-Law Center》, 2005.6.24
5. "Yield management at American airline", B. C. Smith, J. F. Leimkuhler, and R. M. Darrow, 《Interfaces》, Vol.22, No.1, pp.8-31
6. "Yield management at American airline", B. C. Smith, J. F. Leimkuhler, and R. M. Darrow, 《Interfaces》, Vol.22, No.1, pp.8-31
7. "Forecasting cancellation rates for services booking revenue management using data mining", Dolores Romero Morales and Jingbo Wang, 《European Journal of Operational Research》, Vol.202, No.2, 2010
8. "Special Issue Papers: Forecasting and control of passenger bookings",

Ken Littlewood, 《Journal of Revenue & Pricing Management》, Vol.4, No., 2005, pp.111-123

9. 《The Future of Pricing: How Airline Ticket Pricing Has Inspired a Revolution》, E. Andrew Boyd, Palgrave Macmillan TM., 2007
10. 문제의 수학적 모델링은 위키피디아의 설명을 참조하라.
 http://en.wikipedia.org/wiki/Secretary_problem

제2장 훌륭한 소믈리에는 주당이 아니다

1. "Customer relationship management: an analysis framework and implementation strategies", Rayomond Ling and David C Yen, 《Journal of Computer Information Systems》, Vol.41, No.2, 2001
2. "놔두면 죽은 데이터, 걸러내면 돈덩이", 《중앙일보》, 2009년 7월 14일
3. "Statistical Analysis Class Note", MIT Sloan School of Management
4. "Apple acquires Quattro Wireless", URL:http://news.cnet.com/8301-13579_3-10425465-37.html
5. "Amazon.com recommendations: item-to-item collaborative filtering, Internet Computing", Greg Linden, Brent Smith, and Jeremy York, 《IEEE Computer Society》, Vol.7, No.1, 2003, pp.76-80
6. "Offering Online Recommendations with Minimum Customer Input Through Conjoint-Based Decision Aids", Arnaud De Bruyn et al, 《Marketing Science》, Vol.27, No., 2008, pp.443-460
7. "The Prediction Lover's Handbook", Thomas H. Davenport and Jeanne G. Harris, 《MIT Sloan Business Review》, 2009

제3장 빨간 풍선을 찾아라

1. 《Competing on Analytics: The New Science of Winning》, Thomas H.

Davenport and Jeanne G. Harris, Harvard Business School Publishing Corp., 2007

2. "Movie Man", 《Wall Street Journal》, 2008.2.9
3. "The Prediction Lover's Handbook", Thomas H. Davenport and Jeanne G. Harris, 《MIT Sloan Business Review》, 2009
4. 미국 중고차 시세 사이트인 Edmunds.com
5. "미 7월 자동차 판매 '중고차 보상'으로 개선", 《아시아 경제》, 2008년 8월 4일
6. "At Gov 2.0 Conference, Web 2.0 Comes to Washington", 《Washington Post》, 2009.9.9
7. "Google predicts spread of flu using huge search data", 《Guardian》 2008.11.13
8. http://en.wikipedia.org/wiki/Collective_intelligence
9. 《Wikinomics: How Mass Collaboration Changes Everything》, Don Tapscott and Anthony D. Williams, Penguin Books Ltd., 2006
10. "Special Report Internet encyclopaedias go head to head", 《Nature》, 2005.12.15
11. www.darpa.mil
12. www.darpa.mil
13. 극한의 다음 식을 이용한다.

$$\sum_{n=0}^{\infty} \frac{x}{2^n} = 2x$$

제4장 카지노와 보험회사는 어떻게 돈을 벌까?

1. 〈2008년도의 카지노 통계 현황〉, 문화체육관광부, 2009
2. "The Einstein–Bohr debate over quantum mechanics: Who was right about what?", Mario Bunge, 《Lecture Notes in Physics》, Vol.100, 1979,

pp.204-219

3. 《A Random Walk Down Wall Street: The Best and Latest Investment Advice Money Can Buy》, Burton G. Malkiel, W.W. Norton & Co, 1996
4. 《경제학 프레임》, 이근우, 웅진윙스, 2007
5. 《Manufacturing Systems Engineering》, Stanley B. Gershwin, Prentice Hall, 1993
6. 《Understanding probability: chance rules in everyday life》, H. C. Tijms, Cambridge Press, 2004
7. 《Against the Gods - The Remarkable Story of Risk》, Peter L. Bernstein, John Wiley & Sons, Inc., 1996

제5장 재즈 피아니스트, 삼성전자를 혁신하다

1. 엄밀하게는 평균 시간을 적용해야 한다.
2. "Designing Waits That Work", 《MIT Sloan Management Review》, July, 2009
3. 엄밀하게는 공간에 머무는 평균 객체수, 객체의 공간 평균 유입량, 그리고 객체가 머무는 평균시간이다. 즉 단일 객체의 수치가 아닌 많은 객체의 평균값이다.
4. 《The Future of Pricing: How Airline Ticket Pricing Has Inspired a Revolution》, E. Andrew Boyd, Palgrave Macmillan TM., 2007
5. 원문은 다음과 같다.

    The financial impact of SLIM was significant. We increased revenue almost $1 billion dollars through five years without any additional capital investment, and our global DRAM market share increased from 18percent to 22percent.
6. "Bechmarking Semiconductor Manufacturing", Robert C. Leachman and

David A. Hodges, 《IEEE Transactions on Semiconductor Manufacturing》, Vol.9, No.2, May,1996, pp.158-169

7. 엄밀하게는 평균 값이 사용되어야 한다. 평균 공정 시간, 평균 조립 시간, 그리고 대기하는 평균 물건, 평균 이동 시간이다.

8. "SLIM: Short Cycle Time and Low Inventory in Manufacturing at Samsung Electronics", Robert C. Leachman, Jeenyoung Kang, and Vincent Lin, 《Interfaces》, Vol.32, No.1, January,2002, pp.61-77

9. MIT 슬론 스쿨의 운영 과목을 비롯한 많은 비즈니스 스쿨의 운영 과목에서도 자주 케이스로 사용된다.

10. 필자가 2000년 근무할 당시의 회사명은 PRI Automation이었으며, 2002년 Brooks Automation과 합병된 이후 이름이 Brooks Automation으로 바뀌었다.

11. 《McDonald Case: Sasser, Earl W., Jr., and David C. Rikert. McDonald's Corporation(Condensed)》, Boston, MA: Harvard Business School, 1998. Case No. 9-681-044

12. 《Burger King Case: Sasser, Earl W., Jr., and David C. Rikert. Burger King Corporation》, Boston, MA: Harvard Business School, 1998. Case No. 9-681-045

13. 이 장에 소개된 이야기는 다음의 논문을 바탕으로 필자가 각색한 것이다. 등장인물들의 대화 내용은 허구지만 HP의 문제점과 해결 방안은 논문과 거슈윈 교수의 증언을 바탕으로 한 분명한 사실이다. "Hewlett-Packard Uses Operations Research to Improve the Design of a Printer Production Line", Mitchell Burman, Stanley B. Gershwin, and Curtis Suyematsu, 《Interfaces》, Vol.28, No.1, January,1998, pp.24-36

14. 《Manufacturing Systems Engineering》, Stanley B. Gershwin, Prentice Hall, 1993

제6장 월드컵 때 불티나게 팔린 티셔츠

1. "월드컵 맞아 '레드 마케팅' 재미 쏠쏠……의류, 잡화, 가구에까지 부는 붉은 바람", 《한겨레21》, 2002년 6월 27일
2. "Retailers of P&G to Get New Plan on Bills, Shipment", 《Wall Street Journal》, 1994.6.22
3. "The Bullwhip Effect In Supply Chains", 《Sloan Management Review》, Spring 1997, pp.93-102
4. "Travelling Salesman Problem and Computational Complexity", Rob Womersley, 《Parabola》, Vol. 37, Issue 2, 2001.
5. "Applying GIS and OR Techniques to Solve Sears Technician-Dispatching and Home-Delivery Problems", Don Weigel and Buyang Cao, 《Interfaces》, Vol.29, No.1, January,1999, pp.112-130
6. "Less is More for HP", 《Analytics》, July,2007, pp.32
7. 원문은 다음과 같다.

    We believe continuous innovation is just as vital to our business processes as it is to our products and services. Our work in operations research is relevant to both areas and critical to retaining a competitive edge in the marketplace.

제7장 경영학, 과학을 만나다

1. "Philip M. Morse and the Beginnings", John D. C. Little, 《Operations Research》, Vol.50, No.1, January,2002, pp.146-148
2. 전쟁 초기 영국과 유럽의 해상을 봉쇄하여 미국으로부터 해상으로 보급되는 군수물자와 보급품을 차단하기 위한 전략적 독일 잠수함이다. U-보트는 독어로 Unterseeboot, 즉 바다 아래 보트란 의미로 잠수함과 같은 일반 명사이지만, 연합군에서는 제2차 세계대전 당시 맹위를 떨치던 독일 잠수함을

칭하는 고유명사로 사용된다. 이 U-보트 함대는 제2차 세계대전 초 대서양 전투에서 독일군이 연합군을 압도할 수 있게 했던 주력 함대였고 윈스턴 처칠도 자신을 두렵게 했던 유일한 것이 독일의 U-보트라 할 정도로 위세를 떨쳤다. 기록에 의하면 제2차 세계대전 동안 U-보트로 침몰된 선박이 3,000척에 달한다.

3. 《In at the Beginning: A Physicist's life》, Philip M. Morse, MIT Press, 1977

4. "The Beginning of Operations Research in the United States", Philip M. Morse, 《Operations Research》, Vol.34, No.1, January,1986, pp.10-17

5. "Hiroshima and the Trashing of Henry Stimson", Robert P. Newman, 《New England Quaterly》, Vol.71, No.1, March,1998, pp.27

6. 《Methods of Operations Research》, George E. Kimball, The Technology Press of MIT, 1951

7. "The Beginning of Operations Research in the United States", Philip M. Morse, 《Operations Research》, Vol.34, No.1, January,1986, pp.10-17

8. "Philip M. Morse and the Beginnings", John D. C. Little, 《Operations Research》, Vol.50, No.1, January,2002, pp.146-148

9. "Operations Research at Arthur D. Little, Inc.: The Early Years", John F. Magee, 《Operations Research》, Vol.50, No.1, January,2002, pp.149-153

10. 이 장의 일부 내용은 필자가 기고한 다음의 기사에서도 찾을 수 있다.
"수학 경쟁력이 미래 경쟁력 (3): 현대 경영은 수학이다", 《조선일보》, 2009년 11월 2일

11. "Professor George Dantzig-LIFE AND LEGEND", Sira M. Allende and Carlos N. Bouza, 《REVISTA INVESTIGACION OPERACIÓNAL》, Vol.26, No.3, 2005

12. "Linear Programming", George B. Dantzig, 《Operations Research》,

Vol.50, No.1, January,2002, pp.42 – 47

13. 엄밀하게 이 문제는 정수계획법으로 모델링할 수 있는 문제지만 개념의 전달을 위해 선형계획법을 이용했다.

14. "Joseph Fourier's Anticipation of Linear Programming", I. Grattan-Guinness, 《Operational Research Society》, Vol.21, No., 1970, pp.361-364

15. "Professor George Dantzig-LIFE AND LEGEND", Sira M. Allende and Carlos N. Bouza, 《REVISTA INVESTIGACION OPERACIÓNAL》, Vol.26, No.3, 2005

16. "Strategic Planning of BMW's Global Production Network, Bernhard Fleischmann, Sonja Ferber, and Peter Henrich, 《Interfaces》, May,2006, pp.194-208

17. 《Urban Operations Research》, Richard C. Larson and Amedeo R. Odoni, Prentice Hall, 1981

18. 《The Future of Pricing: How Airline Ticket Pricing Has Inspired a Revolution》, E. Andrew Boyd, Palgrave Macmillan TM., 2007

19. 《The Future of Pricing: How Airline Ticket Pricing Has Inspired a Revolution》, E. Andrew Boyd, Palgrave Macmillan TM., 2007

20. "LP From the 40's to the 90's", Alex Orden, 《Interfaces》, Vol.23, No.4, September,1993, pp.2-12

21. "Big Blue Goes Into Analysis", 《Businessweek》, 2009.4.27, pp.16

22. "Smarter Math: Equations for a Smarter Planet"이라는 주제의 광고로 유튜브에서 동영상을 찾을 수 있다(http://www.youtube.com/watch?v=-udGE8POcZk).

제8장 우주선이 경영학 속으로

1. 추수감사절은 매년 11월 넷째 주 목요일이므로 추수감사절 다음날은 항상 금요일이 된다. 이 금요일은 한 해 중 최대 쇼핑 시즌인 성탄 시즌의 세일이 시작되는 날로 블랙 프라이데이라 부른다.
2. "삼성전자의 힘…… 5년 후 시나리오는", 《매경이코노미》, 2009년 9월 8일
3. 《Competing on Analytics: The New Science of Winning》, Thomas H. Davenport and Jeanne G. Harris, Harvard Business School Publishing Corp., 2007
4. 《When Genius Failed: The Rise and Fall of Long-Term Capital Management》, Roger Lowenstein, Random House, 2000
5. 싱크 프레스: 2009년 2월 12일(http://wonkroom.thinkprogress.org/2009/02/12/greenspan-mystified/)
6. 이후 서브프라임 모기지 사태로 금융 시장이 붕괴되자, 2009년 초 그는 CNBC 다큐멘터리에서 그 또한 서브프라임 모기지에 대한 잘못된 환상을 가지고 있었다고 시인했다.